新时代大学生素质教育丛书

总主编 / 周洪宇

面向"生活·实践"
大学生素质教育导论

周洪宇 石凤 著

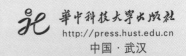

中国·武汉

内 容 简 介

素质教育，以全面提高人的基本素质为根本目的，是具有中国特色的现代教育思想与教育模式。发展素质教育，是新时代经济社会发展和人自身发展的实际需要，其根本任务旨在培养堪当民族复兴重任的时代新人。

本书基于"生活·实践"教育理念，深入探究新时代大学生新素质的内涵和外延，并针对当前大学生素质培养过程中存在的教育与生活、学校与社会、教学与实践脱节的现实弊端，从培养内容（"扎根生活"）、培养方式（"主体实践"）上变革大学生素质教育的范式，进而培养具有中国心、全球观、现代性的全面发展的高素质时代新人。

本书对素质教育做了全面梳理，既追溯历史源流，又紧密贴近当前实际，适合学校管理者、一线教师、研究人员、实践教学基地运营者等教育工作者阅读使用。

图书在版编目(CIP)数据

面向"生活·实践"：大学生素质教育导论/周洪宇，石凤著. -- 武汉：华中科技大学出版社，2024.8. -- (新时代大学生素质教育丛书). -- ISBN 978-7-5772-1216-6

Ⅰ.G640

中国国家版本馆CIP数据核字第2024Y8C147号

面向"生活·实践"：大学生素质教育导论　　　　　　　　　　周洪宇　石凤　著
Mianxiang "Shenghuo·Shijian":Daxuesheng Suzhi Jiaoyu Daolun

策划编辑：周晓方　杨　玲　庹北麟	
责任编辑：庹北麟　唐梦琦	
封面设计：廖亚萍	
责任校对：唐梦琦	
责任监印：周治超	
出版发行：华中科技大学出版社（中国·武汉）	电话：(027) 81321913
武汉市东湖新技术开发区华工科技园	邮编：430223
录　　排：华中科技大学出版社美编室	
印　　刷：武汉科源印刷设计有限公司	
开　　本：710mm×1000mm　1/16	
印　　张：15.25　　插页：1	
字　　数：265千字	
版　　次：2024年8月第1版第1次印刷	
定　　价：58.00元	

本书若有印装质量问题，请向出版社营销中心调换
全国免费服务热线：400-6679-118　竭诚为您服务
版权所有　侵权必究

/新时代大学生素质教育丛书/

总 序

　　素质教育，是以全面提高人的基本素质为根本目的，以人的性格为基础开发人的智慧潜能、形成人的健全个性为根本特征的教育，是具有中国特色的现代教育思想与教育模式。发展素质教育，是新时代经济社会发展和人自身发展的实际需要，也是贯彻落实党的教育方针、落实立德树人根本任务的实践要求，其根本任务旨在培养堪当民族复兴重任的时代新人。

　　《中共中央关于进一步全面深化改革 推进中国式现代化的决定》指出："教育、科技、人才是中国式现代化的基础性、战略性支撑。必须深入实施科教兴国战略、人才强国战略、创新驱动发展战略，统筹推进教育科技人才体制机制一体改革，健全新型举国体制，提升国家创新体系整体效能。"其中，科技是第一生产力，人才是第一资源，创新是第一动力。

　　"生活·实践"教育，以习近平总书记实践育人指示精神为指导，以陶行知生活教育学说为理论来源，针对教育与生活、学校与社会、教学与实践脱节的现实弊端，着重培养具有中国心、全球观、现代性的全面发展的高素质时代新人，对于落实立德树人根本任务、深化教育教学改革、推动教育高质量发展，以及实施科教兴国、人才强国、创新驱动发展战略具有重要的现实意义。

基于新时代素质教育深入实施的现状，"生活·实践"教育提出了"新素质""新素质教育"的教育改革理念。它上承百年前陶行知生活教育运动，中接已经实施二十余年的国家素质教育行动，下启新时代素质教育实践，承担着传承历史和创新发展的时代使命，是对党的教育方针的贯彻落实，是新时代发展素质教育的中国探索和中国方案。

本丛书以"生活·实践"教育和"新素质""新素质教育"理念为依据，探索新时代大学素质教育的出路。针对当前大学生素质培养过程中存在的"教育与生活脱节、学校与社会脱节、教学与实践脱节"等问题，通过阐释新时代大学生素质的构成，界定新时代大学生"新素质"的内涵与外延，以新范式培养大学生新素质，即开展大学生新素质教育。

这套新时代大学生素质教育丛书一共包含上、中、下三册：上册是《面向"生活·实践"：大学生素质教育导论》，中册是《青春成长解惑：大学生素质教育答问》，下册是《以成长陪伴成长：大学生素质教育案例》。

《面向"生活·实践"：大学生素质教育导论》作为导论，力图深入解读新时代大学生素质教育的时代内涵、根本任务，剖析当代大学生素质教育存在的困境，构建新时代大学生素质体系，明确大学生素质培养目标，阐释新素质教育的培养范式、保障体系等，从宏观、中观、微观层面，遵循高等教育阶段人才培养规律，系统、全面地呈现大学生新素质教育理念、大学生新素质培养过程。

《青春成长解惑：大学生素质教育答问》以真实案例为基础，针对大学生群体中出现的迷茫、倦怠等问题和困惑，通过讲述故事、分析问题、真实再现的方式，在真实情境中呈现大学生素质教育在实施过程中的痛点、难点问题，并进行剖析、解答，进而帮助大学生树立正确的世界观、人生观、价值观，养成健全的人格和成熟的心智，提升成长所需的综合能力，完成"被动成长"向"自主成才"的转变。

《以成长陪伴成长：大学生素质教育案例》讲述的是大学生的支教故事，描述大学生如何在支教活动中培养社会责任感和使命感，如何练就独立面对挑战的勇气、解决各种困难的能力。在与乡村学校孩子们相互的"守望"中，大学生与所支教学校的孩子都得到了成长，是"以成长陪伴成长"的美好诠释。支教，作为新素质教育"服务性实践"的重要活动之一，比较完整地呈现了大学生新素质培养的过程和路径。

高等教育，是建设教育强国的龙头，是教育、科技、人才的结合点。在国家经济社会的发展中，高等教育起到关键推动力、主要贡献者、重要策源地的作用。大学生应主动担起时代重任，积极锤炼本领，成为堪当民族复兴大任的社会主义建设者和接班人。习近平总书记在2023年新年贺词中指出："明天的中国，希望寄予青年。青年兴则国家兴，中国发展要靠广大青年挺膺担当。年轻充满朝气，青春孕育希望。广大青年要厚植家国情怀、涵养进取品格，以奋斗姿态激扬青春，不负时代，不负华年。"这是对新时代中国青年的美好期待和殷切嘱托。

在推进改革开放和社会主义现代化建设的新时代，大力发展大学素质教育、提高大学生素质培养成效，培养德智体美劳全面发展、堪当民族复兴大任的社会主义建设者和接班人，服务强国建设和民族复兴伟业，是本丛书编写出版的初衷和使命。期待本丛书的编写出版，能为此聊尽微薄之力。

周晓宇

2024年5月于武汉东湖之滨

前　言

在生产力变革、科学技术发展、国际形势瞬息万变的背景下,我们需要具备相应的新素质,以顺应时代步伐,应对各种新情况、新挑战。实施新素质教育,培养的是新素质。

"生活·实践"教育是"以生活为中心、实践为路径"的教育。以此理念为依据的新素质教育,新在培养目标,也新在培养范式,即以面向生活的培养内容、主体实践的培养方式,促使大学生新素质的生成,以达成价值的塑造、品格的养成、能力的提升三个素质培养目标。这是统筹推进教育科技人才一体化发展以及承担科教兴国、人才强国使命责任的创新性举措。

作为大学生新素质教育的导论著作,本书将从"培养什么样的人""怎样培养人"两大层面展开论述。

首先是培养什么样的人。本书通过深入解读新时代大学生素质教育的时代内涵、根本任务以及剖析当代大学生素质教育存在的困境,结合新时代对人才的新要求,构建了涵盖德智体美劳"五育"的新时代大学生素质体系。该体系由六大关键素质组成,即思想政治素质、道德素质、科学文化素质、身心素质、专业素质、实践创新素质,合称为新时代大学生新素质。由此素质体系出发,聚焦于价值塑造、品格养成、能力提升三大素质培养目标,最终帮助大学生既能"成人"又能"成事",从而实现个人价值和社会价值的统一。

其次是如何培养。习近平总书记指出："所有知识要转化为能力，都必须躬身实践。要坚持知行合一，注重在实践中学真知、悟真谛，加强磨炼、增长本事。"新素质教育的人才培养新范式，强调面向生活的培养内容、主体实践的培养方式。

面向生活，是既来源于生活，又高于生活，进而创造生活。因此，面向生活的培养内容体现出渐进性，有三大维度：社会担当、自我未来建构、创造美好生活。

培养内容和培养方式通过"问题导向"来连接并切入实践。对时代问题的探索与解决，是驱动一个人、一个民族、一个国家不断向前发展的核心动力。问题导向回答的是实践的缘由，它是激发学生主体性的动力。由问题导向触发的实践，是一次主动学习、积极成长。教育主体应紧扣大学生素质养成中存在的问题，有目的、有主题、有组织地开展认知性实践、体验性实践、服务性实践。学生在实践中（做事），得以塑造价值、养成品格（成人），同时铸就能力、本领（成事）。

本书尝试构建大学生新素质教育模式，帮助期望提升自我素质或正面临成长困境的在校大学生创造美好生活、实现个人价值和理想，同时致力于解决高校人才培养与生活、社会脱节的问题，将高校人才培养与国家发展的实际需要、时代前进的迫切需求有效结合，激励青年一代挺膺担当，投身强国建设，肩负起时代赋予的责任，为中国梦贡献青春力量，在中华民族伟大复兴的新征程上不负青春韶华，砥砺奋进、阔步前行。

目 录

第一章 新时代素质教育 ·· 1
    第一节 根本任务与时代内涵 ·· 2
    第二节 基础教育阶段：以"核心素养"为抓手 ······························ 8
    第三节 高等教育阶段：挺膺担当投身强国建设 ····························· 12

第二章 我国大学素质教育发展脉络 ·· 17
    第一节 我国通才教育的传统及其探索 ·· 17
    第二节 本土概念"文化素质教育"的提出 ··································· 22
    第三节 面向未来的素质教育 ·· 28

第三章 当代大学素质教育现状 ·· 32
    第一节 概念的混淆与不同教育的相互割裂 ·································· 32
    第二节 偏知识化的素质教育 ·· 33
    第三节 "有用之学"与"无用之学" ··· 34
    第四节 与受教育主体的"距离" ·· 35
    第五节 大学生素质培养成效 ·· 36

第四章 大学素质教育新探索：面向"生活·实践" ···························· 40
    第一节 关于"生活·实践"教育 ·· 40
    第二节 基于"生活·实践"的新素质与新素质教育 ······················ 47

第五章 新时代大学生素质培养目标 ·············· 51
第一节 新时代大学生素质体系 ·············· 51
第二节 价值塑造：家国情怀与世界胸怀 ·············· 58
第三节 品格养成：人格气质与心胸格局 ·············· 64
第四节 能力提升：个性化的通用能力 ·············· 67

第六章 新时代大学生素质培养内容：回归生活 ·············· 73
第一节 社会担当 ·············· 76
第二节 自我未来建构 ·············· 83
第三节 创造美好生活 ·············· 91

第七章 新时代大学生素质培养范式：主体实践 ·············· 102
第一节 素质教育的实践逻辑 ·············· 102
第二节 问题导向 ·············· 106
第三节 认知性实践与体验性实践 ·············· 110
第四节 服务性实践 ·············· 121
第五节 新时代未来大先生行动 ·············· 139
第六节 成长共同体 ·············· 144
第七节 实践"场域"新形态：生活场域中的时间与空间 ·············· 161

第八章 新素质教育保障体系 ·············· 174
第一节 制度与文化保障 ·············· 174
第二节 "人师"引领 ·············· 186
第三节 "全面发展"的综合评价 ·············· 195
第四节 组织新样态 ·············· 206

附录一 新时代大学生素质培养过程 ·············· 217
附录二 实践任务群案例 ·············· 221
主要参考文献 ·············· 224

第一章 新时代素质教育

素质教育，源于20世纪八九十年代我国基础教育界关于"培养什么样的人"的问题的中国式回答，旨在关注人的全面发展。

素质（Suzhi），一般说来，即人所具有的维持生存、促进发展的基本要素，它是以人的先天禀赋为基础，在后天环境和教育的影响下形成并发展起来的内在的、相对稳定的身心组织结构及其质量水平。[①]素质教育（Suzhi Education），是一种以全面提高人的基本素质为根本目的的教育理念，是回归教育本质的育人活动，即关注人的发展，面向全体学生，使学生具有作为新一代合格公民所应具有的全面、和谐、均衡发展的基本素质。

关于素质教育的讨论是基于马克思、恩格斯的"人的自由全面发展"理论视角展开的，即关注人的德智体美劳诸方面的整体性发展，强调作为一个完整的"人"所必备的核心素质，强调教育既要教会学生"做事"，又要教会学生"做人"[②]，突出个性化与社会化的统一、个体本位与社会本位的统一。

素质教育从人的身心发展的素质结构入手，丰富了全面发展教育的目的论，而优化个性发展是深化素质教育的必然要求。[③]从本质上来看，素质教育与全面发展教育一脉相承，都是以马克思主义关于人的全面发展学说为理论基础的基本教育理念，强调以人的全面发展为终极目标。素质教育是全面发展教育的抓手，是在新的形势背景下更好地实施全面发展教育的教育理念。

---

① 素质教育调研组.共同的关注——素质教育系统调研[M].北京：教育科学出版社，2006：216.
② 杨叔子，余东升.素质教育：改革开放30年中国教育思想一大硕果——纪念中共中央国务院《关于深化教育改革全面推进素质教育的决定》颁布十周年[J].高等教育研究，2009（6）：1-8.
③ "素质教育的概念、内涵及相关理论"课题组.素质教育的概念、内涵及相关理论[J].教育研究，2006（2）：3-10.

当前，素质教育已经成为一种全面的、总揽性的教育思想。《现代汉语词典》中列有"素质教育"词条，认为素质教育是"以提高人的综合素质为根本宗旨的教育。要求对学生实施德、智、体、美、劳的全面教育，着重培养学生的创新精神和实践能力"。2018年，素质教育作为一种新的教育思想和教育概念被《教育哲学与理论百科全书》（Encyclopedia of Educational Philosophy and Theory）收录和介绍。

素质教育，是具有中国特色的现代教育思想与教育模式，是立足中国实际，解决中国问题的教育思想的创新性发展，反映了教育的根本要求，顺应了经济社会发展的趋势和世界教育改革发展的潮流，切合当代中国国情。随着时代的发展，素质教育的内涵也将持续深化、不断丰富。

第一节 根本任务与时代内涵

2016年，习近平总书记首次提出，素质教育是教育的核心。

2021年修正的教育法第五条指出："教育必须为社会主义现代化建设服务、为人民服务，必须与生产劳动和社会实践相结合，培养德智体美劳全面发展的社会主义建设者和接班人。"

素质教育，是贯彻党和国家教育方针的教育。随着时代的变化发展，党的教育方针也在与时俱进，因而素质教育的内涵也在更新变化，体现出新的时代特征。

一、培养堪当民族复兴重任的时代新人

随着人类步入现代社会，社会与教育之间的交互作用愈发凸显。社会发展日新月异，必然对教育提出一系列新挑战与新要求。教育须秉持具有前瞻性的教育理念，致力于培养能够适应并引领未来社会的人才，从而反过来推动社会的进步与发展。当前，我国教育正站在一个关键的历史交汇点上，需要深刻回应两大时代问题：一是面对全球范围内前所未有的深刻变革与挑战，我国应如

何调整策略、把握机遇，稳健应对这一世界百年未有之大变局；二是在实现中华民族伟大复兴的征途上，教育应当扮演何种角色、发挥何种作用，以助力强国建设、民族复兴伟业的实现。这两大问题既是对教育体系的深刻考验，也是推动教育创新发展的强大动力。

2010年7月发布的《国家中长期教育改革和发展规划纲要（2010—2020年）》明确指出："坚持以人为本、全面实施素质教育是教育改革发展的战略主题，是贯彻党的教育方针的时代要求，其核心是解决好培养什么人、怎样培养人的重大问题，重点是面向全体学生、促进学生全面发展，着力提高学生服务国家服务人民的社会责任感、勇于探索的创新精神和善于解决问题的实践能力。"

党的十九大提出"要全面贯彻党的教育方针，落实立德树人根本任务，发展素质教育，推进教育公平，培养德智体美全面发展的社会主义建设者和接班人"。

"发展素质教育"最终指向"培养德智体美全面发展的社会主义建设者和接班人"。因此，"发展素质教育"是新时代"贯彻党的教育方针"和"落实立德树人根本任务"的具体实践。①

党的二十大报告对办好人民满意的教育作出部署、提出要求。习近平总书记指出"在加快推进教育现代化的新征程中培养担当民族复兴大任的时代新人"，强调"促进学生德智体美劳全面发展，培养学生爱国情怀、社会责任感、创新精神、实践能力"。新征程上，培养德智体美劳全面发展的社会主义建设者和接班人，对于积极响应国家发展战略需求、加速构建人才强国体系、推动实现中华民族伟大复兴宏伟目标而言，具有重要性与紧迫性。

习近平总书记关于提高国民素质、青少年素质的重要论述为教育界深入理解和实施素质教育理念提供了根本遵循和行动指南。

首先，提高国民素质至关重要。2015年4月，习近平总书记在庆祝"五一"国际劳动节暨表彰全国劳动模范和先进工作者大会上指出："要始终高度重视提高劳动者素质，培养宏大的高素质劳动者大军。劳动者素质对一个国家、一个民族发展至关重要。劳动者的知识和才能积累越多，创造能力就越大。提高包括广大劳动者在内的全民族文明素质，是民族发展的长远大计。面对日趋激烈的国际竞争，一个国家发展能否抢占先机、赢得主动，越来越取决于国民素质

---

① 石中英.发展素质教育的根本任务、时代内涵和实践建议[J].人民教育，2021（10）:15-19.

特别是广大劳动者素质。要实施职工素质建设工程，推动建设宏大的知识型、技术型、创新型劳动者大军。"

其次，高度重视青少年的素质培养。2013年，在给华中农业大学"本禹志愿服务队"的回信中，习近平总书记指出："青年一代有理想、有担当，国家就有前途，民族就有希望，实现中华民族伟大复兴就有源源不断的强大力量。"

最后，寄望青少年树立远大理想。习近平总书记在纪念五四运动100周年大会上对当代青年寄予殷切期望："新时代中国青年要树立对马克思主义的信仰、对中国特色社会主义的信念、对中华民族伟大复兴中国梦的信心，到人民群众中去，到新时代新天地中去，让理想信念在创业奋斗中升华，让青春在创新创造中闪光！"2021年4月19日，在清华大学考察时，习近平总书记指出："广大青年要肩负历史使命，坚定前进信心，立大志、明大德、成大才、担大任，努力成为堪当民族复兴重任的时代新人，让青春在为祖国、为民族、为人民、为人类的不懈奋斗中绽放绚丽之花。"

习近平总书记关于青少年素质培育的重要论述，既着眼于青少年个体全面发展与健康成长，又着眼于社会主义现代化建设和中华民族伟大复兴中国梦的实现。面对当今世界百年未有之大变局以及中国特色社会主义事业迈入新发展阶段，新时代素质教育的立足点和出发点有了新的变化。新时代素质教育不仅是对教育本质的深刻回归，即以人为本，促进人的全面发展，更是对时代需求的精准把握与积极响应，彰显出教育事业的崇高使命与深远价值。

总体而言，新时代素质教育，与20世纪提出和实施的素质教育，两者在根本任务和使命上是一致的，即通过教育的力量为国家的长远发展奠定人才基础，着眼于提升国民素质特别是青少年素质，致力于培养堪当民族复兴大任的社会主义建设者和接班人。

二、德智体美劳"五育"融合促进人的全面发展

随着社会的快速发展与变革，素质教育的内涵不断丰富，培养领域持续扩展，从解决特定历史时期的教育问题转向培养适应未来社会的人才。

2017年，在中国共产党第十九次全国代表大会上，习近平总书记明确提出"发展素质教育"的要求。2018年，在全国教育大会上，习近平总书记系统总结

中国教育改革发展实践，明确提出教育是民族振兴、社会进步的重要基石，对提高人民综合素质、促进人的全面发展、增强中华民族创新创造活力、实现中华民族伟大复兴具有决定性意义。在这次重要讲话中，习近平总书记将全面发展教育的德智体美"四育"发展为德智体美劳"五育"，确立了新时代教育所要培养的人才素质结构的一般表述和普遍性要求，规定了人才培养的具体目标领域，并指出"要努力构建德智体美劳全面培养的教育体系"。在此基础上，2018年10月教育部发布的《关于加快建设高水平本科教育全面提高人才培养能力的意见》提到要"加快建设高水平本科教育，培养大批有理想、有本领、有担当的高素质专门人才"，要求"发展素质教育，深入推进体育、美育教学改革，加强劳动教育，促进学生身心健康，提高学生审美和人文素养，在学生中弘扬劳动精神，教育引导学生崇尚劳动、尊重劳动"。2019年6月，国务院办公厅印发《关于新时代推进普通高中育人方式改革的指导意见》，要求扭转片面应试教育倾向，发展素质教育，并明确改革目标：到2022年，德智体美劳全面培养体系进一步完善，立德树人落实机制进一步健全。至此，国家对素质、素质教育的要求更加明确，也逐渐具体化。

发展素质教育，须通过贯彻"五育"全面发展来实现。既要坚持"五育并举"，一个不能少，更要坚持"五育融合"，建构一个有机整体。[①]

"五育"并非截然分开，而是彼此交织、深度融合的教育体系。人的教育本质上是一个多维度、多层次的整体，其内涵之丰富，远非单一维度的描述所能涵盖。将教育细分为既独立又相互依存的方面，既是出于深刻理解教育的追求，也是使教育实践更加精细化和高效化的需要。这要求清晰地把握教育的各个组成要素，深入探究它们各自的内在规律与独特价值，从而制订科学、合理的教育策略与方法。

"五育"中每一育的强化，都能对其他的任何"一育"或"几育"产生积极影响。它们以各自独特的方式，从不同角度、不同层面共同推动着"五育"目标的实现。"五育"融合，并非简单地"五育"相加，强调的是在整体教育过程中，"五育"同步进行、深度融合，追求在教育的每一个环节、每一个阶段，都能实现"五育"的有机融合与统一呈现，最终指向德智体美劳全面发展这一根本目的，并在此基础上走向"五育"共美、合一。这是"五育"追求的最终目标。

---

① 冯建军.构建德智体美劳全面培养的教育体系：理据与策略[J].西北师大学报（社会科学版），2020（3）：5-14.

不同时代对青少年素质和国民素质的要求，既有一脉相承的地方，也有因时而变的地方，体现了不同时代经济社会发展、文化变迁和科技进步的新要求。进入新时代，素质教育在全面发展教育所涉及的素质领域和关键素质上有新的发展和更加明确的要求，不仅体现在对劳动素养、劳动教育的强调上，还体现在"六个下功夫"上，即"要在坚定理想信念上下功夫""要在厚植爱国主义情怀上下功夫""要在加强品德修养上下功夫""要在增长知识见识上下功夫""要在培养奋斗精神上下功夫""要在增强综合素质上下功夫"。总体而言，新时代新形势下，素质教育通过"五育"推进人的全面发展，体现着鲜明的时代特色。

德育，要求加强中华优秀传统文化、社会主义先进文化教育，引导学生培育和践行社会主义核心价值观，增强中国特色社会主义道路自信、理论自信、制度自信、文化自信，增强担当民族复兴和构建人类命运共同体的责任感和使命感。

智育，应适应当下时期国家经济社会发展的需要，注重科学精神和创新意识的培养，注重批判性思维和创造性思维的培养，以提高发现问题、解决问题的能力。

体育，是国家综合实力和社会文明程度的重要体现，体育强则国强。这要求引导学生在体育锻炼中享受乐趣、增强体质、健全人格、锤炼意志。

美育，是人文素养提升的关键，须坚持以美育人、以文化人，培养学生高尚的审美情趣，提高学生的审美鉴别与鉴赏能力，注重培养学生为国家和人民创造美的内在动力与自觉意识。

劳动，是人类社会存在的基础和发展的根本力量。进入新时代，劳动教育的内涵不断更新与延伸，提倡以劳育德、以劳育智、以劳育体、以劳育美。劳育需要弘扬劳动精神，引导学生崇尚劳动、尊重劳动，懂得劳动的崇高与伟大，注重培养学生的创造性劳动能力，把劳动与人民幸福和国家富强密切联系起来，以服务和实现人民日益增长的美好生活需要作为劳动的价值旨归。

三、统筹推进教育科技人才一体化发展

党的二十大报告提出"教育、科技、人才是全面建设社会主义现代化国家

的基础性、战略性支撑"。2024年政府工作报告第一次将以往政府工作报告中分散在经济、民生、组织等方面的科技、教育、人才问题论述，统合为一体论述，很好地体现出党的二十大之后教育、科技、人才工作的一体化布局，对教育强国、科技强国、人才强国建设作了更加全面、更加具体的安排，体现出对教育、科技、人才"基础性支撑"的战略认识达到一个新的高度。

党的二十届三中全会审议通过的《中共中央关于进一步全面深化改革 推进中国式现代化的决定》（以下简称《决定》）提出"教育、科技、人才是中国式现代化的基础性、战略性支撑"重要论断，这是对二十大报告提出的"教育、科技、人才是全面建设社会主义现代化国家的基础性、战略性支撑"重要表述的深化发展，深刻揭示了深入实施科教兴国战略、人才强国战略、创新驱动发展战略，统筹推进教育科技人才体制机制一体改革的重要作用，对于以中国式现代化全面推进强国建设、民族复兴伟业，具有重大现实意义和深远历史意义。

《决定》强调："必须深入实施科教兴国战略、人才强国战略、创新驱动发展战略，统筹推进教育科技人才体制机制一体改革，健全新型举国体制，提升国家创新体系整体效能。"教育科技人才体制机制一体改革在推动高质量发展中具有关键作用。高质量发展不仅体现在量的合理增长上，而且强调经济增长的质量、效率和可持续性，由此更加依赖创新驱动，更加需要统筹推进教育科技人才体制机制一体改革。将深入实施科教兴国战略、人才强国战略、创新驱动发展战略，与健全新型举国体制、提升国家创新体系整体效能直接联系起来，体现出在统筹推进教育科技人才体制机制一体改革方面，党中央的推进思路和路径有了进一步深化。[①]

在中国式现代化的现实逻辑下，把握教育、科技、人才三位一体更具战略性、系统性。统筹推进教育科技人才体制机制一体改革，需要在方法论上坚持系统观念，运用系统思维、战略思维和全局思维，充分认识教育、科技、人才三者是客观联系的，不能刻板地对三个领域分头改革。教育是前提与根本，为整个系统奠定稳固的根基；科技是支撑与动力，如强大的引擎，为系统增加协调性和前进的动力；人才是主体与目的，是保持系统持续发展的核心要素；创新是连接点，确保各个环节流畅无阻，推动整个体系向前发展。

---

① 周洪宇.统筹推进教育科技人才体制机制一体改革[N].中国教育报，2024-07-25(3).

加快建设教育强国，是全面建设社会主义现代化国家的必然要求。全面建设社会主义现代化国家，科技是关键，人才是基础，教育是根本。党的二十大报告明确提出"必须坚持科技是第一生产力、人才是第一资源、创新是第一动力，深入实施科教兴国战略、人才强国战略、创新驱动发展战略，开辟发展新领域新赛道，不断塑造发展新动能新优势"，对"坚持教育优先发展、科技自立自强、人才引领驱动，加快建设教育强国、科技强国、人才强国"进行整体谋划，并将"建成教育强国、科技强国、人才强国"纳入2035年我国发展的总体目标。

科技创新靠人才，人才培养靠教育。党的十九大报告提出建设教育强国目标，教育在国家发展中地位的提升有目共睹。党的十九届五中全会明确提出"建设高质量教育体系"。党的二十大报告强调"加快建设教育强国"，"加快建设高质量教育体系"。教育的重要地位和作用正随着全面建设社会主义现代化国家的目标推进变得愈发重要，教育的发展思路也变得愈发清晰。

因此，旨在培养德智体美劳全面发展的高素质人才的新时代素质教育，是落实教育、科技、人才一体化发展的重要举措，将为中国式现代化建设提供强大动力，应充分发挥好教育、科技、人才在高质量发展中的基础支撑作用，进而加快发展新质生产力，为全面推进强国建设、民族复兴伟业提供更加坚实有力的保障。

经济社会的发展对于人才的要求在不断变化，素质教育的理论与实践也随着时代的变迁不断发展。只有立足时代特点发展素质教育，以动态的眼光和开放包容的态度发展素质教育，注重素质教育成效，才能全面提高人才培养质量，切实担负起新时代赋予素质教育的责任与使命。

第二节　基础教育阶段：以"核心素养"为抓手

关于基础教育，《教育大辞典》指出其"亦称为'国民基础教育'，是对国民实施基本文化知识的教育，是提高公民的基本素质的教育。也是为继续升学或就业培训打好基础的教育"。这一定义把基础教育定位于培育未来公民的基本素质上。

一、实现人的全面发展

基础教育是国家为了全体国民的终身发展和全面发展,在其未成年期间实施的奠定其一生基础的教育,既要兼顾终身发展与全面发展相统一的要求,又要满足最低限度与一定深度相统一的要求。基础教育具有全民性、基础性、阶段性、多样性以及终身性等特征。①

1990年,联合国教科文组织发布《世界全民教育宣言:满足基本学习需要》,其中说道:"每一个人——儿童、青年和成人——都应能获得旨在满足其基本学习需要的受教育机会。基本学习需要包括基本的学习手段(如阅读、书写、口头表达、计算和问题解决)和基本的学习内容(如知识、技能、价值观念和态度)。这些手段和内容是人们为能生存下去、充分发展自己的能力、有尊严地生活和工作、充分参与发展、改善自己的生活质量、作出有见识的决策并能继续学习所需要的。……基础教育本身不仅仅是目的。它是终身学习和人类发展的基础,而各国可以在这一基础上系统地建立其他层次、其他类型的教育和培训。"把基础教育与终身教育联系起来,认为基础教育是为整个人生打基础的教育,这在很大程度上拓宽了人们的认识视野,丰富了基础教育的内涵。

人类的学习模式已经超越传统的职前学习、职后工作的框架,转变为一个贯穿整个生命历程的终身学习过程。终身教育强调教育的连续性和广泛性,而全面发展教育更侧重教育的深度和质量,追求德、智、体、美、劳等各个维度上的全面而均衡的发展。从个体生命的质与量角度来看,基础教育具有实现人的终身发展与全面发展相统一的内在要求。基础教育作为个体教育的起点,承载着为人的全面发展奠定坚实基础的使命,是指向人的终身发展与全面发展相统一的教育。从这一层面看,素质教育和基础教育两者具有内在统一性。

由此,基础教育与素质教育的关系可以理解为:基础教育为个体的发展奠基,并提升国民的整体素质,具有基础性、相对稳定性;而素质教育,本质是全面发展人的教育,实施素质教育是基础教育阶段育人活动的内在要求。

2006年6月,第十届全国人民代表大会常务委员会通过《中华人民共和国义务教育法(修订案)》,提出"义务教育必须贯彻国家的教育方针,实施素质

---

① 侯怀银,时益之."基础教育"解析[J].当代教育与文化,2019(4):1-6.

教育，提高教育质量"，发展素质教育被正式纳入国家法律。多年的素质教育实践探索得到社会各界的普遍认可，保障了每一位适龄儿童享有接受义务教育的权利。2010年10月，国务院办公厅发布《关于开展国家教育体制改革试点的通知》，提出"推进素质教育，切实减轻中小学生课业负担"，并提出了改进途径和方法。2012年9月，《国务院关于深入推进义务教育均衡发展的意见》发布，全面实施素质教育成为推进义务教育均衡发展的指导思想之一，提高义务教育质量应树立科学的教育质量观，以素质教育为导向。

基础教育是为了向每个人提供基本知识、基本观点、社会准则和经验，使每个人能够发挥自己潜力的教育。它不是竞争意义上的选拔教育，而是为每一个人提供生存保障、培养基本素质的合格教育。从公民培养角度看，青少年正处于成长发展的关键期，这个时期的教育将对他们今后的一生产生深远的影响。引导学生形成符合要求的素质是基础教育的根本任务，因而素质教育是基础教育的内核。

当前，中国特色社会主义进入了新时代，但还处于并将长期处于社会主义初级阶段，这是我国最大的国情。长期以来，我国优质资源总量不足、分布不平衡，由此带来整个社会注重效率优先，致使功利主义蔓延。在教育方面，优质教育资源多年来总量不足、结构不合理，城乡、区域、群体教育发展不平衡、不充分的矛盾较为突出，由此催生了很多急功近利的做法。家长因害怕孩子输在起跑线而揠苗助长，学校为片面追求升学率而过度教育、片面教育，教师和学生唯分数是从，远离社会实践和生产劳动，背离人的全面发展和党的教育方针要求，催生了教育上的功利主义，产生了片面追求分数的"应试教育"。

随着对素质教育讨论的深入，学界对应试教育和素质教育的关系也有一些不同的认识。但学者们倾向于认同素质教育是相对于应试教育而提出来的概念，是应试教育催生出来的解决中国教育问题的教育思想和模式。

总而言之，在基础教育阶段，素质教育是克服应试教育弊端的必然选择，也是基础教育回归其本质——全面促进人的发展的内在需求与体现。

二、发展核心素养

素质教育致力于解决过度追求应试教育带来的弊端，自实施以来取得了突出的成绩，但与政策要求和公众期待还有较大差距。2006年，由教育部、中宣部、社科院等部门联合组成的素质教育调研组经调研发现,虽然素质教育在实施过程中取得了一定的进展,但"一些问题的呈现更加复杂,解决起来更加困难,虽几经努力,仍没有达到预期的效果,造成一些地方'素质教育喊得轰轰烈烈、应试教育抓得扎扎实实'"[①]。因此,政府与学界寻求以另一种方式推进素质教育的改革,提出了"核心素养"概念。

素质是素养的上位概念。素质教育是根本,核心素养是主干,综合素质是果实,即通过实施素质教育,落实核心素养,达到提高学生综合素质的目的。

核心素养这一概念其实是舶来品。自1997年经济合作与发展组织(OECD)启动"素养的界定与遴选:理念和概念基础"项目(Definition and Selection of Competencies: Theoretical and Conceptual Foundations)始,"素养"这一提法便正式形成并相继出现在各个国家和地区的重要教育文件中。2005年,欧盟正式发布《终身学习核心素养:欧洲参考框架》(*Key Competencies for Lifelong Learning: An European Reference Framework*)。但competency并非素养内涵的唯一表述,skill、capability等词有时也用于表达相同的内涵。

总体来看,各个国家、地区以及国际组织所表达的核心素养的内涵并非完全一致,但基本上都呈现出以下特征:一是以培养完整的个体和促进社会发展两个维度为起点;二是在人与社会关系方面,不仅将目光聚焦在本国、本地区,也关注与其他国家、地区之间的关系,强调培养学生的公民素养和国际公民意识;三是不同国家和地区在"求同"的同时,也关注本地的优秀传统文化,使核心素养扎根于本地土壤。[②]

核心素养框架有多种不同的样式,且仍在持续变化中。2016年9月13日,《中国学生发展核心素养》总体框架正式发布。中国学生发展核心素养以科学性、时代性和民族性为基本原则,以培养全面发展的人为核心,分为文化基础、自主发展、社会参与三个方面。

简而言之,核心素养是学生应具备的、能够适应终身发展和社会发展需要的必备品格和关键能力,它由两大部分组成——关键能力和必备品格。

核心素养的提出,使素质教育的目标变得更明确、具体。自我国基础教育开始倡导素质教育以来,"全面发展人"的教育宗旨,在学术研究和实际操作层

---

① 素质教育调研组.共同的关注:素质教育系统调研[M].北京:教育科学出版社,2006:9.
② 周洪宇.核心素养的中国表述:陶行知的"三力论"和"常能论"[J].华东师范大学学报(教育科学版),2017(1):1-10,116.

面，仍显得相对宽泛和抽象，缺乏对核心内涵和具体外延的明确界定与阐述。这种模糊性导致一线教育工作者在确定培养目标时面临困难和挑战，教育工作的方向性和针对性也因此受到一定的影响。

核心素养的提出，明确了那些对个体发展至关重要的核心要素，使素质教育的培养目标更加具体化，并更紧密地贴合当代社会对人才发展的实际需求。它为各学科在课程目标、内容、实施及评价等多个关键环节提供了明确的学术导向和理论依据。尤其在课程构建上，核心素养为跨学科课程体系的建立奠定了坚实的理论基础，推动了不同学科知识的交叉融合与创新。此外，基于核心素养构建的评价体系不仅有力推动了素质教育的深入发展，还确保了核心素养在教育实践中的有效实施，从而进一步细化和深化了素质教育的改革路径。

核心素养的提出，为素质教育在基础教育阶段的实施提供了更具可操作性的框架，增强了教育的可教授性、可学习性以及可评估性，是新时代推进素质教育的有效突破口。未来的基础教育将继续深化学生的核心素养培养模式，以核心素养为抓手推动素质教育的改革与创新。

第三节 高等教育阶段：挺膺担当投身强国建设

一、立德树人

素质教育是以人为本的教育，是依从人的全面健康发展之需要而创设的教育，其精神实质就是立德树人。①党的十七大提出"坚持育人为本、德育为先"，党的十八大提出"把立德树人作为教育的根本任务"，党的十九大强调"落实立德树人根本任务"，立德树人的重要性不断凸显，成为国家办好高等教育的根本任务和核心要旨。坚持把立德树人作为教育的根本任务，培养德智体美劳全面发展的社会主义建设者和接班人，深刻回答了新时代"培养什么人、怎样培养人、为谁培养人"这一根本问题。

立德树人，即实现道德理想、培养优秀人才。立德与树人这两方面是统一的，其中立德为根本，树人为目标，唯有立德，才能树人。在坚持德育为先的

---

① "中国特色高等教育思想体系研究"课题组，周远清，瞿振元，等. 中国特色高等教育思想体系举要[J]. 中国高教研究，2017（4）：1-25.

前提下，以人为本塑造人、改变人、发展人，体现出道德养成和能力培养的辩证关系。

立德树人，最终指向培养德智体美劳全面发展的社会主义建设者和接班人。习近平总书记指出："我们建设教育强国的目的，就是培养一代又一代德智体美劳全面发展的社会主义建设者和接班人，培养一代又一代在社会主义现代化建设中可堪大用、能担重任的栋梁之才，确保党的事业和社会主义现代化强国建设后继有人。"

教育是国之大计，是"人类传承文明和知识、培养年轻一代、创造美好生活的根本途径"。青少年学生是国家的未来，是社会主义现代化建设的生力军。党的十九大报告提出要"培养担当民族复兴大任的时代新人"。2018年8月，在全国宣传思想工作会议上，习近平总书记再次指出："育新人，就是要坚持立德树人、以文化人，建设社会主义精神文明、培育和践行社会主义核心价值观，提高人民思想觉悟、道德水准、文明素养，培养能够担当民族复兴大任的时代新人。"中华民族伟大复兴，归根到底依靠的是人才，拥有德才兼备的高素质人才队伍是实现中华民族伟大复兴的前提和基础。培养担当民族复兴大任的时代新人，是新形势下教育发展的客观需要和经济社会发展的必然要求。

与基础教育不同，高等教育直接服务于经济社会的发展。在国家经济社会的发展中，高等教育是关键推动力、主要贡献者、重要策源地。在教育强国建设过程中，高等教育是龙头，是教育、科技、人才三者融合的关键交汇点。我们应深刻领会高等教育的历史方位、时代责任和目标任务，立足新发展阶段，贯彻新发展理念，提升大学教育服务高质量发展、推进强国建设的支撑力和贡献力。

高等教育贯彻落实立德树人的根本任务，要按照国家经济社会发展要求和人的身心发展规律有意识地塑造人才，使其成长为具有不同知识体系和专业技能，能够为中国特色社会主义建设服务且具有较高思想道德素养的全面发展的时代新人，为中华民族伟大复兴中国梦的实现提供必要的人才支撑。

习近平总书记在2023年新年贺词中指出："明天的中国，希望寄予青年。青年兴则国家兴，中国发展要靠广大青年挺膺担当。年轻充满朝气，青春孕育希望。广大青年要厚植家国情怀、涵养进取品格，以奋斗姿态激扬青春，不负时代，不负华年。"

建成社会主义现代化强国，实现中华民族伟大复兴，是一场接力跑。广大青年大学生正值青春年华，拥有施展才华的广阔舞台和实现梦想的光明前景，应坚定理想信念，挺膺担当、砥砺奋进，用青春的能动力和创造力创造一个更加美好的世界，努力成为堪当民族复兴重任的时代新人，让青春在强国建设中闪闪发光。

素质教育由基础教育领域逐渐扩展到高等教育领域，由学科课程领域升华到科学精神与人文精神融合的新境界，在更高层次上推进了人文素质教育、科学教育、专业教育的融合，真正承担起立德树人的根本任务，培养全面发展的时代新人，顺应了新时代对青年一代的新要求。

从马克思关于人的全面发展理论、党的教育方针的历史发展、大学素质教育思想的丰富内涵等多个视角出发进行探寻，可以认识到，新时代的大学素质教育，须扎根中国大地，培养学生关心和投身国家发展的情怀和使命感，以引导学生立大志、明大德、行大道、成大器，着力造就德智体美劳全面发展的新时代人才。这体现了素质教育个性化与社会化、个体本位与社会本位相统一的内在要求。

二、培养拔尖创新人才

党的二十大报告明确指出："高质量发展是全面建设社会主义现代化国家的首要任务。"2023年5月29日，习近平总书记在中共中央政治局第五次集体学习时指出，"要把服务高质量发展作为建设教育强国的重要任务"。《中共中央关于进一步全面深化改革 推进中国式现代化的决定》提出，"教育、科技、人才是中国式现代化的基础性、战略性支撑"。科技创新靠人才，人才培养靠教育。高等教育作为科技、人才、创新的重要结合点，是服务高质量发展的重要力量。提高高等教育服务高质量发展能力将进一步提升高等教育与社会经济发展的契合度，落实科教兴国、人才强国、创新驱动发展三大战略，发挥高等教育在教育强国建设中的龙头作用。

从世界范围来看，占据经济发展主导地位的关键是率先掌握科技创新主动权，率先取得重大原创理论和核心技术的突破，而突破的产生来自顶尖人才，顶尖人才的集聚和培养归根结底要依靠教育、依托大学。

当前，世界面临百年未有之大变局：一方面，新一轮科技革命和产业变革加速发展，人类社会进入前所未有的创新活跃期；另一方面，保护主义抬头，全球化遭遇逆流。在这一时代背景下，加快科技自立自强是畅通国内大循环并在国际大循环中争取主动地位的关键。社会各领域对拔尖创新人才的需求愈发强烈，探索能够实现"从0到1"范式突破的拔尖创新人才自主培养之路，不仅是关系"两个大局"的破局关键，也是实现"两个一百年"奋斗目标的重大命题。①

提升国家创新体系整体效能，必须加强人才自主培养，造就一支规模宏大、结构合理、素质优良的创新型人才队伍。党的二十大报告指出，要全面提高人才自主培养质量，着力造就拔尖创新人才。拔尖创新人才是人才资源中最关键、最稀缺的资源，是集聚国家创新优势的中流砥柱，具有不可替代的重要作用，必须主要依靠自主培养，提高供给自主可控能力，这样才能赢得国际竞争主动权，在全球科技创新中占据优势。

基于1960年至2020年159个国家和地区认知技能国际可比数据库的实证分析表明，高质量教育对于各个时期的经济增长都具有显著促进作用，教育质量的差异在很大程度上影响着各国经济增速的差异。世界一流大学也因其培养造就顶尖人才的突出表现，成就了所在国家软实力、教育地位和国际声望的提升。因此，高质量人才培养作为教育强国的重要标志和显著特征，是实现强国建设的战略支撑。②

梳理我国高等教育发展沿革可以发现，1949年以来，我国高等教育经历了规模发展与内涵提升的阶段，已建成世界最大规模的高等教育体系，教育现代化发展总体水平跨入世界中上国家行列。2024年，中国教育科学研究院发布了新一轮教育强国指数测算结果，与2023年相比，我国在全球的位次上升2位，居第21位，是10年来进步最快的国家。③

虽然我国现阶段人才自主培养质量和数量已有了显著提升，但在人才培育上仍呈现均值高、方差小的特点，教育的同质化程度高，能产生颠覆性创新的拔尖人才少。从一些国际比较数据看，我国在顶尖人才储备上还存在较大差距，与我国综合国力和国际地位尚不匹配。

---

① 施一公.立足教育、科技、人才"三位一体"探索拔尖创新人才自主培养之路[J].国家教育行政学院学报，2023（10）：3-10.
② 黄斌，云如先.教育发展何以强国——基于1960—2020年认知技能国际可比数据的实证分析[J].教育研究，2023（10）：125-136.
③ 丁雅诵.新一轮教育强国指数测算结果发布：中国在全球位次上升，居第二十一位[N].人民日报，2024-06-11（7）.

当前，我国科技实力显著增强，部分领域实现从跟随到并行乃至引领的转变。高等教育须紧急响应国家发展和科技自主对高端人才的需求，将拔尖创新人才培养作为现代化教育的核心目标，构建自主培养体系，以强化在国际人才竞争中的优势，加速建设世界级人才与创新中心，构建具备全球竞争力的开放创新环境。

2024年6月24日，在全国科技大会、国家科学技术奖励大会、两院院士大会上，习近平总书记指出："要坚持以科技创新需求为牵引，优化高等学校学科设置，创新人才培养模式，切实提高人才自主培养水平和质量。"

"新质生产力"是2023年9月习近平总书记在黑龙江考察调研期间首次提到的词汇。总书记指出，要整合科技创新资源，引领发展战略性新兴产业和未来产业，加快形成新质生产力。新质生产力有别于传统生产力，涉及领域新、技术含量高，其中关键是依靠创新驱动。

加快发展新质生产力，迫切需要大批拔尖创新人才。既需要科学家，也需要一流科技领军人才和创新团队，以及大批青年科技人才队伍，更需要一大批全面发展的、投身中国式现代化的建设者和接班人。[①]

大力培养拔尖创新人才，是建设教育强国和发展新质生产力的必由之路，是建设创新型国家，实施科教兴国战略、人才强国战略、创新驱动发展战略，统筹推进教育科技人才体制机制一体改革，提升国家创新体系整体效能，实现中华民族伟大复兴的历史要求，也是当前对教育改革的迫切要求。因此，大学素质教育，着力点不仅在于立德树人，还在于培养全面发展的高素质人才，以拔尖、创新之势，提升高等教育服务高质量发展能力，紧密围绕国家重大战略需求和社会经济发展需要，通过加强基础科学研究、推动科技成果转化、建设世界重要人才中心和创新高地，高质量服务经济社会发展。

---

① 怀进鹏.厚植人民幸福之本 夯实国家富强之基[N].中国教育报，2024-03-10（1）.

第二章　我国大学素质教育发展脉络

素质教育思想是具有鲜明中国特色的重大教育理论和实践成果,它立足本土实践,依据现代人的发展和教育规律,从古今中外教育文化的优良传统中汲取资源,体现出独特的中国话语表达。[①]自改革开放以来,素质教育思想从基础教育领域延伸至高等教育领域,并在高等教育领域得到全面深化和拓展。大学素质教育,借鉴和超越了通识教育,同时并不排斥或取代大学专业教育,而是要超越狭隘的专业教育。大学素质教育以文化素质教育为切入点和突破口,将始于大学的文化素质教育有机融入中国特色素质教育体系,并在素质教育框架下有效集成通识教育与专业教育,以此推动大学生的全面发展。

第一节　我国通才教育的传统及其探索

一、我国素质教育的源头

素质教育思想,关注人的全面发展,即重视培养通才。据学者考证,"通才一词,最早出现在曹丕的《典论·论文》里[②]:"夫文本同而末异,盖奏议宜雅,书论宜理,铭诔尚实,诗赋欲丽。此四科不同,故能之者偏也;唯通才能备其

---

① "中国特色高等教育思想体系研究"课题组,周远清,瞿振元,等.中国特色高等教育思想体系举要[J].中国高教研究,2017(4):1-25.
② 李曼丽.通识教育——一种大学教育观[M].北京:清华大学出版社,1999:200.

体。"不同的文体有不同的风格和要求,只有博学多才、能够融会贯通的人,才能兼备各种文体的写作能力。后来"通才"引申为"学识广博、具有多种才能的人"。我国自古就有重视通才教育的传统,在我国传统语汇中,也有一些和当代通识教育思想比较吻合的概念,如通人、通识等。①

《大学》开篇鲜明地阐述了教育的核心要义:"大学之道,在明明德,在亲民,在止于至善。"这一理念深刻揭示了大学教育的根本目标,即弘扬光明的德行,亲近人民,追求完美的境界。同样,《易经》也强调观察天文以洞察时势之变,观察人文以教化天下,体现了对全面素养和广博知识的育人追求。

《礼记·学记》提到"知类通达,强立而不反,谓之大成"。《论衡》提出"博览古今者为通人""通人胸中怀百家之言"。《说文解字》中对"通"字的解释是"达",意味着通达、贯通,即能够沟通天下之不通之处。这一解释与孔子所倡导的"多闻,择其善者而从之"的精神不谋而合,都注重广博学习、择善而从的重要性。

南宋朱熹提出的读书五法——博学之、审问之、慎思之、明辨之、笃行之,以及他对教育目标的阐述——格物致知和为己之学,都进一步强调学习的广泛性和深入性,以及教育对于个人提升修养和培养品德的重要性。

我国传统士大夫以研究和传播经典文化为己任,将修身、齐家、治国、平天下作为经世安邦的核心策略,这种价值观深深影响了我国的教育传统。今天,大学里所倡导的通识教育,正是对这一传统理念的继承和发展。大学不仅仅是培养某一领域专业人才的场所,更是熏陶和打造具备全面素养、能够"明明德"于天下的全面人才的摇篮。

我国古代教育家把道德教育放在首位,如《大学》里写道:"所谓修身在正其心者,身有所忿懥则不得其正,有所恐惧则不得其正,有所好乐则不得其正,有所忧患则不得其正。心不在焉,视而不见,听而不闻,食而不知其味,此谓修身在正其心。"但古代教育家并没有忽视知识教育的作用,仍坚持着"德智统一观",如董仲舒阐述德与智的关系:"仁而不知,则爱而不别也;知而不仁,则知而不为也。"由此看出,关注人的生活、志趣、道德、情感和理智等的和谐发展的教育观念,早已显现在中国古代教育思想里。

儒家六艺是指礼、乐、射、御、书、数六种学问,是儒家传统教育的核心

---

① 沈文钦.本土传统与西方影响:20世纪80年代以来通识教育的制度化进程[J].北京大学教育评论,2018(4):128-147,187.

内容。这些学问的形成和发展可以追溯到春秋战国时期，当时各国之间战争不断，社会动荡不安，儒家的思想家们思考着如何治理国家和安定社会。在这个背景下，儒家六艺逐渐形成并得到广泛传承和深入发展。其中，礼、乐、书、数是最早形成的四种学问，射、御则是后来逐渐加入的。在汉代，儒家六艺成了官方教育的核心内容，对中国古代文化和教育产生了深远的影响。

据学者梳理，1870年，丁韪良在《北美评论》上发表了一篇探讨中国科举制度的学术论文，详述了中国古代教育的"六艺"——礼、乐、射、御、书、数，认为它们构成了当时社会博雅教育的总和，并以此联想到欧洲中世纪教育的三艺（Trivium）和四艺（Quadrivium）。[①]

孔子的教育哲学核心理念，旨在通过学问的修养来实现人格的完善，即"学以成人"。他倡导"君子不器"。"不器"一方面意味着君子不应局限于成为仅精通一门技艺或学问的专家，避免陷入知识碎片化的困境；另一方面强调君子应具备超越物质束缚的自主精神，能够驾驭万物而不为外物所役，保持内心的自由与高尚。孔子强调人的全面发展与内在成长，这要求个体不仅追求知识的广度与深度，更重要的是要通达"大道"，即关于宇宙、人生、社会的深刻理解和智慧，而非仅仅满足于技能或专业知识的获取。在他看来，真正的君子不应局限于小知小识，即现代人常说的专业技能或特定知识，而应致力于追求一种能够洞察世事、指导人生的宏大智慧，这种智慧能够帮助人更好地理解世界、认识自我，并在复杂多变的社会环境中保持独立思考与高尚品德。

在这一意义上，我国传统教育在本质上是全才、通才的。古代书院是其最集中的体现：师生共处，学生互助；私人讲学，通才培养。书院在唐末五代时期兴起，历经宋元明清四代，逐步成为我国古代学术研究的重要基地和教育活动的主要承担者。1901年，清廷将书院改为学堂，传统书院至此终结。在其千余年发展历程中，书院以其独特的个性魅力对我国古代学术发展、文化交流、人才培养等方面起到了巨大的推动作用。书院在实行科举制度的封建社会，独树一帜地构建了自由、灵活的教育模式，打破了传统的、僵化的教育框架。它坚持独立自主的管理理念，形成了完整而独特的管理体系。其开放包容的学术氛围，不仅吸引了众多学子，更为书院增添了独特的魅力。在培养人才、传承学问和推动学术创新的过程中，书院孕育出了具有中国传统文化特色的书院精

---

① 沈文钦.本土传统与西方影响：20世纪80年代以来通识教育的制度化进程[J].北京大学教育评论，2018（4）：128-147，187.

神，如人文精神、独立精神、兼容精神和批判精神等。这些具有浓厚人文关怀的教学精神经过千余年的传承与创新，已深深植根于中华民族的文化教育之中，持续影响着后世的发展。

可以说，中国古代教育思想，以"天人合一"为最高境界，追求培养圣贤之人，既强调个人的道德修养，也重视知识的广博和全面，其本质上是通才教育。

二、general education 的引入

晚清时期，专业教育的思想传播至中国。民国时期，大学教育整体上以培养专业人才为主。但通识教育（当时也称为通才教育）实践在蔡元培、梅贻琦、潘光旦等教育家的倡导下，仍得到了局部的推行。

在蔡元培和梅贻琦分别担任北京大学和清华大学校长期间，通识教育受到广泛重视。蔡元培指出，培养"健全之人格"的教育，"不外乎五种主义，即军国民教育、实利主义、公民道德、世界观、美育是也"[①]，并提出"大学无不以培养通识博学，具有高度教养和全面发展的通才"的教育思想。在其1912年起草的《大学令》中，蔡元培提出："大学以文、理二科为主；必须文理二科并设，或文科兼法商二科者，或理科兼医、农、工三科或二科、一科者方能称大学。"此外，蔡元培还积极主张思想自由、兼容并包，反对学问上的门户之见，主张"新旧""中西"兼收并蓄，融会贯通。与此同时，梅贻琦则从大学的文化使命出发，倡导"通识为本，而专识为末"的大学理念。其在《大学一解》中写道："通识，一般生活之准备也；专识，特种事业之准备也。通识之用，不止润身而已，亦所以自通于人也。信如此论，则通识为本，而专识为末；社会所需要者，通才为大，而专家次之。以无通才为基础之专家临民，其结果不为新民，而为扰民。"潘光旦、张伯苓、竺可桢等教育家，也对通识教育、通才教育、会通教育和全人教育的意义作过阐释。

1909年，由商务印书馆创办的《教育杂志》很重视高等教育，介绍了不少国外大学的教育理念和实践模式，是当时我国了解近代欧美国家大学教育概况的重要途径。于1919年创刊、由蒋梦麟担任主编的《新教育》，还设有专门的高

---

① 蔡元培.蔡元培全集（第2卷）[M].北京：中华书局，1984：263.

等教育编辑组。各类杂志的创办，为当时国内学者探讨教育问题提供了平台，也推动了西方教育思想在我国的传播。也是在这个时期，英美的通识教育（general education）概念被介绍到中国。到了20世纪50年代，我国全面学习苏联的专才教育培养模式，培养通才的教育被边缘化。1978年改革开放以后，通识教育再次出现在一些教育研究者的学术探讨与教育管理者的视野中。

三、纠正狭隘专业教育的探索

进入20世纪80年代，许多高校逐渐意识到过度专业化教育模式的局限性，并寻求突破狭隘的专业教育框架。一个重要的改革举措是减少专业数量，以解决由于本科专业过多、专业口径过窄而导致的学生就业问题。面对这一挑战，高校开始反思并调整其专业设置。1986年，原国家教委颁布了修订的《高等学校工科本科专业目录》。新的目录大幅削减了专业数量，并拓宽了部分专业的覆盖范围，以适应社会经济发展的多元化需求。这一举措标志着高等教育领域对专业设置进行了重大改革。

另一个举措是基于本土实践需求探索培养全面人才，希望通过知识的广泛涉猎与深度融合，赋予学生"择善而从、明辨是非"的能力。其不是普遍常识的传授，也不是浅尝辄止、不求甚解的泛泛之学，而是强调在广博知识的基础上，培养学习者进行深刻判断的能力，进而作出正确的价值抉择，形成独立且健全的判断力。

这一阶段的高校开始注重学生综合素质的培养。如1988年北京大学率先提出"加强基础，淡化专业，因材施教，分流培养"的十六字方针。"淡化专业"并非意味着放弃专业深度，而是强调在巩固专业基础的同时，拓宽学生的知识边界。20世纪70年代末，武汉大学在全国范围内实施学分制，并开设了丰富的选修课。在这一时期，众多大学虽未普遍采用"通识教育"这一术语，但均已开始在课程设置、教学模式等方面融入通识教育的元素。[1]这一时期的高校教育改革，不仅是对传统教学模式的一次深刻反思与调整，更是对培养全面人才的教育理念的一次本土化实践与探索。

---

[1] 沈文钦.本土传统与西方影响：20世纪80年代以来通识教育的制度化进程[J].北京大学教育评论，2018（4）：128-147，187.

第二节　本土概念"文化素质教育"的提出

一、文化素质教育的提出背景及形成过程

"文化素质教育"是我国高等教育的原创概念，始于20世纪90年代素质教育思潮下我国部分一流高校领导者的集体思考，是在高等教育领域落实素质教育思想的重要抓手，是大学素质教育的切入点和突破口。

在我国20世纪八九十年代的教育领域，存在一个明显的现象：教育方式多侧重于工具型的专业训练，忽视了以人为本的教育理念。这种过分功利化、狭隘化的专业教育模式在当时的社会背景下积累了严重的弊病。为了解决这些问题，教育界提出了文化素质教育的概念，这一概念的提出基于以下几个重要的背景。

首先，自20世纪50年代起，我国大学经历了多次院系调整，并深受苏联专家培养模式的影响，导致学生专业培养口径狭窄，知识视野受限。为了打破这一局限，引导学生打开更广阔的视野，"宽基础，厚专业，拓展思维"成了教育改革的重要任务。其次，改革开放后，社会进入大转型时期，人们的心态相对变得浮躁起来，更加关注物质利益。在这种情况下，教育界需要通过文化教育和价值观的塑造，引导青年一代建立正确的人生观和价值观。最后，由于基础教育阶段应试教育的压力，许多学生掌握的基础知识并不全面，大学教育不得不承担起"补课"的任务，以弥补学生在基础教育阶段的知识缺陷。[①]

时任华中理工大学（现华中科技大学）校长杨叔子指出，高等教育中存在"五重五轻"的弊端：重理工，轻人文；重专业，轻基础；重书本，轻实践；重共性，轻个性；归根结底就是重功利，轻素质，即重今天立竿见影的功利，而轻长远起根本作用的人的素质。他认为，以人为本，既要崇尚科学，更要弘扬人文。科学是立世之基，人文是为人之本。科技成果能否被正确应用不仅取决

[①] 杨叔子，肖海涛.文化素质教育是中国教育理论和实践的创新——杨叔子院士专访[J].苏州大学学报（教育科学版），2021（2）：51-57.

于科技本身，而且更多取决于科学与人文如何结合，取决于科技研究者的思想、感情、精神世界。文化素质教育的提出，正是为了纠正这种片面化、过度专业化的教育倾向，反思高等教育在推进人的全面发展方面存在的问题，并寻求一种更为全面、均衡的教育模式。文化素质教育，核心在于融知识、思维、方法、原则、精神教育于一体，大力促进科学教育与人文教育的融合，高度重视实践教育。

1995年，原国家教委发布《关于开展大学生文化素质教育试点工作的通知》，开始有计划、有组织地在高校开展大学生文化素质教育试点工作。以北京大学、清华大学和华中科技大学为代表的首批52所高校加入试点，高校人文素质教育进入探索发展时期。

1998年4月，教育部在总结试点工作经验的基础上印发了《关于加强大学生文化素质教育的若干意见》，明确提出"加强文化素质教育是时代发展的要求"，"是我国高等教育改革的需要"，"是大学生全面发展的需要"，指出"必须将文化素质教育贯穿于大学教育的全过程"，要"采取多种途径与方式，加强文化素质教育"。此时，文化素质教育由试点向整体推进与全面发展转变。

1999年发布的《中共中央国务院关于深化教育改革全面推进素质教育的决定》明确指出："高等教育要重视培养大学生的创新能力、实践能力和创业精神，普遍提高大学生的人文素养和科学素质。"

2005年，教育部召开"纪念文化素质教育开展十周年暨高等学校第四次文化素质教育工作会议"，将文化素质教育纳入高校本科教学质量和教学改革工程，文化素质教育在推动高等教育教学改革过程中发挥着更加重要的作用。2010年，中共中央、国务院印发《国家中长期教育改革与发展规划纲要（2010—2020年）》，提出着力提高学生服务国家服务人民的社会责任感、勇于探索的创新精神和善于解决问题的实践能力，高等教育要"推进和完善学分制，实行弹性学制，促进文理交融"，以人为本，全面关注大学生的发展。至此，文化素质教育的内涵逐步走向纵深。

纵观文化素质教育的整个发展历程，文化素质教育作为一个具有明确目标、主体和路径的本土概念，自1995年提出以来，经历了从"三注"到"三提高"再到"三结合"的演变。

1994年，"三注"观念提了出来，"三注"即注重素质教育，注视创新能力培养，注意个性发展。"三注"的提出将素质教育的理念引入高等教育，强调了在高等教育中,创新能力的培养对于素质教育和个性发展的重要性。1998年,教育部在《关于加强大学生文化素质教育的若干意见》中提出了"三提高"的目标,即"提高大学生的文化素质,提高大学教师的文化素养,提高大学的文化品位与格调"。它将教师的文化素养和大学的文化品位与格调也纳入文化素质教育的范畴,进一步丰富和拓展了文化素质教育的内涵。进入21世纪,随着高等教育大众化进程的推进,教育部进一步提出了"三结合"的策略,即"文化素质教育与教师文化素养的提高相结合,文化素质教育与思想政治教育相结合,人文教育与科学教育相结合"。这一策略的提出,强调了文化素质教育在高等教育中的核心地位和关键作用,为深化文化素质教育实践指明了方向。

总的来说,加强大学生文化素质教育工作,更多是针对当时高等教育中所存在的重理轻文、培养模式单一、专业面窄、人文教育薄弱等弊端提出的,意在改革高等教育的教育思想观念和人才培养模式。它从加强文化素质教育的角度,对高等教育中的素质教育思想进行了初步阐释,强调文化素质教育的内容主要是文史哲基本知识,艺术的基本修养,当代我国和世界优秀文化成果;强调文化素质教育要渗透到专业教育之中;强调要将传授知识、培养能力和提高素质融为一体,促进知识、能力、素质的协调发展;强调文化素质教育的实践性;等等。[1]

素质教育与文化素质教育的内在联系,可从两个方面来理解。

一方面,文化素质教育是素质教育的有机组成部分。[2]从内涵来看,文化素质教育不仅涵盖哲学、历史、文学、社会学等人文社科领域的知识,还通过语言或文字的表达、举手投足等方式,综合体现人的气质和整体素质。文化素质教育是素质教育中不可或缺的一部分。

另一方面,文化素质教育是素质教育的"切入点和突破口"[3]。文化素质教育涵盖人文、艺术、历史、哲学等多个领域,是素质教育中最基础、最全面的部分。通过加强文化素质教育,可以为其他各种素质的培养提供良好的基础,使大学生的素质得到全面发展。在当前过分注重专业知识的学习环境中,教育忽视了综合素质的培养。而文化素质教育强调对人文精神的追求,能够帮助学

---

[1] 周远清,刘凤泰,阎志坚.从"三注"、"三提高"到"三结合"——由大学生文化素质教育看高等学校素质教育的深化[J].中国高等教育,2005(22):3-5.

[2] 刘怡,张炜.新时代中国特色素质教育的时代内涵与发展路径[J].中国高教研究,2024(1):58-63,7.

[3] 周远清.什么是素质教育[J].教育家,2021(39):18.

生形成健全的人格，提升思想道德素质，培养批判性思维和创新能力等，从而全面提升综合素质。

二、文化素质教育与通识教育的合流

通识教育（general education）概念是随着文化素质教育的推广和普及迅速得到认同的。①

迈入21世纪，国家综合实力的提升与经济结构的深刻转型，迫切需要大学变革育人理念，从培养技术型专才向培育综合发展的人才转变，以应对大学教育中存在的学生创新能力不足、人格不完善、独立思考能力以及解决实际问题能力偏弱等挑战。在此背景下，通识教育依托文化素质教育的丰厚积累在我国大学迅速发展，通识教育也成为大学教育领域出现频率最高的概念之一。通识教育在我国的兴起，是高等教育对时代要求的积极回应。

关于通识教育在我国的实践，可分为两个阶段。2016年之前，通识教育作为一种教育改革出现在各类规划性文件中，主要鼓励通识教育的研究，并倡导各高等学校依据自身特色积极探索符合自身发展需求的通识教育模式。2010年，国务院办公厅印发《关于开展国家教育体制改革试点的通知》，提出"完善教学质量标准，探索通识教育新模式"。通识教育模式的探索，在一流大学建设中得到了积极的响应。2005年复旦大学复旦学院、2007年北京大学元培学院、2009年中山大学博雅学院、2012年重庆大学博雅学院、2014年清华大学新雅书院等一批通识教育机构先后成立，将通识教育从理念转化为大学人才培养的具体实践。2015年11月，在复旦大学通识教育十周年学术研讨会上，北京大学、清华大学、复旦大学和中山大学四校共同成立"大学通识教育联盟"，呼吁有志于开展通识教育的大学都能加入联盟，开展交流与协作，推动通识教育在中国乃至华语地区的发展。这一阶段，高校广泛参与通识教育的改革与探索，各类通识教育实践形式竞相展开，在一定程度上反映了通识教育在我国发展的积极态势。到了2016年，《中华人民共和国国民经济和社会发展第十三个五年规划纲要》发布，其中明确提出"推动高等学校综合改革，实施通识教育与专业教育相融合

---

① 庞海芍，郇秀红. 素质教育与大学教育改革[J]. 中国高教研究，2015（09）：73-78.

的培养体系"。这一举措标志着通识教育首次在国家层面被赋予了重要地位。

在具体实践中,"通识教育与文化素质教育两个概念并行使用,时有交叉来共同讨论教育中的问题"①,两者存在合流的趋势。在人才培养方案里的课程模块中,不同大学使用的表述不尽一致,主要的表述有"通识教育选修课""文化素质教育选修课"或"文化素质通选课"等。一时间,素质教育、文化素质教育与从西方翻译而来的通识教育、博雅教育等概念在使用中混合在了一起。

从本质上看,通识教育与文化素质教育之间存在相通性,均致力于实现人的全面发展。我国高校文化素质教育到通识教育的发展过程,可以看成是"全面发展人"的理念逐步深入、实践逐步系统化的过程,形成了具有中国特色的教育模式。

就本质而言,文化素质教育改革和通识教育改革是我国在不同的宏观政治经济背景下实行的阶段性人才培养话语体系,文化素质教育侧重于学生人文素养的培育,通识教育则侧重于使学生具备广博的知识和独立的人格。②由于文化情境的不同,两者的目标和背景存在某些差异,但在人才培养理念上一脉相承,都致力于促进学生的全面发展。此外,在具体实施路径上,两者也呈现出较大的相似性。因此,人文素质教育和通识教育存在的合流趋势有其客观原因,体现出教育理念的发展性、本土性和创造性。

三、专业教育和通识教育的融合

通识教育和专业教育的矛盾,是高等教育中的一对基本矛盾。自中世纪创建大学以来,高校就一直在探索如何解决这对矛盾,既要分别加强通识教育和专业教育,又要将两者有机联系起来。科学和人文是相通的,通识教育和专业教育也应该是相通的。通识教育以专业教育为依托,专业教育中渗透着通识教育,是两者结合的重要方式。潘懋元认为:"从科技发展看,'专'而不'通'

---

① 李曼丽."通识教育"与"文化素质教育"的基本概念辨析[C]//清华大学教育研究院.大学素质教育(2022下半年合集).2022:17-29.

② 李曼丽."通识教育"与"文化素质教育"的基本概念辨析[C]//清华大学教育研究院.大学素质教育(2022下半年合集).2022:17-29.

的确在高度综合的科学发展面前难于取胜，但如果'通'而不'专'，缺乏足够的专门知识与技能，恐怕在高度分化的科学发展面前也难有作为。现代化的高级人才，应当既专又通，在通的基础上有所专，掌握专门知识又能融会贯通。"①

高等教育的高质量发展，需要正确认识和处理通识教育与专业教育的关系，避免本科教育让学生过早进入专业领域，因过于考虑市场需求而忽略高等教育自身规律，同时也要规避脱离经济社会发展实际来培养学生。

2016年，《中华人民共和国国民经济和社会发展第十三个五年规划纲要》首次提出要实施通识教育和专业教育相结合的人才培养体系。2018年，《普通高等学校本科专业类教学质量国家标准》出版。该标准不仅为本科专业教学设定了标准，还将通识知识作为专业知识体系的一部分，明确要求将通识课程融入专业课程体系中。

通识教育和专业教育的平衡，既要深度，也要广度。既要以通识教育促进专业提升，也要将专业教育融入通识教育。学生既要在专业领域内追求知识的深度与精度，也要在跨学科领域内拓展知识的广度与视野。

回顾我国专业教育与通识教育的发展历程，可以看出：1949年之前，我国高等教育呈现多国模式和多种模式并存的局面；1949年之后，受苏联影响，专业教育一度占据主导地位；改革开放后，实施素质教育的呼声日益高涨。然而，在素质教育实施过程中，一些高校将素质教育等同于通识教育，这种现象既不利于素质教育本身的健康发展，也不利于正确理解和处理通识教育与专业教育之间的关系。

从实际发展情况来看，高等教育应守正创新。一方面，坚持特色发展，通过素质教育将通识教育与专业教育有机融合，紧紧抓住素质教育这一当代中国教育改革发展的主题，有效提升教育质量；另一方面，不断拓展素质教育的内涵，在实施专业教育和通识教育的过程中，实现传授知识、提高能力与培养综合素养的有机结合。

大学素质教育，应是融合了人文素质教育、通识教育和专业教育，实现人全面发展的教育。新时代的大学素质教育，正立足中国特色和实际，逐步探索基于素质教育框架，集成人文素质教育、通识教育与专业教育的中国路径，构建具有中国特色的高质量人才培养体系。

---

① 潘懋元. 潘懋元高等教育文集[M]. 北京：新华出版社，1991：53.

第三节 面向未来的素质教育

第四次工业革命对人才提出了新的要求，即具备创新创业能力与数字能力。关注这两项能力的培养是新时代大学素质教育的发展趋势，符合我国创新型国家发展战略的需要。

一、创新创业能力

1998年，随着世界范围内高等教育大众化程度的加深和就业形势的日益严峻化，联合国教科文组织发表了《21世纪的高等教育：展望与行动世界宣言》，提出将培养创业技能作为高等教育的基本目标："高等教育应该主要关心培养创业技能和主动精神；毕业生将愈来愈不再仅仅是求职者，而首先将成为工作岗位的创造者。"

创业教育主要培育学生的创业观念，激发学生对创业的渴望，鼓励他们勇于探索未知领域，学会以独特的视角审视市场，识别那些可能被大多数人所忽略的潜在机遇，从纷繁复杂的信息中发现隐藏的商机，同时注重培养将思想付诸实际的行动力。

国外提出了创业教育的概念，我国则将创新教育与创业教育相融合，提出了创新创业教育这一概念。这是因为创新与创业是密不可分的，创新是创业的基础和核心，创业则是创新的重要表现形式。[1]

创新创业教育作为一个新概念正式确立于2010年。这一年，教育部发布《关于大力推进高等学校创新创业教育和大学生自主创业工作的意见》，这是我国推进创新创业教育的第一个全局性文件，明确提出了创新创业教育概念。文件提出，"创新创业教育要面向全体学生"，"把创新创业教育有效纳入专业教育和文化素质教育教学计划和学分体系"。同年，时任教育部副部长陈希

---

[1] 刘宝存.确立创新创业教育理念，培养创新精神和实践能力[J].中国高等教育，2010（12）:12-15.

指出,"创新创业教育的核心是培养大学生的创新精神和创业能力"。这是政府层面首次对创新创业教育内涵作具体的阐述,具有重要的理论意义。从2014年时任国务院总理李克强在公开场合提出"大众创业、万众创新"的口号后,我国的创新创业教育迈上了一个新台阶。2015年,国务院办公厅印发《关于深化高等学校创新创业教育改革的实施意见》,提出要以创新人才培养机制为重点,全面深化高校创新创业教育改革。高校作为创新创业教育的主体作用日渐突出。2017年,国务院印发《关于强化实施创新驱动发展战略 进一步推进大众创业万众创新深入发展的意见》,提出进一步拓展创新创业的覆盖广度,发挥大企业、科研院所和高等院校的领军作用。创新创业教育的重要作用进一步凸显。

创新创业教育是一种具有中国特色的高等教育理念,它深刻反映了中国高等教育从精英阶段向大众化阶段转变的特殊需求。这一理念针对我国高等教育发展过程中遇到的问题而提出,最初是以教育思想的形式出现,致力于培养学生的创新精神,可被视为我国高校开展文化素质教育的产物。其核心目的在于推动就业培训指导、创业教育和创新教育的深度融合,形成一种系统化的教育模式,从而孕育出具有鲜明中国特色的高等教育发展理念。

我国的传统教育体系,主要任务是传递前人积累的知识,从而将个体培养成适应社会发展变化的人才,而创新创业教育侧重于将学生培养成推动社会变革与发展的创造性主体。大学素质教育通过融合创新创业理念,回应了社会经济发展对教育提出的更高要求,是教育主动适应经济社会发展所采取的一项重要改革措施。它为国家的创新驱动发展战略提供了有力的支撑,既体现了我国高等教育发展的客观需求,也发挥着引导高等教育发展方向的重要作用。

二、数字素养

近年来,数字技术如互联网、大数据、云计算、人工智能、区块链等蓬勃兴起,并深度融入社会生产和生活的各个方面。这一迅猛的发展态势不仅重塑了职业结构,也对人才的知识与技能结构产生了深远影响。在此背景下,加快教育数字化转型和加强学生数字素养培养,已经成为全球范围内教育改革的重要议题。

2018年，欧盟发布报告《终身学习关键能力》，对2006年提出的八大关键能力作了更新，更新后的八大关键能力分别为读写能力，多语言能力，科学、技术、工程和数学能力，数字能力，个人能力、社会能力和学会学习能力，公民能力，创业能力，文化意识和表达能力。数字能力为其中之一。

2022年，联合国教育变革峰会上发布《确保和提高全民公共数字化学习质量行动倡议》，进一步强调利用数字技术的优势来赋能教学和学习，创造一个终身学习的生态系统。

党的二十大报告指出，"推进教育数字化，建设全民终身学习的学习型社会、学习型大国"，明确了"十四五"时期我国高等教育发展与改革的前进路向与战略遵循。

随着数字技术的迅猛发展，尤其是社会性技术的广泛普及，社会各阶层人群均深受其影响，工作、学习、交流、信息获取及娱乐方式都发生了巨大变化。世界各国普遍认识到，国民数字素养的提升在未来全球经济竞争中具有核心地位，并将其作为国家经济发展战略的重要组成部分。然而，单纯依赖数字技术并不能自然而然地促进人们数字能力的提升。因此，各国纷纷致力于改革教育教学体系，积极鼓励并推动国民数字能力的发展，以确保他们在数字时代能够充分参与社会和经济建设。数字能力已成为数字时代全球各国教育创新的重要领域。

鉴于数字能力的重要性，一些具有前瞻性的国家、地区和组织已经开始或正在积极构建数字素养教育体系。这些体系旨在为不同年龄、不同社会背景的个体提供全面、系统的数字素养教育，确保他们能够充分利用数字技术为生活和工作带来便利，同时有效应对数字时代的各种挑战。通过构建这样的教育体系，各国、各地区和不同组织期望培养出具备较高数字能力的公民群体，为数字时代的经济、社会和文化发展提供支撑力量。

数字素养是一个综合性概念，它不仅包括适应数字时代所必需的基本操作技能，如信息搜索、数据分析、软件应用等，还着重体现在面对数字时代所带来的新问题和新危机时，个体须具备的行动能力和应对策略。这种行动能力涵盖多个方面，包括对数字信息的批判性思考、网络安全意识的提升、对数字伦理道德的遵循，以及解决数字鸿沟等社会问题的能力。

2021年，中央网络安全和信息化委员会发布了《提升全民数字素养与技能行动纲要》。该文件首次明确提出并精确定义了"数字素养与技能"概念，将其界定为数字社会公民在学习、工作、生活中应当掌握的一系列素质与能力的集合。这些素质与能力涉及数字获取、制作、使用、评价、交互、分享、创新等多个方面，同时包括数字安全保障和伦理道德等方面的素质与能力。

强调数字素养的重要性，源于当今社会对创新性人才培养的迫切需求。青年是社会发展的重要助推力量，不仅要掌握基本的数字技能，还要精通并熟练运用这些技能。在21世纪这个知识密集型的时代里，数字能力已经成为衡量个人能力和竞争力的重要标准。掌握数字能力，意味着能够更高效地处理信息，更准确地作出决策，从而成为更高效的工作者，同时更有能力去理解和应对社会中的各种问题，成为更有责任感、更有担当的公民。因此，新时代素质教育，不仅要着眼现实，还须面向未来，培养学生适应未来社会发展的素质。

第三章　当代大学素质教育现状

在高等教育阶段，我国素质教育实践已取得显著成效，成果广受国内外关注，理论成就和价值也得到广泛认可。整体而言，我国大学素质教育在推动学生全面发展、培养学生综合能力等方面发挥了重要作用。然而，从具体实施的层面来看，大学素质教育仍须持续探索和完善。

第一节　概念的混淆与不同教育的相互割裂

文化素质教育、通识教育、专业教育，都是素质教育的有机组成部分，目标是全面提升大学生的综合素质。但在实施过程中，素质教育、文化素质教育、通识教育等概念存在混淆使用的情况，且被认为彼此割裂和独立。例如，"上午上课，下午进行素质教育""课内学知识，课外发展素质""不但进行专业教育，也要进行素质教育""实施素质教育就是加强德育、音体美及劳动教育等'非考学科'"[①]，这些表述就体现了这一点。

通识教育虽然是为了克服教育过分专业化的弊端而提出的，但是对如何弥补专业教育弊端缺乏良策。更严重的是，许多专业课教师误以为通识教育与自己无关，认为通识教育就是公共课或选修课的事情，不知道通识教育乃是一种人格教育，应该贯穿于所有专业教育之中。事实上，许多管理者也把专业教育

---

① 王策三.恢复全面发展教育的权威——三评"由'应试教育'向素质教育转轨"提法的讨论[J]. 当代教师教育，2017（1）:6-28.

与通识教育当成两个事物,将其分属两种课程,认为通识教育独立于专业教育。英国哲学家怀特海指出:"并没有一门课程只给学生普通陶冶,而另一门课程只给专门知识……你不能把一件无缝的学问外套割裂开来。"

通识教育与专业教育之间的对立,其根源在于传统管理机制的内在逻辑。在传统管理机制下,通识课程通常由学校层面的管理机构进行统一规划和管理,而专业课程则由各个学院或系部进行独立管理和运作。这种分割式的管理做法很容易导致教师和管理者将通识教育和专业教育对立起来。在这种管理模式下,通识教育或人文素质教育往往被简单地理解为是在原有课程基础上增加的一些新课程,而没有深入理解和把握通识教育的核心要旨。实际上,通识教育并不是课程的简单相加,它意味着一种教育理念和教育方法的根本转变。

将通识教育、人文素质教育简单地等同于增加课程,或者将其视为与专业教育对立的存在,都忽略了素质教育的深层意义和价值。这种做法不仅无法真正实现素质教育的目标,还可能阻碍学生的全面发展。要真正实现素质教育,不仅需要转变教育理念,还需要对传统的教学管理模式进行深刻的反思和改革,建立一种更加灵活、开放、协同的教育管理机制,以促进文化素质教育、通识教育、专业教育集成于素质教育之中,成为一个有机整体,实现相互融合、共同发展,为学生的全面发展提供广阔的空间。

第二节 偏知识化的素质教育

当前,部分高校在推进素质教育的进程中,仍然过于偏重知识的单向灌输,未能切实将教育目标提升至全面素质培养的层面。虽然学校积极组织丰富多彩的素质教育讲座、课堂教学和课外活动,但这些活动仍然在很大程度上沿袭着传统的知识传授模式,未能充分展现和践行素质教育的核心理念和本质要求。例如,许多院校开设有"概论"和"导论"课程,并以通识课程的名义进行推广,但这些课程更像是难度降低、内容简化的专业课程。学生通常能够轻松地通过这些课程,但这些所谓的通识课程并未真正构建起有效的知识体系,更未能实现培养学生健全人格、人文素养、批判性思维、跨学科视野等重要目标。

这些课程由于相互之间缺乏有机的联系和整合机制,因而无法直接构成一体化的课程体系,难以有效地达成培养学生全新思维模式的目的。此外,这些课程往往与学生的生活实际脱节，难以激发学生的学习兴趣和热情。这种传统的教学方式，显然与通识教育、文化素质教育的初衷背道而驰。

随着科技的迅猛发展和互联网的普及，学生获取知识变得更为便捷和高效。学生们能够轻松地接触到海量的信息，不再局限于教室和图书馆的有限资源。这种变化可能会使偏知识、纯理论的课程在大学课堂中的价值逐渐减弱。学校应该更多培养学生的批判性思维，使学生能辨别信息的真伪和价值，将知识型课程与实际问题解决、社会现象分析等相结合，增强应用能力和创新能力。

当前，众多高校正在积极探索新的教育模式，努力突破传统知识教育的局限，比如通过创建书院或住宿学院等有创新性的教育形式，将素质教育的核心理念和丰富内容深度融入学生的日常生活体验之中，以此来弥补传统课堂教学在生活化教育方面的不足和缺失。

各高校也都认识到，学生综合能力的提升和全面发展离不开亲身参与各类实践活动。因此，大量的素质教育内容正通过形式多样的实践活动得到有效落实和深入推进，如实验实训、科研实践、社会工作以及志愿者活动等。

这一系列改革，为学生提供了广阔的学习和发展空间。它试图走出纯知识的教育模式，向兼顾培养知识、能力与价值观，重视实践性、应用性等方面的教育模式转变。

第三节　"有用之学"与"无用之学"

在高等教育市场化背景下，素质教育可以促使人全面发展，使学生在毕业之后能更好地融入社会，学会生活，学会谋生。然而目前的素质教育实践存在或偏"有用之学"（如专业知识能力）或侧重"无用之学"（如人文素养）的现象，尚未实现素质教育培养的全面性。

20世纪80年代，我国在全球化的浪潮中积极融入世界经济体系。在市场经济的宏观背景下，许多文理基础学科背景的毕业生在就业市场上遇到了较大的困难。而目标聚焦于"修养的完善"与"人格的塑造"的通识类课程，也面临严峻挑战，被视为"非实用性"课程，难以契合劳动力市场的即时需求，不能为寻求职业发展的学生直接提供关键的职业技能。

诚然，以培养人文素养为主的通识类课程，如"美学""中国通史""世界通史""当代文学"及"天文学"等文理互选课等，并没有明显提高某一项技能的实用价值。然而，近十年来，这一类课程作为培养学生可迁移技能或非认知能力的教学实践已得到广泛认可。

可迁移技能是一个人无论从事何种职业，都应具备的能够跨职业迁移的技能，如问题探索与解决能力、有效沟通能力、团队合作与组织能力等。它可以被理解为与个人特性、品质相关，能够从一个领域迁移并应用到另一个领域，适应于不同岗位和行业的能力与素质的集合，自20世纪50年代起便广受国外学者关注。然而，在我国高校的人才培养举措中，可迁移技能未能很好纳入人才培养目标中，学生能力与社会需求的匹配度不高，相关表述较宏观而不具体。相较于可迁移技能，我国高校更注重培养专业知识技能。

现有的专业课程体系往往偏重于培养学生的学术科研能力和专业技术能力，看似直接服务于学生未来的职业生涯，却在无形中忽视了对学生可迁移技能的深入培养。这种偏向导致学生在毕业后，面对实际工作和生活需要展现人际交往能力、团队合作精神以及创新创造能力等重要素养时，往往显得准备不足，难以充分应对。

在高等教育日益市场化的大背景下，人文素质教育、通识教育和专业教育都需要进行一场深刻的内在转型，向注重培养学生可迁移技能的教育模式转变，其中包括但不限于批判性思考能力、理性推理能力以及表达能力等的培养。这些核心能力对于学生在未来学习、工作和生活中的持续成功具有不可估量的价值。

因此，如何巧妙地融合文化素质教育、通识教育和专业教育，使其都具备"有用性"以实现相互的平衡与互补，仍是当前素质教育发展进程中亟待深入思考与探索的问题。

第四节 与受教育主体的"距离"

马克思曾在《关于费尔巴哈的提纲》中对人的本质作了深刻揭示，认为"人的本质不是单个人所固有的抽象物，在其现实性上，它是一切社会关系的总和"。因此，个人的发展必然要受到社会变化的影响。纵观近年来社会生活领域发生的诸多变化，新媒体、人工智能等科学技术的出现在人们社会生活的诸多领域产生了深刻的影响,也深刻地改造着大学生群体的行为方式、思维方式和价值观念等。

比如,大学生正值个人成长关键时期,在新媒体所营造的推崇"多元化"价值观念和充满"泛娱乐化"现象的社交环境中,其自身的价值观很容易被消解。青年一代与网络世界的紧密联系,也容易使其与现实生活、真实社会脱节,从而无法正确处理个人理想和社会趋势、自我价值和社会价值之间的关系。

然而,当前素质教育的理念、方式、方法等似乎还未能很好地顺应新时代大学生群体呈现出的这些新变化、新特点。在面对学生群体中涌现出的这些新变化时,未能灵活调整育人策略,因材施教,导致教育目标与学生实际需求之间出现错位与脱节现象,从而形成教育与学生发展之间的"距离感",这种距离将会大大削弱素质教育的有效性。

如何有效地帮助学生建立与真实世界的联系,如何引导学生应对网络时代带来的观念冲击,是新时代素质教育面临的新挑战,需要不断转变育人观念、变革育人模式。

第五节 大学生素质培养成效

上述现状反映出素质教育未能很好地立足"大地",存在脱离生活实际、远离真实社会的情况,如无本之木,容易导致素质教育沦于"无用"或"不够用"。大学生素质培养成效未能完全满足大学生全面发展的需要,在育人的两个层面——"成人"和"成事"上,都与国家、社会对于高素质人才的期待存在一段距离。

一、思想品德

在当今互联网和数字经济迅猛发展的时代,大学生的物质需求得到了很好满足。然而,这种物质充裕的环境,往往使人忽视个人思想品德方面的成长需求。互联网如同一座桥梁,将世界紧密地连接在一起。仅仅通过指尖的触碰,大学生们便能轻松跨越国界，了解各国的风土人情、奇闻趣事，这是全球经济文化交流不断深化的体现。这种交流无疑极大地拓宽了大学生的视野，丰富了他们的知识，然而也提升了培养大学生思想品德的复杂性和挑战性。互联网信息的繁杂和多样会对学生群体的价值观念产生深远影响。尤其在全球化浪潮的冲击下，大学生们容易受到新自由主义、极端个人主义、普世价值观、功利主义等错误思潮的影响。这些思潮容易导致他们在学习和生活中过分关注个人利益得失，自我意识过强，而集体主义观念淡化。部分大学生甚至出现"佛系"现象，倾向选择远离学校和班级的集体活动，对身边的事物漠不关心，对自己应承担的责任和义务采取忽视甚至逃避的态度。

这些现象背后反映出的深层问题是大学生人文素养缺失，具体而言是社会责任感缺位，难以将道德认知转化为实际的道德实践，也难以将道德规定内化为道德自觉。因此，在面临道德选择时，他们往往缺乏道德理性的指引，难以产生道德情感，更难以履行道德责任。

章开沅指出："目前的学校'重教书而轻育人'，没有真正把知识传授与品格陶冶密切融合在一起。这好像是学校的问题，老师的毛病，但归根到底还是主政者方针、政策乃至教育理念的缺失。"[①]潘懋元认为，"高校在培养学生过程中，若要满足社会需求，就不能抛开学生责任感的培养，而仅仅满足于找到一份工作"；"服务社会需求与坚守大学内在品质是表面矛盾，内在统一的"。[②]

习近平总书记曾指出："青年的价值取向决定了未来整个社会的价值取向。"从中可以看到青年群体树立正确价值观的重要意义。青年群体正处于价值观形成的关键时期，如果在这一时期没能树立正确、科学的价值观，"就像穿衣服扣扣子一样，如果第一粒扣子扣错了，剩余的扣子都会扣错"，不仅不利于个人的成长成才，更不利于整个社会价值取向的良性发展。

二、人格、心智

踏入大学校门，大学生的社交圈和生活环境翻开了新的篇章，充满了未知

---

① 林炎旦.教育哲学与历史：两岸高等教育革新与发展[M].台北：师大书苑，2010:2.
② 全国教育科学规划领导小组办公室."中国近代大学通识教育与创新人才培养"成果报告[J].大学（研究版），2016（9）:77-82,76.

与变数。在与社会逐步融合的过程中，有的大学生过于依赖他人的指引，缺乏独立思考和自主行动的勇气，在面对问题和挑战时往往显得力不从心。社会环境的压力如同沉重的枷锁，让部分学生对未来感到迷茫与不安，对学业产生抵触情绪，难以保持积极向上的心态。而在社交的舞台上，他们可能会感到拘谨和不自在，难以自如地与他人建立深厚的友谊。

这些困惑与不安，归根结底，源于对生命和情感的消极态度。没能形成健全的人格、成熟的心智，就无法产生积极的自我意识和健康的应对方式。

教育的目标，在于推动人的全面发展。若大学只是批量生产"学习机器"，而忽视了对学生个性和品格的培养，那么这样的教育无疑是失败的。一个社会的繁荣与进步，依赖于那些情感丰富、有社会责任感、充满活力的年轻人。他们不是抽象的存在，而是有血有肉、有思想有情感的个体。他们需要通过具体的、微小的经历去成长，去塑造自己独特的人生。

如何在大学期间真正成长为一个成熟且独立的人，不仅是每位学子应当深思的问题，也是大学教育需要深入探索与实践的重要课题。毕竟，人并非抽象的概念，也并非生活在真空之中，而是通过一系列具体而微的生活经历与挑战，逐步累积经验，实现个人的成长与发展。在大学这一特殊的人生阶段，学生如何既成人又成才，不仅关乎学生个人的未来前景，也是衡量大学教育质量高低的关键指标。

三、能力

在大学生就业方面，国家提供了诸多政策扶持，各高校也积极贯彻各项政策，但大学生"就业难"的困境依然年复一年地困扰着社会。政府、高校和教育工作者不断发出呼吁，希望能找到解决这一难题的钥匙。事实上，大学毕业生"就业难"与劳动力市场中"中小企业招工难"现象并存，形成了鲜明的对比。与此同时，高校毕业生中逐渐浮现的"慢就业"现象也引发了人们的深思。这些现象似乎都指向了一个核心问题：大学生求职过程中的预期与自身能力之间存在着不匹配。大学生的就业问题归根结底是人和岗位的匹配度问题，即学生个体的能力能否满足工作岗位所需的职业能力要求，用人单位所提供的岗位能否在一定程度上满足学生对物质或精神需求的期待。

部分大学生在求职过程中缺乏明确的职业规划和定位，对自己未来想要涉足的行业和职位缺乏清晰的认识，也不了解这些职位所需的具体能力和素质。这种迷茫导致他们在选择工作时通常盲目跟从，难以找到真正符合自己兴趣和能力的岗位。还有些大学生在与人沟通和团队协作方面面临挑战。他们难以自信地表达自己的观点，也难以与团队成员建立起和谐、高效的合作关系。这在一定程度上影响了他们的工作表现和职业发展。当面对工作中的问题时，部分大学生缺乏独立思考和解决问题的能力。他们过度依赖他人的帮助，在面对复杂问题时感到束手无策，这也限制了他们在职场上的成长和进步。

缺乏通用性能力已成为阻碍高校毕业生适应岗位需求的重要因素之一。[①]通用性能力包括解决问题能力、创造力、创新意识等，此外还包括计算机应用能力、信息获取能力、动手与操作能力、自我规划设计能力和自主学习能力等。

在竞争愈来愈激烈的世界里，如何与人和谐相处并保持顺畅的沟通，如何学会自我管理与自我情绪控制，如何灵活应对工作和生活环境的变化而具有适应与变通的能力，如何对工作、对他人、对团队有担当，这些被视为"情商"的因素似乎已经成为影响个体生涯发展的主要障碍。

高校创新创业是推动区域经济发展的动力，如硅谷和"128公路"就分别依托斯坦福大学和麻省理工学院的创新创业人才培养、科技成果转化以及高科技创业企业获得持续发展的动力。目前，我国高校创业人才培养存在系列问题，最明显的问题是大学生创业参与率低。教育部课题组调查表明，2016年之前的10年里，我国仅有1.94%的毕业生具有真实创业经历。麦克斯研究院对2016年中国大学生整体就业情况进行了调查，形成《2016年中国大学生就业报告》并由社会科学文献出版社出版。报告显示，我国大学毕业生自主创业的比例从2013届的2.3%上升到2015届的3.0%。这一比例相对于2010年0.9%的水平有较大提升，但仍远低于发达国家20%~30%的大学生创业比例。

以上素质培养成效反映出大学生在自我成人、成才过程中与国家、社会期待之间的差距，新时代素质教育只有紧密联系现实、聚焦社会、扎根生活，并创新育人理念、变革育人模式，从价值塑造、品格养成、能力提升三方面着手，才能帮助学生真正"成人"、获得"成事"的能力，由此成为一个合格的"社会人"，一个能创造美好生活的独立个体。

---

① 阎光才.高校毕业生职业发展能力与人才培养制度改革[J].中国高教研究，2016（11）:18-23.

第四章　大学素质教育新探索：面向"生活·实践"

"生活·实践"教育以习近平总书记实践育人指示精神为指导，以陶行知生活教育学说为理论渊源，针对教育与生活、学校与社会、教学与实践脱节的现实弊端而提出，注重培养具有中国心、全球观、现代性的全面发展的高素质时代新人，对于落实立德树人根本任务、深化教育教学改革、推动教育高质量发展具有重要的现实意义。

第一节　关于"生活·实践"教育

育人，是习近平总书记教育论述生成发展的逻辑起点，习近平总书记教育论述的各个基本范畴和命题均围绕育人而提出。具体来说，育人就是培养新人、培养时代新人。[①]

陶行知认为，教育即教人做人，"千教万教教人求真，千学万学学做真人"。并主张教育起源于生活，生活是教育的中心，教育应为社会生活服务，在改造社会生活中发挥最大的作用。"生活·实践"教育源于陶行知的生活教育学说，主张培育21世纪体现真善美，具有生活力、实践力、学习力、自主力、合作力、

---

① 周洪宇，余江涛.习近平总书记教育重要论述的理论体系及其重大意义[J].国家教育行政学院学报，2024（5）：3-13.

创造力的人。这是一种适应现代社会育人方式转变、符合我国国情和实际的教育理念。

一、"生活·实践"教育的核心要义

从概念上说,"生活·实践"教育是以生活为中心、实践为方式的教育,是以生活为内容、实践为路径的教育,是源于生活与实践、通过生活与实践来实施、为了生活与实践的教育。

陶行知的生活教育学说以"生活"范畴为逻辑起点,以生活、教育、社会、学校、教学做等为理论范畴,以"生活即教育""社会即学校""教学做合一"为重要命题,以民主教育、科学教育、乡村教育、师范教育、幼儿教育、女子教育、全民教育、全面教育、创造教育、终生教育等为核心主张,强调生活教育是"生活的、行动的、大众的、前进的、世界的、有历史联系的",主张教育要与社会生活相联系,与生产实践相结合,按社会生活前进的需要实施教育。

"生活·实践"教育在继承陶行知生活教育学说精髓的基础上,根据当代中国社会发展和教育改革的需要,将其"生活即教育""社会即学校""教学做合一"三大原理创新发展为"生活即学习""生命即成长""生存即共进""世界即课堂""实践即教学""创新即未来"六大原理,并将其"生活力、自动力、创造力"的"三力论"创新发展为"生活力、实践力、学习力、自主力、合作力、创造力"的"六力论"。同时,"生活·实践"教育继承了生活教育的六大属性和特质,将生活的、行动的、大众的、前进的、世界的、历史的拓展深化为生活的、实践的、人民的、科学的、发展的、创造的、民族的、世界的。"生活·实践"教育是在新时代背景下,适应现代社会育人方式的转变,与未来智能化教育相适应,更适合当前国情和实际的教育。

二、"生活·实践"教育的意蕴

"生活·实践"教育主张从生活与实践的视野去看教育和去看"人",其主要意蕴体现在主体意义性的突出、主体自觉性的提高和主体完整性的彰显三个方面。

（一）完善生活认知，突出主体意义性

1. 抓住生活的完整性

正确认识生活，既要规避客观见于主观的虚假认识，也要意识到生活不仅是充满生机与活力的，还是充满单调、孤独、割裂、异化状态的。从生活完整性的视角去审视教育，就意味着教育不能受虚假认识影响，不能消解生活的完整性。"生活·实践"教育以实际生活为教育中心，以培育学生的生活力、实践力、学习力、自主力、合作力、创造力为目标，使学生不仅成为遵规守法的善者，也成为有能力面对生活中的恶的智者；不仅教会学生如何学习，同时教会学生如何生活。

2. 把握生活的生成性

一方面，"生活·实践"教育把生活的生成性与教育相结合，主张生成性教学，突出教学中的动态性、过程性和生成性，把教师和学生看作生成性的人，把教学情境中的动态变化纳为"教学原子"，在生成中开展教学和发展教学。另一方面，"生活·实践"教育主张教育理论本身是具有生成性的，要在生活和实践中不断反思自身、完善自身、发展自身，不断推动理论创新与实践变革，永葆自身的生机和活力。

3. 获得个体的意义感

个体意义感是指个体精神的丰富与饱满，是指自我存在的丰盈。狭隘的、封闭的生活是不可能帮助个体获得意义感的，只有完整的、生成的生活才能帮助学生在不断地批判、沉思、觉醒后获得意义感。在学习生活中，个体可以通过对生活和教育过程中有意义的活动进行体验、感悟、探究、反思获得意义感，在澄清自我价值和树立价值认同的过程中获得意义感，借助生命沉思、心灵升华、情感共鸣获得意义感。

（二）践行实践育人，增强主体自觉性

习近平总书记指出，"实践是提高本领的途径"，要"既把学到的知识运用

于实践,又在实践中增长解决问题的新本领"。习近平总书记多次谈到知行合一,鼓励学生在知行合一上下功夫,主张在实践育人中引导学生知行合一。而这也是"生活·实践"教育的"本源之义"。

1. 在实践育人中增强主体的"认知自觉"

"认知自觉"可分为对知识的认知自觉和对自我的认知自觉。其中,对知识的认知自觉是指个体在实践中能主动、自主、自觉地完成对知识的认知和建构,能充分把客观性知识内化为主体性知识,并能在不断的实践和反思中强化或重构知识;而对自我的认知自觉是指个体在实践中能自主地认识自己,积极地进行自我认知和自我判断,萌生自我意识和确认自我存在的价值,达到自我觉醒。在实践育人中,个体学习是一种主体内外相互作用的实践活动,是主体的理性与感性相交融的实践活动。在这个过程中,学生可以增进对自我的认识,实现自我的觉醒。

2. 在实践育人中增强主体的"实践自觉"

"实践自觉"是指个体能主动参与实践,主动将理论与实践结合,并在实践中深刻内省与反思,最终推动理论的进步和实践的发展。对学生而言,在实践中发现问题、分析问题、解决问题的过程,就是不断提升其实践自觉的过程。对新教师而言,实践是提升其实践自觉的最佳方式。因为实践能力在一定的教育情境下会受到个人的主观经验、教育直觉和兴趣爱好的影响,所以新教师的实践理性在教学之初是有限的。在实践育人中,教师以实践活动为中心,与学生进行交往实践,积极主动地将理论与实践相结合,不断对实践进行反思,可以推动自身教育实践能力的提升。

(三)联结知情意行,彰显主体完整性

人是知情意行相统一的主体,而现实教育中存在知行割裂化、情意边缘化的问题,使得教育培养的人不是完整的人,而是"单向度的人"。"生活·实践"教育围绕学生的实际生活与实践,把学生看作知情意行统一的主体,推动知情意行的和谐发展,使学生成为"完整的人"。

1. 践行知行合一

在现实课堂教学中，学生端坐于教室之中进行大脑认知活动，而少有身体参与的活动。缺乏身体主动参与的经历，会逐渐消弭学生的热情和兴趣而使学生陷入枯燥和乏味的接收式教学活动中。教育实施不能忽视学生的身体与行动，也不能把学生看成一种被动的接纳器，而应让其主动参与到教育中，增强教育对学生的全方位影响。"生活·实践"教育以学生的生活与实践为中心，重视对其身体行动的引导，不再把学习过程看成单一的大脑认知过程，而是看成大脑与身体合力参与的过程，让学生做到身体力行、知行合一。

2. 推动情意创生

个体受教育的过程，并非仅由认知、思维等智力活动所决定，还受个体的情感、意志等非智力活动的影响。当学生拥有情感导向和意志驱动时，学习态度就由被动的"不得不学"转向主动的"我要学习"。"生活·实践"教育注重挖掘生活过程、教育过程中教育因子的情意要素，推动情意创生，以此激发学生的自主力，增强学生学习的热情和积极性。

3. 联结知情意行

知情意行分别对应认知、情感、意志、行动。这四大要素既有各自的特点、规律和功能，彼此相对独立、缺一不可，又相互联系、相互制约、相互渗透，在实践中组成统一的教育过程。因此，联结知情意行必须考虑到教育过程的全面性和完整性，坚持知情意行的统一，处理好它们之间的关系，使其相辅相成，发挥其整体功能。"生活·实践"教育围绕学生的生活与实践，把学生的知情意行贯穿到教育的全过程，全面系统地促进知情意行的统一，使个体成为"完整的人"。

三、"生活·实践"教育的价值追求

生活与实践的联结内在地要求以学生主体为中心，这是由学生是属人的生活世界中自由自觉地开展创造性活动的实践主体所要求的。换言之，学生主体的健康发展是"生活·实践"教育的价值指向。

（一）核心素养的自由生成

学生作为实践主体出现在属人的生活世界中，并不是生而具有展开自由自觉的创造性活动的能力，而是在后天逐渐生成这种能力。不得不承认的是，人存在于世间，必然受到自在的生活的种种约束和限制，但我们无法摆脱这些涉及人的可能性和创造性的问题。人是一种双重性的存在，在受制于生活约束的同时也在创造生活。因此，通过后天教育来培养学生自由自觉地开展可能的创造性活动的核心素养至关重要，有无这些核心素养关系到学生能否适应和超越现存生活，关系到学生能否成为自由自觉的具有创造性的实践主体。

早在20世纪前期，陶行知就提出了培养学生生活力、自动力、创造力的"三力论"。"三力论"是陶行知结合其所处时代背景提出的，至今仍具有深刻的借鉴意义。2012年，联合国教科文组织发布了由身体健康、社会情绪、文化艺术、文字沟通、学习方式与认知、数字与数学、科学与技术七大学习领域构成的学生核心素养指标体系。2016年，我国发布核心素养框架，该框架包括文化基础、自主发展、社会参与三大领域，综合表现为人文底蕴、科学精神、学会学习、健康生活、责任担当、实践创新六大素养。尽管中小学校已就学生核心素养框架制订了详细的指标体系，然而如何培养学生的核心素养，如何让学生的核心素养自由自觉地生成，依旧是亟须解决的问题。

学生生成核心素养的目的不在于发展能力本身，而在于追求个体的完善，并且最终落脚于个体的生活之中。这种生活不是自在的生活，而是具有超越意义的可能生活。培养学生核心素养要回到学生的"能动性、自主性、意义性"的生活之中，立足这种生活，指向具有超越意义的可能生活。自主生活是培养学生核心素养的源头，可能生活则是其归宿。在此意义上，推动学生核心素养的自由生成便成了"生活·实践"教育必然产生的价值指向。

（二）学校生活的意义的完整实现

于学生而言，学校生活几乎占据了其教育生活的全部，学校生活直接关系到学生发展的程度。学校生活具有育人意义，如果从生活的内容和形式来看，学校生活可分为教学生活和闲暇生活，前者是系统的制度化育人，后者是零散的生活化育人。学校生活是一种公共生活，在这般生活中的学生具有自由地呈现自我的权利。但这种权利却被学校的制度化教育和管理模式所遮蔽，学生的能动性与自发性无法展现，学生也难以在这般的学校生活中获得意义感。

从当前中小学教育现状来看，学校生活不论是作为个人闲暇生活的育人意义，还是作为公共生活所具备的使学生自由表达和呈现的意义，都被遮蔽了。学生在学校生活似乎只为了追求高分数，而不再是为了实现人作为人而成为人的意义。因此，从"生活·实践"教育的内在规定来看，这种异化的学校生活不仅不能助推"生活·实践"教育理想的达成，反而成了阻碍"生活·实践"教育理想达成的藩篱。完整实现学校生活的意义，就要重塑学生的学校生活，让学校生活具有的育人意义找到其应有的位置，让学生能在意义完整的学校生活中自由自觉地发展自我。这也是"生活·实践"教育的价值追求。

（三）教育空间的开放融通

教育无法脱离空间而发生，教育空间对学生的发展具有重要意义。教育空间有多重维度：提供必要物理条件与环境的物质实体空间；师生、生生之间进行知识传递、情感交流与产生文化共鸣的交互关系空间；知识内化与技能习得的活动空间；个体在参与、体验与反思中对所学知识进行深加工并形成个人理解、价值观与世界观的意义建构空间。教育空间不仅具有物质性、社会性，还蕴含认知性与精神性。教育空间是学生学习活动的主要场所，是学生身体的栖息所，更是学生精神的安置所，其独特意义体现为对学生身心成长的多重影响。

从空间的属性来看，教育空间可以划分为教育"硬空间"和教育"软空间"。教育"硬空间"主要是指以实物建筑为主体的空间，如教室、图书馆、学校环境等；教育"软空间"主要是指非实物建构的空间，即以信息技术为支撑的虚拟空间。目前的教育空间在无形中减弱了学生对学习的兴趣，窄化了学生的活动领域，限制了学生的身体和精神自由，教育空间原有的教育价值被降解了。这样的教育空间把学生的认知限定于教室之内，导致学生的身体不在认知场内，所谓的知行合一、实践育人逐渐流于形式，进一步加深了教学与实践相脱节的困境。

为学生打造开放融通的教育空间，是"生活·实践"教育的价值所在。一方面，开放的教育空间意味着学生不再局限于教室之内，而是开始步入其他空间场所，有利于解放学生的身体，唤醒学生的兴趣，激发学生的能动性和自为性，促进学生知行合一，落实生活育人和实践育人；另一方面，融通的教育空间意味着物化的空间与由信息技术支撑的虚拟空间融合联通，有利于拓展和优化学生学习的内容与学习的方式，增强教育过程的体验性和趣味性，促进学生深度学习。

四、"生活·实践"教育的愿景

"生活·实践"教育的愿景是实现学生、教师、学校的共同成长。

随着现代科学技术日益深入教育生活之中，学生、教师和学校的发展都面临着新的挑战。"生活·实践"教育致力于通过教育实验全面推进素质教育，发展素质教育3.0版，促进学校变革，以"新素质学校"的全新面貌贡献教育改革的学校样板，使学校成为师生生活共同体、社会生活的起点、师生素质培育和情感寄托的场所、教育变革的主体。"生活·实践"教育实验不仅要注重学生发展的"六力"，也要注重教师发展和学校发展的"六力"。学生发展的"六力"指生活力、实践力、学习力、自主力、合作力、创造力，教师发展的"六力"指终身学习力、课程改革力、应用技术力、合作共事力、领导胜任力、创新发展力，学校（校长）发展的"六力"指理念引领力、规划决策力、文化塑造力、教学领导力、制度治理力、资源整合力。"生活·实践"教育不仅要培养具有中国心、全球观、现代性的时代新人，促进学生生命成长，在生活与实践中化解人生危机，成就美好生活，而且要重视教师发展，为教育家型教师的形成和教师观的变革提供实践方案，更要通过校长"六力"的培养，实现新素质学校的愿景，助力中国教育改革。

第二节 基于"生活·实践"的新素质与新素质教育

素质教育，作为一种全人教育理念，核心在于促进个体的全面发展与自我实现。它超越了单一的知识传授与技能培养，旨在构建一个完整的体系，使受教育者能够在知识、能力、情感、态度及价值观等多个维度上均衡发展。

当今全球化加速、科技日新月异、文化交融碰撞，素质教育以其前瞻性和包容性，成为应对未来挑战的关键。它强调的不是简单的知识积累或技能堆砌，而是注重激发学生的内在潜能。学生需要具备新的素质、接受新的素质教育，以顺应时代趋势，应对各种新态势、新挑战。

基于新时代素质教育深入实施的现状，"生活·实践"教育提出了"新素质""新素质教育"等教育改革理念，它上承百年前陶行知生活教育运动，中接已经实施二十余年的国家素质教育行动，下启新时代素质教育实践，承担着传承历史和创新发展的时代使命，是对党的教育方针的贯彻落实，是新时代发展素质教育的中国探索和中国方案。

"生活·实践"教育是以生活为中心、实践为路径的教育。以此理念为依据的新素质教育，新在培养目标，也新在培养范式，具体体现在"一二三四五六七八"当中。"一二三四五六七八"的内涵如下：一个宗旨，注重培养具有中国心、全球观、现代性的时代新人，让教育通过生活与实践创造美好人生；二个重点，注重让学生学会成人与做事，学会成人即学会成为有理想、有道德、有文化、有纪律的人，学会做事，即学会求知、学会工作（做事）、学会共同生活、学会生存；三大途径，通过学校教育、家庭教育、社会教育三大途径实施，取得协同推进的综合效果；四个结合，教育与生活相结合、学校与社会相结合、教学与实践相结合、动脑与动手相结合；五育并举，注重德智体美劳五育并举，智商、情商、意商并重，追求知行合一、知情意合一、智仁勇合一；六个原理，倡导"生活即学习""生命即成长""生存即共进""世界即课堂""实践即教学""创新即未来"；六个能力，培养学生的生活力、实践力、学习力、自主力、合作力、创造力；七项目标，培养学生健全的人格、科学的思维、健康的身心、艺术的爱好、手脑并用的能力、合作的意识、负责的精神；八大特质，具有生活性、实践性、人民性、科学性、发展性、创造性、民族性、世界性。

新素质，包含价值、品格、能力三个层面。其中，能力主要包含生活力、实践力、学习力、自主力、合作力、创造力（统称"21世纪六项关键能力"）。以生活为内容、实践为方式的新范式培养新素质的教育，我们称为新素质教育。"生活·实践"教育在继承陶行知生活教育学说精髓的基础上，根据当代中国社会发展和教育改革的现实需要，推动新素质教育的全面发展，是基于对新时代世情、国情、教情的把握和对未来人才培养的判断所作出的综合性的理论与实践探索。

一、基础教育：聚焦21世纪六项关键能力

"生活·实践"教育注重培养学生的"六力"，其以生活力、实践力培养为切入点，以学习力、自主力、合作力培养为核心，以创造力培养为归宿。这六力被称为21世纪六项关键能力，是一种发展学生核心素养、培养时代新人的目的论体系。在基础教育阶段，新素质教育通过三个维度的教育来培养学生的21世纪六项关键能力。

首先是以培养学生正确价值观念、健康人格、审美能力和健康身心为基础的道德教育、美感教育与体育。道德教育、美感教育与体育共同构成了培养学生生活力的基础。道德教育帮助学生树立正确的价值观，形成健康的人格，这是他们应对复杂社会环境和人生挑战的重要支撑。美感教育通过艺术、音乐、舞蹈等形式，提升学生的审美素养，引导学生学会欣赏美、创造美，从而丰富精神世界，提高生活质量。体育通过锻炼身体，增强学生的体质，培养他们坚韧不拔的毅力和积极向上的生活态度。

其次是以培养劳动观念、劳动意识和劳动技能为内容的劳动教育。通过亲身体验劳动的艰辛与价值，学生能够深刻理解劳动的意义，认识到劳动是创造美好生活的源泉。实践力是劳动教育的核心。

最后是以发展学生认知能力、自主能力、合作能力，特别是创造性思维和技能为重点的科创教育。科创教育激发学生的好奇心和求知欲，培养学生的学习兴趣和自主学习能力。同时，科创探索项目往往需要团队合作，锻炼合作能力。在科创过程中，学生需要不断尝试、创新，从而培养创造性思维和解决问题的能力。创造力是科创教育的灵魂，贯穿于整个科创教育中。科创教育应鼓励学生敢于想象、勇于尝试，激发学生创造潜能。

实施新素质教育的学校，称为新素质学校，新素质学校的学生、教师、校长、家长的整体素质将同时得到全面提升。基于此，"生活·实践"教育正在湖北、北京、黑龙江、河北、河南、陕西、山西、甘肃、山东、江苏、浙江、福建、江西、湖南、重庆、广东、广西等十余个省市开展理论探索与实验改革，将教育与生活相结合、学校与社会相结合、教学与实践相结合、动脑与动手相结合，聚焦"六力"，培养学生健全的人格、科学的思维、健康的身心、艺术的爱好、手脑并用的能力、合作的意识、负责的精神。

二、高等教育：以新范式培养大学生新素质

新素质教育基于新时代对大学生提出的新要求，在总结多年来我国大学素质教育实践经验的基础上，勾勒出新时代大学生素质蓝图，即大学生应具备的核心素质，我们称之为新时代大学生新素质。

大学生的新素质，反映的是新时代大学生的个体需求和社会需要。它不是全面素质，而是核心素质、关键素质；不是低级素质或基础素质，而是高级素质；既体现全球化的要求，也体现本土性的要求。它聚焦的是大学生的价值引领、品格养成、能力提升。这三个方面是大学生素质培养的目标，也是新素质最终呈现的样态。

大学生的新素质，需要反映当前社会对高等教育人才培养的期待与要求，同时要能捕捉大学生个体成长与发展的内在需求。它并非传统意义上的全面素质的简单堆砌，而是聚焦于核心素质与关键素质的培养，是高级素质的具体展现，既超越了基础素质的范畴，又兼具全球化视野与本土性特色双重属性，即强调那些对于大学生未来发展至关重要、具有决定性影响的能力与品质；与低级素质或基础素质相比，更加注重深度与广度的结合，追求的是高层次的认知、情感与行为表现；在全球化的时代，体现出对全球趋势的敏锐洞察与积极适应，同时深刻认识并珍视文化根源，将本土智慧与全球视野相结合。

大学生新素质的培养，需要新的培养范式，即以扎根生活的培养内容、主体实践的培养方式，促使大学生新素质的生成，以达成价值塑造、品格养成、能力提升这三个素质培养目标，使大学生成为堪当民族复兴重任的时代新人。这是落实党的二十大报告提出的教育、科技、人才"三位一体"战略部署，践行教育强国使命责任的创新性举措。扎根生活的培养内容，强调紧密贴合学生的生活实际和社会现实，将理论知识与现实生活相结合，使学习过程成为解决实际问题的过程；主体实践，注重学生在学习过程中的主体地位，激励学生积极参与、主动探索、勇于创新，强调做中学、学中思、思中行。

新素质教育在不同教育阶段有不同的培养目标（素质构成和内涵）、培养范式（培养内容和方式）。高等教育阶段的素质教育较之基础教育，更突出与社会、未来发展的连接，将个人发展融入国家和社会进步的大局之中，兼顾个人价值与社会价值，强调"做事"（实践），并在做中"成事"，进而"成人"。

第五章　新时代大学生素质培养目标

素质是知识内化形成的人的品格，但不等于知识，素质教育也不仅是知识的传授。[①]实施大学新素质教育，首先要界定大学生应该具备什么样的新素质，明确大学新素质教育的培养目标。

第一节　新时代大学生素质体系

我国大学素质教育以1995年文化素质教育的正式提出为起点，已发展将近30年。其间随着时代的发展，素质教育的内涵在不断衍生和拓展。在全球化渐趋深入、技术革命日益深化的当下，我们回顾和总结素质教育的发展历史，汲取大学素质教育的有益经验，结合新时代国家和社会对人才的需求，创新和升华了具有中国特色且符合实践要求的中国大学生素质体系。

在构建大学生素质体系时，须秉持系统科学的理念，确保体系具备整体性、层次性、有序性、和谐性。从整体性视角来审视，素质教育应当是由德育、智育、体育、美育以及劳育共同构建的综合性系统。"五育"之间相互关联、相辅相成，共同构成大学生素质发展的完整框架。

从有序性和层次性的角度出发，学生的德、智、体、美、劳综合素质以及个性特长，是历经小学、初中、高中和高等教育等学段逐步积累、形成的。在

---

① 周远清.什么是素质教育[J].教育家，2021（39）:18.

这一过程中，每个教育阶段的德、智、体、美、劳素质目标都须根据学生不同年龄阶段的身心发展特点和接受能力进行特殊设计。教育内容应当由浅入深，由基础到进阶，由感性认识到理性思考，由具体实践到抽象理解，循序渐进地展开，逐步提升学生的综合素质。素质教育为体现层次性、渐进性和连续性，须避免教育目标的倒挂、教育内容的脱节以及教学方法的简单重复。通过科学设计每个学段的素质教育方案，可以确保学生在连续不断的学习过程中，逐步提升自我，形成全面而均衡的素质。

高等教育是教育的最高阶段，亦是教育体系与社会经济体系衔接转换的阶段。因此，这个阶段的学生素质与基础教育、职业教育等阶段的学生素质构成有所不同，既要体现出该年龄段的成长特征，又要着眼于与未来社会生活的衔接。

构建新时代大学生素质体系的时代背景、现实基础、理论依据源于以下几个方面。

第一，人类命运共同体理念深入人心。人类命运共同体是一种立足全球的价值观，包含相互依存的国际权力观、共同利益观、可持续发展观和全球治理观，是以习近平同志为核心的党中央就人类未来发展提出的中国方略。2015年，联合国教科文组织发布《反思教育：向"全球共同利益"的理念转变？》报告，提出教育要尊重人类、尊重生命、尊重和平、尊重正义，要为可持续发展承担责任，要克服功利主义，以坚持人文主义为基础，关注全人类。因此，新时代的教育事业应以全球视野，立足于人类可持续发展的长远目标，积极倡导和平、发展、公平、正义、民主与自由这一全人类共同的价值追求，促进不同文明之间的深度交流与相互借鉴，实现人类社会的和谐共生。

第二，立足中华民族伟大复兴使命，着眼于国家所需。教育是实现高水平科技自立自强的重要支撑。建设教育强国，关键在于培育时代新人。习近平总书记在系列重要论述中，从方法论维度对培养时代新人的逻辑理路作了梳理，围绕中华民族伟大复兴这一历史主题，根据人的身心发展规律和思想政治工作规律，将个人成长发展和国家前途命运相联结，创造性地架构了信仰为本、品德为魂、精神为要、才干为基的时代新人培养理路，为发展新时代素质教育提供了依据。

第三，顺应生产力条件的变化和技术的快速变革趋势。生产力的进步推动教育的发展，同时教育的发展助推生产力的进步。新时代的显著标志之一是全球化，它伴随着科学技术的迅猛进步，正深刻改变着社会生产和经济运行的各个方面。从结构到产业，从模式到业态，都在经历着前所未有的变革。为了应对这一变化，2023年中央经济工作会议指出了明确的战略方向：要以科技创新推动产业创新，特别是以颠覆性技术和前沿技术催生新产业、新模式、新动能，发展新质生产力。新质生产力在劳动者、劳动资料和劳动对象这三个核心要素上，均超越了传统生产力的范畴。它依托于关键性和颠覆性的技术创新，呈现出数字化和绿色化的鲜明特征。新质生产力的形成并非易事，它需要科技创新、劳动者素质提升、基础设施建设、体制机制改革以及国际合作等多方面共同支撑。全面提升劳动者素质是顺应生产力发展条件的必然举措，这是发展素质教育的基础。

第四，汲取优秀文化的养分。教育的改革与创新，必须建立在坚实的历史和文化基础之上。教育作为一种文化现象，深深植根于一个国家或民族的文化土壤之中。我国拥有五千年的悠久历史，积淀了深厚而独特的文化底蕴。我国的教育事业，正是在这样的文化土壤上，形成了具有民族性和本土性的教育体系。只有在这样的教育体系中，学生才能深刻理解并传承中华优秀传统文化，形成深厚的文化积淀和素养，才能真正贴近和理解现实国情，成长为社会需要的人。教育只有根植于自身优秀文化，才能培养出能够应对未来挑战、推动社会进步的人才。

第五，回归育人本质，指向人的全面发展。教育的本质在于促进个体的全面发展，使其能够适应社会、服务社会，并达成个人的自我完善和自我实现。素质教育，让教育回到其最初出发的地方，即关注人的全面发展。它以马克思主义关于人的全面发展学说为理论基础，促进学生德、智、体、美、劳全面发展，使学生更好地走向社会、走向未来生活。

基于上述理论和实践因素，新时代大学生素质教育积极开拓创新，着眼于人的全面发展，遵循教育发展规律，根植于中华优秀传统文化，紧扣全球化和中国式现代化对人才提出的新定位、新目标、新要求，构建出适应时代发展的大学生素质体系。这一体系包含六大关键素质：思想政治素质、道德素质；身心素质、科学文化素质；专业素质、实践创新素质。以上统称新时代大学生新素质。

新时代大学生新素质，是大学生成人、成事须具备的素质，要求大学生既能实现个人价值，也能满足社会需要。成人意味着个人在社会所提供的物质和精神文化支持的基础上满足自身需求，实现身体和心理的成长与完善。而成事是指个人在成长过程中，充分利用社会所赋予的丰富资源，不断提升自我，主动投身于社会实践之中，为满足社会的需要贡献自己的力量。无论是成人还是成事，实质上都是个体持续追求并实现自身人生价值的过程。这个过程不仅涵盖个人自我完善的内在追求，也体现为个人对社会的责任和贡献。

一、思想政治素质、道德素质

思想政治素质、道德素质，对应"德智体美劳"中的"德"，是个人品质内在的思想基础，是大学生素质体系的灵魂。离开了思想政治素质、道德素质，整个人的发展就失去了方向，个体价值也就难以实现。

思想政治素质是学生形成正确世界观、人生观、价值观及政治观念的素质，能使学生在复杂多变的社会环境中保持清醒的政治头脑，坚定理想信念。理想指引人生方向，信念决定事业成败。大学生群体，是国家发展与社会进步的核心驱动力，其成长、成才关乎甚大，因而须培养大学生良好的思想政治素质，发挥理想信念对大学生成人、成才的引领作用，为大学生成长、成才提供清晰的方向指引、不竭的精神动力和科学的价值引领，引导大学生积极投身于国家建设与社会进步的事业之中。

2017年，中共中央、国务院印发的《关于加强和改进新形势下高校思想政治工作的意见》指出："要强化思想理论教育和价值引领。把理想信念教育放在首位，切实抓好马克思列宁主义、毛泽东思想学习教育，广泛开展中国特色社会主义理论体系学习教育，深入学习习近平总书记系列重要讲话精神，引导师生深刻领会党中央治国理政新理念新思想新战略，坚定中国特色社会主义道路自信、理论自信、制度自信、文化自信。要培育和践行社会主义核心价值观，把社会主义核心价值观体现到教书育人全过程，引导师生树立正确的世界观、人生观、价值观，加强国家意识、法治意识、社会责任意识教育，加强民族团结进步教育、国家安全教育、科学精神教育，以诚信建设为重点，加强社会公德、职业道德、家庭美德、个人品德教育，提升师生道德素养。"重视和培养大学生的思想政治素质，能更好地激发大学生肩负时代重任，胸怀远大抱负，成为有理想、敢担当、能吃苦、肯奋斗的新时代好青年，为中国特色社会主义现代化建设贡献自己的青春和力量。

道德素质，聚焦于个体品德修养的提升，能促进学生形成符合社会主流价值导向的伦理观念与道德行为准则，从而具有良好的文明素养。党的二十大报告提出，要提高人民道德水准和文明素养。树立正确的道德观念有助于培育优良的社会风气及构建和谐的人际关系。深化社会主义道德建设不仅是弘扬社会主义核心价值观的关键，更对维护政治稳定、促进社会和谐以及提升人民幸福感具有不可替代的作用。大学生作为未来社会主义现代化建设的核心力量，其道德品质、文化素养将直接映射到未来社会的风貌与国家的竞争力上。良好的道德素质是大学生融入社会的必备条件，一个拥有高道德水准的大学生群体，将能够引领社会风尚、推动社会进步。习近平总书记在纪念五四运动100周年大会上指出："青年要把正确的道德认知、自觉的道德养成、积极的道德实践紧密结合起来，不断修身立德，打牢道德根基，在人生道路上走得更正、走得更远。"国无德不兴，人无德不立。青年一代须不断修身立德，锤炼高尚品格，进行道德实践，提升道德素质。

二、身心素质、科学文化素质

身心素质、科学文化素质对应"德智体美劳"中的"体"和"美"。

健康的身心是大学生素质全面发展的基础。2023年，教育部等十七部门联合印发《全面加强和改进新时代学生心理健康工作专项行动计划（2023—2025年）》，强调坚持健康第一的教育理念，切实把心理健康工作摆在更加突出位置，统筹政策与制度、学科与人才、技术与环境，贯通大中小学各学段，贯穿学校、家庭、社会各方面，培育学生热爱生活、珍视生命、自尊自信、理性平和、乐观向上的心理品质和不懈奋斗、荣辱不惊、百折不挠的意志品质。

近年来，心理健康问题成为世界各国普遍面临的社会性难题，我国同样也不例外。心理健康问题已逐渐从成人、职业群体扩展延伸至大中小学生群体，呈现"低龄化"发展趋势。加强青少年心理健康教育已成为当前全社会的共识。党的十八大以来，以习近平同志为核心的党中央高度重视和关心广大学生的心理健康和成长发展，并在党的二十大报告中提出要"重视心理健康和精神卫生"。

科学文化素质，包含科学素质与文化素质两方面内容，要求坚持科学教育与人文教育并重。马克思从对人的本质和实践活动的理解出发，强调文化具备自觉性和创造性，并指出这是人类与动物之间显著的区别，揭示了"全面发展的人"在文化层面上的重要内涵，即人的文化性。文化知识是由自然科学、社会科学以及这些学科对自然与社会的深入理解所构成的知识体系。这种文化性不仅是人们认识世界、理解世界的重要工具，更是人们改造世界、创造新世界不可或缺的力量。因此，可以说文化是人存在的根本，是人的灵魂所在。

一个国家和民族的强盛离不开文化的兴盛。全面推进强国建设、民族复兴，首先必须在文化强国建设上迈出坚实步伐。习近平总书记指出："在新的起点上继续推动文化繁荣、建设文化强国、建设中华民族现代文明，是我们在新时代新的文化使命。"

2021年发布的《全民科学素质行动规划纲要（2021—2035年）》指出："科学素质是国民素质的重要组成部分，是社会文明进步的基础。公民具备科学素质是指崇尚科学精神，树立科学思想，掌握基本科学方法，了解必要科技知识，并具有应用其分析判断事物和解决实际问题的能力。提升科学素质，对于公民树立科学的世界观和方法论，对于增强国家自主创新能力和文化软实力、建设社会主义现代化强国，具有十分重要的意义。"

科学文化素质，不是对既有知识体系的简单堆砌，而是一场心灵与智慧的深度融合，是个体不断汲取知识养分，最终内化于心、外化于行的结果。在这个过程中，个体掌握跨越时空界限的各类知识与技能，学会如何深入剖析、批判性思考并灵活运用这些人类历史上的智慧结晶，不断超越自我、探索未知。

科学文化素质的提升，实质上是精神的觉醒与升华。它促使个体在知识中逐渐涵养出深厚的文化底蕴，包括对真理的不懈追求、对善良的坚定信仰以及对美好事物的无限向往。一个拥有高度科学文化素质的人，往往展现出独特的气质与魅力，拥有宽广的文化视野，能够跨越学科界限，洞察事物的本质与联系；也具备崇高的精神追求，能够在人生的旅途中不断攀登，追求高远的目标与理想。

三、专业素质、实践创新素质

专业素质、实践创新素质是"智"和"劳"的集中体现，也是高等教育阶段与基础教育阶段的学生素质区别最明显的地方。大学阶段是学生走向社会的预备、衔接阶段，因此在校大学生需要接受专业知识训练以便顺利平稳地融入社会。专业素质、实践创新素质，反映出新时代对即将投身职业生涯的个体在专业知识、创新精神、实践能力方面的要求。

现代大学对社会需要的积极反应推动了大学功能的不断拓展，不仅适应了社会发展的要求，而且引领和推动着社会发展的转型，对社会发展起到了不可替代的作用。目前，现代大学已经发展为沟通社会生活各界、兼具多元功能的组织。

一般来说，大学具有三种职能：培养专门人才，发展科学知识，为社会服务。与之相对应的工作是教学与教育、科学研究、多种形式的社会工作。培养专门人才是由大学本质所决定的，是与大学共生的本体职能，并随着社会的发展而不断变化。大学作为人才培养主阵地，主要通过专业教育主渠道培养专业人才。因此，无论从大学的功能层面，还是从学生个人成长发展需要出发，专业素质都是大学素质教育的核心目标之一。

新时代以来，我国各高校着力加强专业教育改革，增强人才培养对新技术、新产业、新业态的适应性，探索构建产学研多要素融合、多主体协同的育人机制，目的在于培养大学生的专业能力，明确对接社会某些具体领域的发展，向社会各行各业输送专业人才。人才主要分为两类：一类是学术型人才，接受学科知识和研究方法上的培养，服务于学术研究和教学工作，为社会提供高质量的教学服务和高水平的学术成果；另一类是应用型人才，在接受学科专业训练的同时，学习如何把专业知识转化为实践能力和应用技术能力。无论是学术型人才还是应用型人才，都需要有扎实的专业素质。专业素质是运用专业知识和技能去解决社会发展中的实际问题的素质，中国式现代化建设需要具备过硬专业素质的人才。

创新是一个国家经济持续发展的动力源泉，是一个国家繁荣昌盛的重要推力，努力把我国建设成为创新型国家是一项重要的国家战略。世界百年未有之大变局加速演进，新一轮科技革命和产业变革深入发展，创新战略在综合国力竞争中的作用更加突出。在综合国力竞争中，创新型人才处于关键地位，培育富有创新精神的拔尖人才，事关中国式现代化和中华民族伟大复兴。

实践创新素质是将创新转换为现实的一种素质。一方面，社会需要进行知识创新，一些具有革命性的知识创新成果会为社会发展和人类文明进步指出新方向；另一方面，与社会现实紧密相关的技术创新，只有在推广应用中，才能推动社会发展和进步。

专业素质是实践创新素质的基础，实践创新素质是驱动专业素质深化发展的内在引擎。这两种素质相辅相成，共同推动人才的智力与劳动能力的提升，成为大学生改造世界与创造美好未来的决定性因素。

大学生素质体系中的六大素质并非成长过程中的全部素质，而是其中的关键素质。这六大素质并非各自独立，而是相互作用，并融为一体，共同促进大学生的成长，是新时代大学生应具备的综合素质。这六大关键素质，分别关涉大学生的"价值塑造"（思想政治素质、道德素质）、"品格养成"（身心素质、科学文化素质）以及"能力培养"（专业素质、实践创新素质）。通过新素质的全面培养，大学生不仅能够实现个人的成长（即成人），而且能够积极投身社会实践，创造价值、实现目标（即成事），最终成长为德才兼备的时代新人。

大学生素质体系具有整体性，它是一个多层次、多方面的整体结构，某一方面素质的不足将会影响到整体素质效能的发挥。同时，大学生素质体系具有明显的时代特征。它们不仅受到社会大环境的影响，反映出特定时代的价值观、社会风尚和文化氛围，还承载着时代对大学生的要求和期望。在不同的历史时期，社会对大学生的素质要求也会有所不同，上述六大素质也会随之发生变化和演进。

第二节 价值塑造：家国情怀与世界胸怀

价值塑造、品格养成，解决的是大学生"成人"所需，而能力培养，解决的是"成事"之道。先成人，后成事，在成事的过程中，又更好地成人。人的全面发展，就是这样一个不断循环上升的过程。

人作为独立的生命个体，具有自主性，但同时是一切社会关系的总和，具有社会性。在全球化深入发展、民族复兴重任在肩之时，新时代大学生应具有宏大的价值取向，面向社会和世界，培养深厚的家国情怀和广阔的世界胸怀。大学生的价值塑造，重在处理好自我与社会、个人与国家的关系，在促进个人价值实现的同时推动社会发展进步，成为有理想信念、敢于挺膺担当的人。

从学校教育的角度讲，价值观是关于如何做人做事的观念、准则、规范，它是一个人的信念、信仰、理想的内核，决定着一个人的精神品性。全人类共同价值，凝练概括了全人类的基本价值共识，勾画出超越差异分歧的价值同心圆，凸显出各国人民企盼美好生活的最大公约数。虽然不同国家在意识形态、政治理念、社会观念上有较大差异，但在伦理价值、行为价值特别是善恶区分上却有基本的共识，有一定的同一性，从而形成全人类共同价值。基于此，大学生价值塑造的核心可归纳为中国心、全球观、现代性三个方面。

一、中国心

只有拥有一颗"中国心"，青年人才能够深刻理解中华民族的悠久历史和灿烂文化，从而增强对国家和民族的认同感和归属感，保持对国家和民族的深厚情感。这种情感纽带将全国人民紧密团结在一起，形成强大的民族凝聚力和向心力，使人们自觉维护国家利益和民族尊严，从而自觉投身国家建设。"中国心"，对于个人发展和国家的稳定繁荣都具有深远而重要的意义。

（一）中华优秀传统文化

中华文明在五千多年的历史演进中，不仅文字语言从未中断，而且文脉始终传承不绝。在文化传承发展座谈会上，习近平总书记指出："中华文明是世界上唯一绵延不断且以国家形态发展至今的伟大文明。"中华文明这种突出的连续性既得益于我国独特的地理环境，更得益于中华民族在历史长河中培育和发展起来的独具特色、博大精深的中华文化。早在2014年，习近平总书记就指出："为什么中华民族能够在几千年的历史长河中顽强生存和不断发展呢？很重要的一个原因，是我们民族有一脉相承的精神追求、精神特质、精神脉络。"[1]

中华优秀传统文化承载着中华民族的历史记忆、文化基因和精神追求，它既是中华民族千年传承形成的文化结晶，也是新时代中华民族伟大复兴的重要精神支撑。因此，中国心的塑造，需要烙上中华优秀传统文化的底色。只有这样，大学生才能更深入地了解自己的文化根源，增强对中华文化的认同感和归

---

[1] 习近平. 习近平在北京市海淀区民族小学主持召开座谈会时的讲话[N]. 人民日报，2014-05-31（2）.

属感，这种认同感和归属感是形成"中国心"的重要基础。

在纪念孔子诞辰2565周年国际学术研讨会暨国际儒学联合会第五届会员大会开幕会上，习近平总书记指出："中国优秀传统文化的丰富哲学思想、人文精神、教化思想、道德理念等，可以为人们认识和改造世界提供有益启迪，可以为治国理政提供有益启示，也可以为道德建设提供有益启发。"中华优秀传统文化所蕴含的中国精神、中国智慧和中国理念，无论历史如何变迁，都始终闪耀着永恒的光辉。其独特的价值历久弥新，深深地植根于中国人民和中华民族的心中。这些文化精髓不仅塑造了我们的民族性格，更指引着我们不断前行，成为我们自信的源泉和力量的源泉。

2014年，习近平总书记在十八届中央政治局第十三次集体学习时指出，弘扬中华优秀传统文化，"要处理好继承和创造性发展的关系，重点做好创造性转化和创新性发展"①。素质教育需要深入挖掘和阐发中华优秀传统文化的内涵，确保其与当代文化相融合，与现代社会相协调，从而有效滋养学生的文化底蕴，丰富学生的精神世界，使学生拥有一颗烙印着中华优秀传统文化的"中国心"。

（二）社会主义核心价值观

社会主义核心价值观是社会主义核心价值体系的内核，体现社会主义核心价值体系的根本性质和基本特征，反映社会主义核心价值体系的丰富内涵和实践要求，是社会主义核心价值体系的高度凝练和集中表达。社会主义核心价值观包括国家层面的价值目标（富强、民主、文明、和谐）、社会层面的价值取向（自由、平等、公正、法治）以及公民个人层面的价值准则（爱国、敬业、诚信、友善），集国家、社会、公民三个层面的价值追求于一体，为当代大学生指明了应当自觉践行和恪守的价值观念。

党的二十大报告强调，"我们要坚持对马克思主义的坚定信仰、对中国特色社会主义的坚定信念，坚定道路自信、理论自信、制度自信、文化自信"。培育和践行社会主义核心价值观是新时代坚持和发展中国特色社会主义的重大任务，有助于人们对中国特色社会主义的认识从思想理论、实践运动、社会制度层面进一步发展到价值理念层面，从而增强人们的道路自信、理论自信、制度自信、

---

① 习近平：把培育和弘扬社会主义核心价值观作为凝魂聚气强基固本的基础工程[N].人民日报，2014-02-26（1）.

文化自信，确保中国特色社会主义始终沿着正确方向胜利前进。

社会主义核心价值观对于丰富人们的精神世界、建设民族精神家园具有基础性、决定性作用，是建设中国特色社会主义事业的精神支柱和行动向导。当代中国经过多年的快速发展，更加向往美好的精神生活，更加需要强大的价值支撑。

中国心的塑造，不能缺少社会主义核心价值观的培育和践行。通过培育和践行社会主义核心价值观，大学生能够深刻理解并认同中国特色社会主义道路、理论、制度和文化，这是形成坚定中国心的根基；能够深刻理解国家的命运与个人的命运紧密相连，激发爱国情怀，这是塑造中国心的情感基础。一方面，践行社会主义核心价值观有助于塑造大学生的中国心，使他们更加认同和热爱自己的国家和民族；另一方面，塑造"中国心"也有助于推动大学生更好地践行社会主义核心价值观，使他们在实践中不断加深对社会主义核心价值观的理解和认同。

传承和发扬中华优秀传统文化、践行社会主义核心价值观，是新时代大学生拥有中国心的具体表现。中国心，是新时代大学生的精神标识，它聚焦于民族认同、文化自信、家国情怀等多个维度。从民族认同的角度看，中国心体现了对中华民族共同体的归属感与认同感；从文化自信的角度看，它展现了对中华优秀传统文化的自信与自豪；从家国情怀的角度看，则表现为对国家的忠诚与热爱，以及对民族复兴事业的责任感与使命感。简而言之，中国心，有助于造就堪当民族复兴大任的社会主义建设者和接班人，服务于社会主义现代化国家建设以及中华民族伟大复兴中国梦的实现。

二、全球观

中国式现代化要求推动构建人类命运共同体，创造人类文明新形态。人类命运共同体理念提出，追求本国利益时兼顾他国合理关切，在谋求本国发展中促进各国共同发展。党的二十大报告指出，构建人类命运共同体是世界各国人民前途所在，呼吁与世界各国一道弘扬和平、发展、公平、正义、民主、自由的全人类共同价值。

当今世界，恐怖主义、种族主义、宗教极端主义沉渣泛起，种种对抗思维仍有其市场，中心国家的孤立主义情绪弥漫，国际环境既不利于后发国家与先发国家间实现广泛的合作，也不利于具有不同文化传统、政治制度、意识形态、宗教信仰的后发国家间建立深层次的互信和开展实质性合作。在时代形势不稳定和不确定的背景下，如果人类可以凝聚在一个文明、和谐、繁荣、富庶的人类命运共同体里，那么人类将拥有公平、正义、自由、幸福的生活。

2020年，联合国教科文组织发布了《学会融入世界：为了未来生存的教育》报告，呼吁围绕地球未来的生存来重构教育。如今，人类的力量从根本上改变了地球的地理和生物圈系统，引发了一连串的生态危机，威胁到地球生命的未来，包括我们自己。面对多重生存威胁，我们需要重构自身在世界上的地位和作用，并从根本上重新调整教育的方式。2021年，联合国教科文组织向全球发布了一份关于"教育的未来"的报告《共同重新构想我们的未来：一种新的教育社会契约》，探讨和展望面向未来乃至2050年的教育。

新时代的大学教育，应以弘扬人类共同利益为崇高使命，培养大学生的全球观。新时代大学生应树立全球观，关注当今与未来的关系，认识到自身作为人类文明载体的身份，努力推动不同文明间的对话，解决在全球范围内普遍存在的严重威胁人类社会生存和发展的问题，致力于文明的交流互鉴和人类的可持续发展，为建立更美好的人类社会贡献中国智慧。

当前，深入实施共建"一带一路"和构建人类命运共同体，迫切需要培养一大批适应未来发展需求、胜任全球竞争与合作、参与全球事务治理的高层次国际化人才。全球观的树立，是高层次国际化人才的培养基础。全球观，能超越地域、文化和国家的界限，以更加开放、包容和多元的视角去理解和认识世界，能够关注全球发展趋势，理解国际政治、经济、社会等领域的动态变化，能从全球视角出发分析和解决问题，具备战略思维，能更好地预测未来发展趋势。

三、现代性

现代化的实质是人的现代化，最终目标是实现人自由而全面的发展。推进社会现代化，从根本上说是为了提高人的物质生活水平，提升人的精神境界，改善人的生产方式、生活方式、思维方式和行为方式。中国式现代化，作为一场全面而深刻的社会变革，核心在于国民素质的现代化，即全体国民在思想观念、素养、能力等方面达到与现代化社会相适应的水平。

我国高等教育正稳步迈向普及化的中高级阶段：规模超大化扩展，以满足更广泛人群接受高等教育的需求；类型多样化，涵盖综合型、研究型、应用型等多种模式，以适应不同行业、不同领域的发展需求。这一转变体现了高等教育功能的重新定位与拓展，即从传统的知识传授与技能培养，转变为全面提升国民素质、驱动社会高质量发展。高等教育的普及化，为中国式现代化进程的加速推进提供了坚实的人才支撑和智力保障。

在此背景下，大学教育被赋予了新的意义。它不再仅仅是面向少数精英群体，而是成为面向全体国民的普惠性教育。大学需要构建起更加开放、包容、灵活的教育体系，不仅关注学生的个性化成长与终身学习能力的培养，更要将教育理念与实践贯穿于社会生产生活的各个方面，促进人和社会的现代化，从而提升社会文明的整体水平，实现中国式现代化。

现代性是现代化的结果，人的现代性是从传统人走向现代人的必然结果。当代社会在现代化过程中，出现了个人中心主义、占有性个人主体性膨胀和技术理性僭越本位的现象，使人的发展出现了危机。现阶段的教育现代化，要反思批判现代性问题，通过减少现代性的弊端来促进人的发展。反思批判不是推翻和否定现代性，只是在新的境遇下以更积极的方式匡正和重构这些思想和行为模式，如以社群主义引导个人主义，以主体间性、公共性引导个人主体性，以价值理性引导技术理性，以人文引导科学，从而使现代性的发展更为健全、更为完整。[①]

人的现代性与社会的现代化进程紧密相连，呈现出一个持续深化与完善的动态过程。这一过程的核心追求，在于促进并实现个体的全面发展。当社会生产力高度发展，物质财富极大丰富，并且这些财富不再成为束缚或限制个体发展的桎梏，而是转化为支持并促进个体自由发展的力量时，人的现代性便达到了其最理想的境界——自由个性的实现。

自由个性，不仅意味着个体能够摆脱外在束缚，自主选择并追求自身认为有价值的生活方式、职业道路及精神价值，而且意味着个体要具有与他人和谐共处、共同推动社会进步的能力与责任感。在这一理想状态下，人们不再仅仅

---

① 冯建军.超越"现代性"的中国教育现代化：人的现代化视角[J].南京社会科学，2019（9）：133-138.

作为社会机器中的螺丝钉而存在，而是作为拥有独立思想、独特才能与情感需求的鲜活个体，积极参与社会建设，共同创造更加繁荣、公正、自由的社会环境。因此，人的现代性不仅是个体层面的自我超越，更是社会整体文明进步的重要标志。

习近平总书记强调，"要加强对青少年的现代文明教育、科普教育，引导他们积极融入现代文明生活"[①]。对此，大学素质教育应当加强人文素养、价值理性以及精神归属等方面的现代文明教育，通过现代人格的培育、现代价值的普及、现代身份的锻造，向社会输送具有现代性的时代新人。

总而言之，新时代大学素质教育在价值塑造上，要关注中国心、全球观、现代性三个核心价值。具有中国心、全球观和现代性的新时代大学生，在面对当前和未来中国社会乃至全球性的重大问题挑战时，可以创造知识、引领社会，在推进经济建设、政治建设、文化建设、社会建设、生态文明建设中发挥中流砥柱的作用。

第三节　品格养成：人格气质与心胸格局

素质教育引导学生"成人"的落脚点有两个：一个是价值的塑造，另一个是品格的养成。一种理想的品格，是身心素质、科学文化素质的综合体现，其精髓在于健全人格与成熟心智的深度融合，是内心力量与外在行为的和谐统一。它是修身成德，展现出一种深厚的人格气质与广阔的心胸格局。

人类作为社会性生物，共同生活于错综复杂的社会结构之中。基于此，个体须具备全局观念、道德认知，并有能力遵循社会行为准则，以达成与他人的和谐共存。换言之，人的身份不仅仅局限于生物学上的存在，更深层次上的人是文化与精神层面的构建者与实践者。教育的核心使命，正是引导这一双重身份的完善与融合，确保个体能够成长为全面发展的人。在教育的过程中，尽管知识与技能的传授不可或缺，但更为根本的是塑造健全的人格与成熟的心智。这意味着教育首要关注如何激发人的内在潜能，使人能够在理解自我、尊重他

---

① 牢牢把握新疆在国家全局中的战略定位 在中国式现代化进程中更好建设美丽新疆[N].人民日报，2023-08-27（1）．

人的基础上，积极贡献于社会，实现个人价值与社会价值的统一。简而言之，教育不仅是知识的传递，更是灵魂的启迪与人格的塑造。

一、健全人格

健全人格的形成基础是健康的身心。良好的身体素质是发展其他素质的重要前提，好的身体是保持健康生活的最基本条件。大学是一个充满挑战与机遇的阶段，心理健康对于大学生的成长和发展至关重要，心理健康也是人格健康的条件。当代世界瞬息万变，大学生为了适应目前和未来的挑战，必须有健康的心理，学会接受和认识自我，进而能够与周围环境保持相同频率。同时要积极克服困难以提升自身的核心能量，去追求更加积极的人生。

成长在中国改革开放快速发展、稳步前进的新时代中的大学生，其健全人格的内涵发生了深刻的变化。大学生健全人格，是大学生在自觉努力成长为堪当民族复兴重任的时代新人的实践过程中所形成的一种被新时代所认可的自我认知良好、积极向上、内外独立统一的和谐稳定状态。培养新时代大学生的健全人格是促进大学生全面发展、实现中华民族伟大复兴的必然要求。

健全的人格能够带给人们美好的生活体验，引导人们走上正确的人生方向，对青少年成长发展尤为重要。青少年时期是培养健全人格的重要阶段。青少年的人格发展受到遗传、环境和个体因素的交互影响，其人格发展在具有相对稳定性的同时，也随着社会环境等因素的影响而保持着可变性。做好新时代青少年的人格教育，对于提高青少年生命质量、推进素质教育实施和创新人才培养具有重要意义。

健全的人格，体现在个体具备独立思考、批判性思维、自我认知与自我管理等能力，能够在复杂多变的社会环境中保持清醒的头脑与坚定的立场，同时在人的情感世界与价值观构建方面能够感受并理解他人的情感与需求，形成积极向上、健康向善的人生态度，并对社会、对自然、对生命保持敬畏与尊重。

在新时代的浪潮中，大学生作为社会的精英群体与未来的中坚力量，其角色定位已远远超越了单纯的知识接受者与技能掌握者。拥有健全人格的大学生，是具有深刻社会关怀与丰富精神情趣的公民，他们能以更加全面和长远的视角审视世界，并积极参与和推动社会的进步与发展。

二、成熟心智

中华优秀传统文化内在蕴含着中国精神、中国智慧和中国理念，不论过去还是现在都有其永不褪色的价值。成熟心智的养成，从注重修德的中国传统心学中可借鉴一二。明代王守仁认为，心学的核心是修德，宗旨是致良知。在中华文化长期的历史演进中，心学对良知、内省、德性等的追求，对知行合一的强调，已经融入中华民族的基因，潜移默化地影响着中国人的思想方式和行为方式。

成熟的心智，能使人全面地认识自己、理解世界。成熟的心智，是一种向内探索的能力，能够自我反省和审视，进而实现自我完善。它能帮助个体更加清晰地认识自己，理解自己的需求和情感，从而更好地掌控自己的生活。

心智的成熟，离不开精神的滋养。首先，哲学思维作为心智成熟的基础，引导人们对人生、社会和自然进行深邃的思考，从而启迪智慧，帮助人们理解世界的本质与意义。其次，文学艺术以其独特的魅力，通过生动的形象展现真善美的境界，不仅陶冶人的品性与精神，还促进人们形象思维能力的提升。它让人们在欣赏美的同时，获得心灵的净化与升华。再次，社会科学在心智成熟过程中发挥着不可替代的作用，特别是历史学科。习近平总书记强调，历史研究是一切社会科学的基础，承担着"究天人之际，通古今之变"的使命。通过学习历史，我们能够更好地了解过去，把握现在，开创未来，从而汲取智慧，指导我们的生活与决策。此外，社会科学还包括政治、经济、法律等多个领域的知识，它们共同构成了我们理解社会现象、解决社会问题的重要工具。最后，自然科学与技术对于心智的成熟同样具有重要意义。它不仅帮助我们理解当今世界日新月异的原动力，还锻炼了我们的理性思维能力。通过学习自然科学与技术，我们能够更加客观、科学地认识世界，提高我们的思维能力和创新能力。

成熟的心智，还体现在思维的科学性上。第一，从客观性、科学性的角度出发，注重科学精神和客观性思维能力的培养，能够用事实、实证、逻辑、论证进行思维。第二，从主观性、主体性的角度出发，注重批判精神和质疑能力的培养，拥有独立的思考、新颖的思维和想象能力。它是由思维方向、思维品质、思维方法和思维能力等构成的综合体，科学的思维方式决定一个人脑力劳动的水平和质量。

健全的人格、成熟的心智，是身心素质、科学文化素质两者融合的体现，它呈现的是一个视野开阔、才思敏捷并具有丰富文化素养和哲学气质的新素质大学生图像。新素质教育，在品格的养成上，使育人具备文化意义、思维意义、价值意义，即人的意义：追求人的全面发展，铸就具有完整人格和深刻思想内涵的现代人才。

第四节　能力提升：个性化的通用能力

素质教育，最终要落实到能力的提升上，培育个体追求美好生活的能力，这是专业素养、实践创新素质的外在体现。能力因人而异，因此大学素质教育须在关注学生的个性化发展基础上，使其具备"成事"的通用能力。

一、"六力"

2012年11月，习近平总书记提出："人民对美好生活的向往，就是我们的奋斗目标。"新时代，我国社会的主要矛盾已经转变为人民日益增长的美好生活需要与不平衡不充分的发展之间的矛盾，预示着教育的发展应指向人们的美好生活，帮助人们创造美好人生。这也是"生活·实践"教育的核心理念，即通过生活教育培育个体追求美好生活的能力，帮助人们创造美好生活，实现美好人生。

美好生活，在于赋予自由人一个理想的生活场景，自由个体能够在无拘无束的劳动中，全面且深刻地实现个人意志与愿望。美好生活的核心，凝聚在自由人能够享有尊严与荣耀的劳动之中，以及他们在这一过程中实现的全面成长与发展。实现美好生活，关键在于投身于富有价值的劳动创造活动之中。幸福源自不懈的奋斗，只有通过辛勤劳动与开展创造性工作，我们才能逐步构建起自己心中的美好生活图景。劳动不仅是生存的基石，更是通往幸福与满足的必经之路。它赋予我们实现自我价值的机会，让我们在创造中感受成就，在努力中拥抱幸福。而有价值的劳动创造活动，需要有价值的能力。

人们对美好生活的需要,既是时代的呼唤,也是现实的要求。"生活·实践"教育以培育个体追求美好生活的能力为目标指向,这些能力被称为"21世纪六项关键能力",即生活力、实践力、学习力、自主力、合作力、创造力。

1. 生活力

生活力,即学生生活与生存的核心能力,它涵盖学会生活、适应生活、改造生活并最终创造美好生活的全过程。生活力是对各种生活能力的凝练与升华,是自主力和创造力的根基与先导。它代表着人在日常生活中所需展现的"力量"与"能力"。作为"生活·实践"教育的首要能力要素,它源于陶行知的生活教育理论,强调个体在面对现代社会生活时应具备的适应与改造的力量。具体而言,生活力主要包括生存能力、生活能力、适应生活以及改造社会的能力,这些能力共同构成了个人在生活中不断进步与发展的核心动力。

2. 实践力

实践力,是教育影响下形成的实践操作能力与知识经验实践化能力的综合体现。简而言之,实践力即实践能力。习近平总书记高度重视"实践育人"的理念,强调社会实践的重要性,认为通过社会实践能够全面培养与锻炼人的各项能力。实践育人不仅是对知识的深入解读与建构,更是对个体能力的精心塑造。"生活·实践"教育以实践为核心的学习和发展路径,旨在让教育重新贴近生活,贴近实践。这种教育理念鼓励师生积极投入多样化的实践活动,通过实际操作与体验,不断锤炼和提升实践力。实践力的提出,针对的是现代教育中知识过度牵制导致人与现实生活世界疏离的问题,它致力于打通知识与现实生活的桥梁,培养既具备理论知识又能够将其应用于实践的人才。

3. 学习力

学习力,作为经合组织(OECD)所推崇的核心素养中的关键认知能力,涵盖好奇心、想象力、语言能力、运算能力以及批判性思维等多个方面。学习力不仅表现为人们将外部知识资源内化为自身精神并引发物质变化的能力,更是一个人迅速汲取知识并将其有效转化为实际应用价值的核心能力。它既是推动个人持续发展的内在动力,也是衡量个人成长与进步的重要标志。学习力蕴含着学生生命成长的无限潜能,对于学生的全面发展具有至关重要的作用。

4. 自主力

自主力,指学生展现出的主动学习、主动生活、主动实践的意识和能力,涵盖学习自主力、生活自主力、实践自主力等多个方面。这一概念源自陶行知先生所倡导的自动力,并在此基础上进一步拓展,包含自动力、自治力、自理力、自控力、自识力、自塑力等多种要素。在结构形态上,自主力主要体现在学生的自主意识、自主习惯以及自主感受等方面。陶行知指出:"自动是大众自己干,小孩自己干。自动教育是教大众自己干,教小孩自己干,不是替代大众、小孩干。"这深刻揭示了自主力的核心内涵,即强调学生个体的主动性和自我管理能力。在人生的旅途中,能够打开成功之门、掌握人生航向的舵手,唯有学生自己。因此,培养学生的自主力,对于他们的成长和发展至关重要。

5. 合作力

合作力,是个体或团队在与他人共同工作、实现共同目标的过程中所展现出的有效沟通、协调、分工、配合和解决问题的能力。这种能力不仅涉及个人的技能,还涉及团队整体的协同效率,重视学生与同伴之间的交往、互动、共同成长。在合作过程中,学生不仅能够提升自我,还能在团队中获得反思与成长的机会。通过体验相互帮助、共享成果的喜悦,学生将学会如何在群体和个体交往中有效沟通、积极互助以及乐于分享,从而培养出更为丰富的人际交往能力和团队合作精神。

6. 创造力

创造力是指个体将思维转化为具有实际价值或创新性的产品、想法或解决方案时所展现出的独特意识、积极行动和综合能力。这种能力是人类所独有的,它涵盖提出新颖思想、发现和创造新事物的能力,是由知识、智力、技能以及优良的个性品质等多种复杂因素综合优化构成的。

在新时代背景下,建设创新型社会对创造力的培养提出了新的要求。"生活·实践"教育中的创造力概念,是在陶行知所倡导的"创造力"基础上,结合当前社会的创新需求和发展趋势进一步发展而形成。它不仅强调创造力需要在日常生活和实践中培养，而且注重发挥创造力的实用性和社会价值，培养出能够在新时代创新型社会中发挥重要作用的人才。

二、能力的聚合

"六力"（21世纪六项关键能力），以生活力为基础，以实践力、学习力、自主力、合作力为核心，以创造力为最高目标，是新时代大学生追求美好生活的通用能力体系，是新时代新素质能力的聚合，这种聚合不是各项能力的简单相加，而是通过合理的配置、优化和互补，使各种能力在特定目标或任务下发挥出最大的协同效应。

第一，生活力是基础。学生倘若没有独立生活、过好生活、改造生活的技能和本领，则无法应对、解决现实生活中的问题，从而其他能力将如同空中楼阁失去支撑。

第二，实践力是学生将所学德智体美劳知识内化于心、外化于行的关键桥梁。若学生的现实生活体验与实践经历未能与所接受的教育深度融合，那么外部知识便难以真正融入其个人的知识体系与技能结构中，从而限制其全面发展的深度与广度。学生接受德智体美劳教育的影响不能没有学生的学习力。自主力是"六力"的关键，没有自主力就没有其他方面的发展。自主力代表着学生的个人意愿和动机，是学生一切行为表现的基础。倘若学生没有想要努力学习、成长的想法和意愿，那么无论外部力量如何引导和影响都无法提高学生的综合能力，因此，培养学生的"六力"的关键在于激发和培养自主力，唤醒学生对生活、学习、实践的热爱，陶冶学生对生活、学习、实践的情感，激发学生追求美好生活、美好人生的动机。在全球化、信息化的今天，单打独斗已难以应对复杂多变的挑战。如果不能有效地与人交流、互动，那么学生的成长将难以获得实质性的发展，而合作能够实现优势互补、资源共享，助力目标的实现。

第三，创造力是"六力"的最高层次，需要"五力"作为基础。生活力、实践力、学习力、自主力、合作力是创造力的必要非充分条件。创造力的培养不能脱离生活之源和实践之根。只有把学生浸润在鲜活的生活与实践中，才能借助自我驱动的内在动力与无限热情，持续激发学生学习的渴望与探索的勇气，并在合作中碰撞思想，激发创造力。创造力的养成是一个多维度、深层次的过程，需全方位、多元力量的作用。

三、拔尖创新人才的能力

人具有潜能性和独特性，都有可能在某一领域、某一方面脱颖而出，只不过每个人"拔尖"的方面有所不同。新素质教育，希冀促使每个学生都能成为相应方面的拔尖创新人才。21世纪六项关键能力是解决问题的能力总和，是创造美好生活的通用能力，也是拔尖创新人才应具备的关键能力链。拔尖创新人才是引领科技创新与产业发展的关键力量，是人才资源中最宝贵、最稀缺的资源，在提升全球竞争力、把握未来发展机遇以及增强国家发展安全性等方面起着至关重要的作用。

创新是当今时代有效竞争、经济增长和社会转型的关键源泉。创新驱动发展已经成为我国加快转变经济发展方式、推动高质量发展、促进社会和谐的重要政策选择。而教育之于创新意义重大，正如联合国教科文组织的重要报告《学会生存：教育世界的今天和明天》所指出的，教育具有培养创造精神和压抑创造精神的双重力量，好的教育能够充分施展培育创新的力量。创新，基础在教育。

教育兴则国家兴，教育强则国家强。面向2035年教育强国建设，要充分发挥好高等教育龙头作用。高等教育肩负着培养拔尖创新人才的使命，大学应高度重视人才自主培养，聚焦学生创新思维、创新实践能力的提升，努力造就一大批拔尖创新人才，聚焦关键共性技术、前沿引领技术、现代工程技术、颠覆性技术的攻关创新，为实施创新驱动发展战略、建设创新型国家、实现高水平科技自立自强提供人才支撑。

我国创新教育研究始于20世纪初陶行知的"创造教育"。陶行知提出，要培养能够"向着创造之路"迈进的"创造之人"[①]，"由行动而发生思想，由思想产生新价值，这就是创造的过程"。因此，行动是创造的第一步，没有行动，创造将无从谈起。行动，即实践。

虽然目前学界对拔尖创新人才这一概念还没有达成一致的理解和认识，但是其内涵与外延基本集中在两个关键点：高层次的，创造性的。高层次的、创

---

① 陶行知.陶行知文集[M].南京:江苏人民出版社,1981:260-261.

造性的人才，一般具有合理的知识结构、较强的创新能力和实践能力以及良好的非智力因素。拔尖创新人才作为新知识的创造者、新领域的开拓者以及新技术的发明者，必须具备研究型思维方式、独特的创新思想和卓越的创造能力。这些能力并非一蹴而就，而是通过不断的思维训练、实践锤炼来逐渐提升的。

创造力并非意指天赋异禀，而是每个人都内在潜藏着的一种能力。这种能力是人类学习的基石，因为学习本身就是一种不断探索、创新的过程。人类通过学习来适应环境、掌握生存技能，创造力则在这一过程中发挥着关键作用，推动人类超越现有知识框架，寻求新的解决方案。

然而，创造力的表现却是多样化的，这源于个体间先天素质与后天环境的复杂交织。每个人的成长经历、教育背景、性格特点等都会对其创造力产生影响，使得创造力在不同时期和场景下展现出独特的面貌。在这个过程中，自主力和学习力是至关重要的。自主力让学生成为自己学习的主人，能够根据自己的兴趣、目标和能力进行自我管理和自我驱动。这种内在的驱动力促使学生更加积极地投入学习，勇于探索未知领域，从而为自己的创造力发展奠定坚实的基础。而学习力帮助学生不断吸收新知识、拓宽视野、深化理解，为创造力的发挥提供丰富的素材和灵感来源。在学习的过程中，学生不可避免地会遇到各种问题和挑战，这些问题和挑战会激发学生的实践欲望。实践是将知识转化为能力的重要途径，通过实践，学生能够将所学知识应用于实际情境中，解决具体问题，从而锻炼自己的创新思维，并能锻炼自己的合作能力。合作能够最大限度地发挥知识和智慧的效能，使学生在与他人的交流和协作中激发新的思维火花，进而促进创造力的生成和发展。生活力是创造力的重要基础，一个具备良好生活力的学生，通常能够更加敏锐地感知周围环境的变化，更加主动地探索未知领域，从而为自己的创造力的发展提供更多的机会和可能性。

生活力、实践力、学习力、自主力、合作力以及创造力，这六大能力共同构成了拔尖创新人才所必备的关键能力链。这个能力链不仅体现了个人在日常生活中的自理与自立，还涵盖了从实践中获取经验、持续学习提升、自我驱动、团队协作以及创新突破等多个方面。拔尖创新人才正是凭借这一完整的能力链，不断挑战自我，超越极限，为社会带来创新与价值。

第六章 新时代大学生素质培养内容：回归生活

"生活·实践"教育强调以学生为中心、以生活为内容、以实践为方式，尊重学生的生命性和主体性。基于此的大学新素质教育，新在素质内涵、培养目标的时代性，新在培养范式的创新性，即新在提倡扎根生活的培养内容与主体实践的培养方式。

1972年，面对新技术革命的兴起，联合国教科文组织发布了《学会生存：教育世界的今天和明天》报告，强调教育的作用就在于帮助学生"进入生活"的广阔天地。1995年，联合国教科文组织在面向21世纪的《德洛尔报告》中明确提出"学会认知""学会做事""学会共同生活"和"学会生存"是教育的四个重要价值支柱[①]，教育连接学习与生活、学校与社会、现实与未来。

生命的价值并非一蹴而就，而是需要个体在多彩的生活中深入感悟、细细体验。只有在亲身体验的过程中，人们才能产生应然之念，孕育出真挚的思想与情感。那些死记硬背、机械训练等看似立竿见影的"教育"方式，实际上与生命的本质特性相悖。通过这种方式获得的知识或技能，往往只能停留在表面，无法深入人的内心，极易随时间流逝而消失。体验只能在过程中实现，它是生命成长的必经之路。对于人的发展而言，真正有价值的东西，不在于结果的光芒四射，而在于充分感悟和体验生活的过程，并在这一过程中不断发展和成长。因此，从这个角度看，人生实际上是一个生命意义感不断累积、增长的过程。

人的成长环境应该充满浓郁的生活气息。陶行知提出的"六个解放"理念，

---

① 联合国教科文组织.教育——财富蕴藏其中：国际21世纪教育委员会报告[M].联合国教科文组织中文科,译.北京:教育科学出版社,1996:75-107.

从教育哲学的层面上来理解，就是要拓宽人的发展空间。作为连接人与世界关系的桥梁，教育应当深深植根于生活的土壤，强调生活的生成性特质。须摒弃脱离真实生活，抽象、僵化的教育观念，让教育回归其本质，即生活的本质。教育应紧密关注人的真实发展需求，通过创新教育方式，将传统的单向知识传授模式转变为基于真实生活情境的互动交往活动。生活不仅是人存在的基石，更是滋养人全面发展的沃土。只有这样的教育，才能真正滋养人的成长，让每一个生命都在生活中绽放光彩。

教育源于生活的需要，受教育也是为了提高生活质量，为了更好地生活。教育的内容应该与生活紧密联系，进行生活化教育。无论是杜威在学校教育中引入生活，提出"教育即生活"，还是陶行知在生活中引入教育，提出"生活即教育"，二者的目的是相通的，都是致力于教育与生活的沟通与融合。①

因此，教育并不是"回归"到某种特定的现实生活，因为教育本身就是生活的一部分，它无法与生活割裂。任何形式的教育，无论其形式如何，都必然与生活紧密相连。那种封闭、狭隘、受规训束缚的教育方式，恰恰违背了生活的本质特性，是我们亟须改革和超越的生活状态。真正的教育应当开放、多元，能够激发学生的自主性和创造力，让学生在生活中学习，在学习中生活，实现教育与生活的和谐共生。

"让教育生活本身回归理想的生活，并成为理想生活的典范，从而不仅有效推进教育的发展，而且切实引领生活的进步。"②在理想的文化生活中，人们不仅能够深入掌握理论知识，更能被文化深深熏陶，其核心在于领悟和体验那些创造者独有的、宝贵的生活智慧和生命感悟。这样的过程不仅将使人们在各个方面最大限度地实现发展，更为关键的是，它赋予了人们自由、解放与幸福。"对于生活来说，它树立了一种理想生活的典范。这是一种学习型生活的典范，更是一种创新型生活的典范。其意义在于，教育将不仅作为知识、文化和精神的高地引领生活，而且还将作为理想生活的典范引领生活。"③

虽然说教育要"回归生活"或"扎根生活"，但"回归"或"扎根"本身只是一个方法或手段，并非最终的目标。它的真正目的有两个：一是借助生活来

---

① 冯建军.教育怎样关涉人的生活——马克思主义实践论的观点[J].高等教育研究，2011（9）：14-19.
② 孟建伟.教育与生活——关于"教育回归生活"的哲学思考[J]教育研究，2012（3）：12-17.
③ 同②.

丰富和深化教育内容，使教育与生活产生连接，推动教育的持续进步；二是通过教育来引领和塑造更加理想、有意义的生活，让教育成为引领生活变革的力量。

"生活·实践"教育认为，教育是人类生活的体现，甚至就是人类生活本身。教育回归生活的深远意义在于，将教育的理想紧密融入生活的理想之中，让教育成为引领现实生活和创造理想生活的桥梁。因此，新素质教育的内容应当深深扎根于生活之中。只有这样的教育，才能充分激发学生的兴趣和创造力，推动学生个性的自由发展，让每个学生都能焕发出独特的生命活力。让学生通过自由自觉地体验、感悟和探索，并根据自己的生活经验有意义地建构素质、发现素质的意义、把握素质的价值，最终实现素质的生成和内化。

因此，回归生活，是素质生成的内在要求。

如何回归生活才能真正发展素质教育、促发学生素质的养成呢？这首先要厘清个人与社会的关系。因为人作为独立的生命个体，在生活中展现出独特的自主性，但与此同时，人也是社会关系的总和，深受社会环境的影响。一个人的人生价值由自我价值和社会价值共同构成，这两者既相互区别又紧密相连，相互依存，共同形成了人生价值的矛盾统一体。

自我价值是个体生存和发展的基石，它代表了个人对自我存在的肯定与追求。而自我价值的实现，是个人为社会创造更大价值的前提。个人只有在自我价值的实现上取得了成就时，才能更好地投身于社会，为社会作出贡献。同时，社会价值的实现又是个人自我完善、全面发展的保障。没有社会价值，个人的自我价值便失去了存在的意义。社会价值是社会对个体贡献的认可与回报，它促使个体不断完善自己，以更好地适应社会、服务社会。尽管人生价值不能脱离社会来单独讨论，但是我们必须认识到，个人的努力在人生价值实现的过程中起着至关重要的作用。个人的努力程度、方向和方法，将在很大程度上决定其人生价值实现的程度。因此，我们应该在追求自我价值的同时，积极投身于社会，为社会创造价值，以实现个人与社会的和谐共生。生活中的个人，既要关注自我，也要关切社会，从而做到社会本位和个体本位的平衡。

因此，新素质教育的回归生活，是对个人的、社会的美好生活的向往，既是自我未来的建构，也是社会的参与，最终指向创造个人的美好生活和创造美好的社会，从而实现个人价值和社会价值的统一。

归结起来，新素质教育回归生活有三个维度：社会担当、自我未来建构、创造美好生活。三者与"美好生活"都有密切的关系，并呈现出一个递进的层级关系，这也是回归生活进而引领生活、塑造理想生活的教育理念的体现。大学生新素质教育应从社会担当、自我未来建构、创造美好生活三个维度依次铺开素质的感知、体验、建构、生成活动。

第一节　社会担当

回归生活是新素质教育的培养内容，其有三层含义：源于生活，密切联系生活，是生活所需；通过生活，在生活中进行；为了生活，高于生活，朝向更好的生活。

人的生活世界丰富多彩，涉及经济、政治、文化等多个层面。社会担当，正是对多元化生活世界的积极回应，它集中体现了经济、政治、文化生活对个人和社会的实际需要与期待。"人才自古要养成，放使干霄战风雨"，人才都是在服务国家和社会的伟大实践中成长并发挥作用的。在生活世界里，个人应担负起社会责任，培养中国心、全球观、现代性，促使思想政治素质、道德素质的生成，完成价值的塑造。生活世界涵养价值观，是价值观产生的土壤，离开了生活世界，价值观就成了无源之水、无本之木。

因此，新素质教育回归生活的第一步是社会担当，这也是"成人"的关键一步。它不仅关切个体的自我成长，更关切社会整体的发展。社会担当，立体、全方位地回应着素质培养的方方面面，推动教育贴近生活、服务生活。

社会担当的关键在于社会关系的学习、体验和获得。在这一过程中，复杂而多样的社会关系被转化为促进人身心发展的重要资源和条件。它使得传统的、以实体性知识为核心的教育模式得以转变，从而将教育的焦点转移到对个体成长的全面关注上。

从内部环境（国内）和外部环境（国外）的角度出发，可以发现社会担当落在国家与世界两个方向上，即回应国家与人类世界发展所需。其具体表现如下：一是投身强国建设，助力中国式现代化；二是以同一个地球、同一个家园的心态看待人类的可持续发展，构建人类命运共同体。

青年是社会发展的中坚力量，社会担当这一培养内容是大学阶段素质教育与中小学阶段素质教育呈现出的不同之处。中小学阶段素质教育着重于基础知识和价值观的培养，旨在为个体的成长打下坚实、深厚的根基。而进入大学阶段，学生们开始为步入社会、承担社会责任作更充分的准备。这一阶段的素质教育目标、内容更加聚焦于培养学生的社会担当精神，以肩负推动社会进步的重要使命。

一、投身强国建设

历史和实践充分证明，中国青年是有远大理想抱负的青年，是有深厚家国情怀的青年，是有伟大创造力的青年。无论过去、现在还是未来，中国青年始终是实现中华民族伟大复兴的生力军。新时代青年应为强国建设、民族复兴贡献青春力量，在中华民族伟大复兴的新征程上不负青春韶华，砥砺奋进、阔步前行。

2020年，党的十九届五中全会通过的《中共中央关于制定国民经济和社会发展第十四个五年规划和二〇三五年远景目标的建议》展望到2035年，"建成文化强国、教育强国、人才强国、体育强国、健康中国，国民素质和社会文明程度达到新高度，国家文化软实力显著增强"。广大青年生逢其时，既拥有广阔发展空间，也承担着伟大时代使命。大学生可在文化传承、科技创新、经济社会发展、美丽中国建设等各领域各方面争当生力军，展现青春的朝气和锐气，勇做走在时代前列的奋进者、开拓者、奉献者，践行强国战略。

（一）传承中华优秀传统文化

对于多民族国家而言，民族团结与祖国统一是维护社会稳定、促进国家发展的基石。中华优秀传统文化，是中华民族历史和精神的积淀，承载着民族的记忆、智慧和情感。传承文化，能够加深人们对自身文化的认同感和归属感，增强民族自尊心和自信心，从而形成强大的民族凝聚力。中华优秀传统文化中蕴含着丰富的道德观念和伦理规范资源，这些文化资源对于塑造个人品德、培养社会公德、维护社会秩序具有重要意义。中华优秀传统文化，不仅是历史的遗产，更是创新与发展的重要源泉。

在当今世界，文化软实力已经成为国家综合国力的重要组成部分。中华传统文化作为中华民族的瑰宝，蕴含着丰富的思想智慧、道德观念和审美情趣。在当今多元文化交融的时代背景下，传承中华优秀传统文化体现了国家、民族在生存维度上的根本利益。

青年大学生是传承和弘扬中华文化的生力军。青年大学生正处于知识吸收和认知形成的关键时期，具备较强的学习能力和对新知识的接受度。对于中华优秀传统文化，他们能够以开放的心态和批判性思维去学习和理解，既能够深入挖掘其内涵，又能够结合现代社会的需要进行创新和发展。作为社会的新生力量，青年大学生拥有广泛的社交网络和强大的传播能力，他们可以通过社交媒体、学术论坛、文化活动等多种渠道，将中华优秀传统文化的精髓传递给更广泛的人群，激发更多人对传统文化的兴趣和热爱。在全球化背景下，青年大学生通常具备多元的文化背景和开放的心态，他们能够接受和融合不同文化的精髓，这为他们提供了广阔的视野和丰富的创意资源，使他们能够在传承中华优秀传统文化的过程中进行创新和发展，创造出具有时代特色的文化产品和服务。

青年大学生应该树立对中华优秀传统文化的自信心和自豪感，在学习传统文化中掌握其精华，拓宽其时代内涵，在身体力行中传承中华优秀传统文化，为文化强国的建设贡献青春力量。

（二）助推科技创新

在全球科技浪潮汹涌澎湃的当下，世界正经历着百年未有之大变局，新一轮科技革命正在不断深入发展。在这个变革的时代，科技创新已经成为衡量一个国家综合实力和国际话语权的关键指标。面对这样的国际形势，教育部于2022年印发了《关于加强高校有组织科研 推动高水平自立自强的若干意见》，明确指出高校在科技创新服务城市创新发展中的重要作用，旨在推动高水平科技自立自强。2024年6月24日，习近平总书记在全国科技大会、国家科学技术奖励大会、两院院士大会上发表重要讲话，强调深化教育科技人才体制机制一体改革，完善科教协同育人机制。

创新是引领发展的驱动力，是打通教育、科技与人才三者之间循环互促的关键节点。构建高效协同的创新生态系统，能加速科技成果向现实生产力转化，为经济社会的持续发展注入强大动能。

科技创新、产业创新两者的深度融合，可促进新质生产力的蓬勃发展。产教融合的深化，可以促进教育链、人才链与产业链、创新链的有效衔接，培养适应产业发展需求的高素质人才。科教融汇的推进，可以促进科学研究与教育的紧密结合，推动科研成果的快速转化与应用，为产业发展提供源源不断的智力支持。产教融合、科教融汇，共同推动教育、产业和科技的协同发展。

高等教育与科技、产业积极合作、有机互补的创新体系，能较大程度上加快科技创新成果转化。大学作为教育、科技、人才交汇的重要平台，其角色和使命显得尤为重要。当代青年大学生作为新时代的生力军，在知识储备上已经具备了相当的竞争力。2023年，我国高等教育毛入学率已经达到60.2%，新入职劳动力平均受教育年限达13.8年，丰富的知识储备为青年在科技创新领域赢得一席之地提供了强大助力。依托于我国庞大的人口基数，未来我国将形成一支令世界瞩目的科技大军。

当前，全球科技竞争日趋激烈，应充分发挥青年在科技创新领域的优势作用。正处在个人创新创造黄金时期的当代青年，应不断攀登科技高峰，为科技强国的建设贡献自己的力量。

(三) 助力经济社会发展

人类社会的发展、现代化的实现，是生产力发展带动的。要实现国家的现代化，必须高质量发展生产力。生产力是衡量社会经济发展水平的重要指标，是经济发展的物质基础。随着生产力的提高，人们的生产能力和生产效率都将得到极大的提升，进而推动社会经济的快速发展，这样就能够更好地满足人们的需要和需求。生产力的提高，主要依靠的是人力资本。

根据舒尔茨的人力资本理论，人力资本尤其是知识资本是地方经济发展的基本动力，是经济增长的重要因素。教育尤其是高等教育是决定一个地方人力资本丰厚程度的主要因素。

大学生是高等教育培养的高层次人才，能为经济尤其是区域经济发展提供强大的智力资源和技术服务支持，为服务地方科技创新活动提供有力保障，进而服务地方经济社会的创新发展，助力整体经济的高质量发展。此外，大学生作为社会中充满活力和创造力的群体，拥有丰富的知识、技能和深厚的创新能力，在社会治理、新兴产业发展、乡村振兴、对外交流等方面可以有效推动社会的进步。

大学生是新时代的生力军，是国家未来发展的重要依托力量，应扎根祖国大地，深入了解地方经济社会发展需求，练就过硬本领，不断提升自身能力，更好地为经济社会发展贡献力量。

（四）建设美丽中国

生态环境是人类生存之本、发展之基。习近平总书记在《生物多样性公约》第十五次缔约方大会领导人峰会上强调："我们要尊重自然、顺应自然、保护自然，探索人与自然和谐共生的地球家园之路。"这句话深刻揭示了人类与自然之间的紧密关系。我们在追求经济发展时，必须兼顾生态环境的保护。2024年发布的《中共中央关于进一步全面深化改革 推进中国式现代化的决定》指出："聚焦建设美丽中国，加快经济社会发展全面绿色转型，健全生态环境治理体系，推进生态优先、节约集约、绿色低碳发展，促进人与自然和谐共生。"

回顾历史不难发现，人类为了追求经济的快速发展，曾不惜以破坏生态环境为代价。这种对大自然的过度索取和掠夺，不仅给生态环境带来了无法挽回的损害，更让人类自身陷入了发展的困境。如今，全球变暖、自然灾害频发等生态环境问题日益严重，已经成为人类面临的共同挑战。

尊重自然、顺应自然、保护自然，是全面建设社会主义现代化国家的内在要求。大自然是人类赖以生存和发展的基本条件，中华民族向来尊重自然、热爱自然，绵延五千多年的中华文明孕育着丰富的生态文化，"天人合一""道法自然""劝君莫打三春鸟"等朴素哲理散发着历久弥新的人文魅力，彰显了中华民族最深沉的生态意识与生态智慧。

新时代的大学生肩负着重要的历史使命和责任，应自觉做生态环境的保护者、建设者，为建设天更蓝、山更绿、水更清、环境更优美的美丽中国不懈努力，推进生态优先、节约集约、绿色低碳发展，共同守护绿水青山，共享自然之美、生命之美、生活之美，谱写人与自然和谐共生的新时代生动画卷。

以上"投身强国建设"的四个方面，从宏观到微观，深入扎根中国大地，紧密联系国家、社会所需，关注学生在国家、社会层面上的生活体验，提升学生的社会认知与社会理解能力，从而丰富学生的社会情感，培养学生深厚的社会责任感。加强新素质教育与社会生活之间的联系，应进一步推动育人方式的革新，克服知识符号化、与社会实际脱节等弊端。在这一过程中促使学生将个人成长与国家、社会的进步紧密结合，鼓励学生积极投身社会发展。

二、关切人类可持续发展

（一）构建人类文明新形态

习近平总书记在庆祝中国共产党成立100周年大会上的讲话中指出："我们坚持和发展中国特色社会主义，推动物质文明、政治文明、精神文明、社会文明、生态文明协调发展，创造了中国式现代化新道路，创造了人类文明新形态。"

人类文明新形态，是马克思主义基本原理同中国具体实践相结合、同中华优秀传统文化相结合的伟大创造，继承和吸收了以往人类社会文明的优秀成果，是对古代中华文明、传统社会主义文明和西方资本主义文明的继承和超越，是与世界其他文明不断交流互鉴的结果。[①]

在当今这个错综复杂的全球格局中，世界正以前所未有的广度和深度面对着和平赤字、发展鸿沟、合作壁垒以及治理难题等多重全球性挑战。这些挑战如同一面镜子，深刻映照出人类文明转型的迫切需求。面对这一时代课题，如何超越内部循环的局限，实现文明形态的根本性飞跃，构建一个更加包容、公正、可持续的未来，成了全人类共同的向往与努力目标。

中国式现代化道路，既是中国自身的发展实践，更是推动全人类文明进步的中国智慧与中国方案。它倡导以人民为中心的发展思想，坚持和平发展、合作共赢的外交政策，致力于在全球化浪潮中寻求各国利益的最大公约数，推动构建新型国际关系，为破解全球性问题提供独特的视角和有效的路径。

"人类命运共同体"这一理念的提出，正是中国式现代化道路在文明交流互鉴层面的深刻体现。它超越了传统国际关系的零和博弈思维，强调各国在追求自身发展的同时，应兼顾他国合理关切，共同应对全球性挑战，实现互利共赢。这一理念鼓励不同文明之间开展平等对话、相互尊重、深度交流，促进文明多样性成为推动人类社会进步的重要动力。

这一人类文明新形态倡导开放包容、兼收并蓄的交往新形式，鼓励不同文明交流互鉴，在相互学习中激发新的创造力和生命力，更加注重人的全面发展，

---

① 刘仓.人类文明新形态的生成逻辑、多维内涵和世界意义[J].陕西师范大学学报（哲学社会科学版），2022（4）：17-26.

追求人与自然和谐共生，致力于构建一个更加美好、和谐、繁荣的世界。

教育不仅能够滋养我们的智慧，更能够激发我们共同行动、携手向前的潜力。同时，教育还承担着引导我们重新审视和平衡地球生活方式的重要使命。它教导我们认识地球上相互依存的系统，理解其脆弱与局限，并引导我们践行可持续的生活方式。

大学生是充满活力与创造力的青年群体，肩负着改造世界、推动社会进步的重任，是推动人类可持续发展、构建和谐地球生态社区的中坚力量。因此，新时代大学素质教育，应引导学生深切关怀人类的可持续发展，从理论学习走向实际行动，将所学融入生活，与周围的世界和谐共生，鼓励大学生认识和尊重多元性，接受不同世界的共存，培养一种包容、开放、协作的世界观。

（二）开拓国际视野

与基础教育重视基础性与普及性不同，高等教育是教育的最高阶段，紧密联系着经济与社会的发展，是学生融入社会、走向世界的预备阶段。

当今世界，国际合作日趋紧密，国家的发展尤其需要具有国际视野的高素质人才。当代大学生是否具有国际视野对于国家的发展尤为重要，引导大学生树立国际视野也有益于世界文明的进步。

2010年发布的《国家中长期教育改革和发展规划纲要（2010—2020年）》提出要"培养大批具有国际视野、通晓国际规则、能够参与国际事务和国际竞争的国际化人才"。2020年，教育部等八部门印发《关于加快和扩大新时代教育对外开放的意见》，强调"加快推进我国教育现代化和培养更具全球竞争力的人才"。

新时代大学生需要更广泛地涉猎世界历史，了解世界文化的多样性，并创造条件走出国门，与国际青年加深沟通和了解，在交流互动中增进彼此之间的理解。在放眼全球的同时，批判性地吸收当今世界先进文化；在努力提升综合素质的同时，培养胸怀天下的气度，以宽容、理性、包容的心态面向未来。

在全球化浪潮中，青年人成为高层次国际化人才，不仅需要拓宽国际视野，更需要拥有全球胜任力。这种胜任力体现在以构建人类命运共同体为核心理念，秉持包容合作、互利共赢、友好尊重的精神，与来自不同文化背景的人们围绕全球热点议题，进行开放、得体且高效的交流互动。同时，青年人还应具备为全球发展贡献独特见解和多元行动方案的能力。

第二节 自我未来建构

教育的核心在于探索和解决人的内在发展与价值实现问题。它旨在将人内在的发展潜力转化为现实，而非仅仅将人视为被动接受社会塑造的对象。无论是个人还是群体的成长，都是教育的起始点和最终归宿。教育的最高目标，是推动每一个人实现全面且个性化的成长，使每个人都能在自我实现的过程中达到最佳状态。

一个独立的人，既有个体性，也有社会性。个体应在生活中成长，把握自己的人生和未来。成长中所呈现出的人格、思维、气质、情趣，带有个体鲜明的特征，它们同时也是形成"独立"个体的必备元素，是个体生活、成长、走向美好未来不可或缺的特质。

大学生对自己未来的建构，源于生活所需的健全人格、成熟心智，既是为了生存、生活，也为了创造生活。个体生活的美好，需要健康的身心、理性的思维、开阔的视野、敏捷的才思，具有深厚的文化素养和个性化的哲学气质。其构建自我未来的过程，也是一次品格的塑造过程，是身心素质、科学文化素质的生发过程。

新素质教育中的自我未来建构，归根结底，是帮助学生找到适合自己的成长路径，关注学生人文精神的养成和提升，重视学生人格的健全和完善、心智的成熟与通达，使学生在生活世界中"成人"，即学会"做人"。

大学生可以从滋养人文底蕴、启迪科学思维、焕发生命力三个维度进行自我未来的建构，从而达成人格的健全、心智的成熟。深厚的人文底蕴，将丰富内心世界；科学理性的思维，可拓宽认知边界；旺盛的生命力，必激发不断前行的动力。这三个维度与个体生活息息相关，是个人迈向幸福生活的基础，它们犹如感知生活的神经末梢，能使人更加深刻地体验与理解丰富的生活、多样的世界。

一、滋养人文底蕴

"人文"指的是人文科学,如哲学、政治学、历史学、文学等,一方面包括文史哲等基础知识,另一方面也包括文史哲知识滋养出的人文关怀、审美情趣、个人修养等多元内容。它对形成个人的知识结构、审美修养、思维能力等都有重要意义。只有注重人文精神的整体性发展,才能为培养出新素质人才打下坚实基础。

(一)唤起人文关怀

唤起人文关怀,不仅仅是在探讨一种理论或学说,更是在追求一种深刻的人文情怀。这种情怀源自对人性、人生和社会的深刻理解与关怀,高扬人的尊严、自由、温情。它内化为人们的修养品质,塑造出人们看待人生、世界的独特价值观以及旷达超脱的思想境界,帮助人们走向更理想的社会。

深厚的人文情怀,能使人建立起清晰、正确的人生目标和价值观,在纷扰的世界中保持内心的宁静和坚定,同时还能培养坚强的意志力和敏锐的洞察力,触动个体自觉关爱自己、关心他人、关怀社会,在行动中践行人道主义精神。这些品质将伴随着人的一生,成为人格的重要组成部分。

中西方文明中蕴藏着丰富的人文关怀元素,如中华优秀传统文化中就有"刚健有为,自强不息"的人生态度,"重义轻利,以义为上"的诚信品格,"天下兴亡,匹夫有责"的社会责任感,"捐躯赴国难,视死忽如归"的爱国主义情怀,"厚德载物"的包容精神和广阔胸怀,等等。这些都是培养大学生人文关怀的重要元素。青年一代应在成长过程中、在生活的体验中,逐渐体悟、认知人文精神,并最终唤起理性精神,从而在追求幸福的道路上变得更加从容与坚定。

(二)塑造审美情趣

《辞海》对"审美"的释义为"感知、欣赏、评判美和创造美的实践、心理活动"。它是人所进行的一切创造和欣赏美的活动,是构成人对现实的审美关系、满足人的精神需要的实践、心理活动,是理智与直觉、认识与创造、功利性与非功利性的统一。

审美情趣属于美学研究范畴，是审美理想、审美情感、审美观点和审美能力的承担者，并通过审美趣味进行展现。①培养审美情趣，目的是发现美、表现美和创造美。现实生活中，艺术和科学都能提升人的审美情趣。

科学和艺术均源于人类寻求根植于自然的普遍真理的精神追求，是人类创造性的崇高表现。诺贝尔物理学奖获得者李政道曾说："科学和艺术是不可分割的，就像一枚硬币的两面。它们共同的基础是人类的创造力，它们追求的目标都是真理的普遍性。"艺术与科学的深度融合使人们在无限追求物质世界真理的同时，也在追求对精神世界的塑造。

艺术可以提升人的空间能力、逻辑思维能力，是理性与感性的对话。它具有独特的创意和想象力，能够激发人们的创造力。此外，艺术作品通常具有丰富的色彩、线条、节奏和韵律等元素，这些元素能够刺激人们的感官，引发审美感知。在欣赏艺术作品的过程中，人能够感受到美的力量和魅力，从而激发对美的向往和追求，这种审美感知能力的提升能够使个体更加敏锐地捕捉到生活中的美。

审美情趣缔造了充满人性关怀和具有精神共鸣的诗性空间，直观生动的艺术方式让人们能够参与自身所处的社会文化的发展，获得洞察社会丰富性、体会文化多元性、观照人类现世性的能力，从而点燃生活中的美好点滴与瞬间。

（三）达通个人修养

在生活中，人与人之间的互动和交往是普遍的，正是这些交往塑造了人的本质并推动了人的发展。通过与他人建立联系，人不断拓宽个人的自由空间，深化自身的发展状态，并逐渐与社会形成全面而紧密的依存关系。

教育作为生活的重要组成部分，应紧密贴合实际生活，通过真实、自然的交往活动来促进人的全面发展。新素质教育致力于以生活化的方式展现和丰富文化内涵，构建人与人之间丰富多样的互动空间。人只有在真实的交往场景中，通过观察、体验、交流和实践，才能学会如何与他人和谐共处，并在交往中获得感悟、得到发展。

而通达的个人修养和为人处世原则，是形成良好人际交往的关键。而这首先源于个体的责任心。责任心是个体对现实生活中各种责任关系的反映，是社

---

① 朱立元.美学大辞典[M].上海：上海辞书出版社，2010：9.

会和他人的客观要求在个人身上引起的主观认识和内心体验。责任心上升、扩大的形态是社会责任感，即社会群体或者个人为了建立美好社会而承担相应责任、履行各种义务的自律意识和人格特质。社会责任总是体现为一种社会行动，同时化为一种人格特质。我国儒家强调的"内圣外王""以天下为己任"的士人精神，"修己济世""兼善天下""弘毅力行"的君子人格，都是一种独特的责任意识。

2019年10月，中共中央、国务院印发《新时代公民道德建设实施纲要》，明确要"推动践行以爱国奉献、明礼遵规、勤劳善良、宽厚正直、自强自律为主要内容的个人品德，鼓励人们在日常生活中养成好品行"。明礼遵规，是一个人为人处世的基本品德，是中华民族的传统美德。礼仪是人类所独有的道德品质，它既是一种文化形态，又是一种社会规范。自古以来，我国就倡导崇德向善、孝悌忠信、礼义廉耻等美德。《礼记》记载："凡人之所以为人者，礼义也。"这反映了中华文明重礼、守礼、行礼、讲礼、遵礼的自觉意识。随着现代社会的不断发展，我们的生活方式有所改变，但是根植于我们内心的礼仪文化是不会被忽视的。

我国自古就推崇的仁、义、礼、智、信道德原则在现代依旧适用，并且有强大的生命力。新时代大学生须在个人品德、为人处世等方面形成良好的文化修养，通达个人的修为，这有助于形成健康、积极的生活方式，拥有和谐的生活状态。

二、启迪科学思维

当今世界，科学技术迅猛发展，各国之间竞争日益激烈，科学技术的重要作用也日益凸显，把科学技术作为第一生产力也逐渐成为各国共识。由科学技术活动孕育出的科学精神，对人们的思维方式和思想观念的影响也越来越明显。科学精神不仅是科学活动的内在精神支撑，同时也是人们生产生活中必须具备的精神修养。增强青年大学生的科学精神，有利于为建设社会主义现代化强国提供智力支持，为实现中华民族伟大复兴提供人才支撑。

党的十九大报告提出："弘扬科学精神，普及科学知识，开展移风易俗。"在纪念五四运动100周年大会上，习近平总书记再次强调科学精神的重要作用，对青年大学生的担当与使命提出了明确要求，把大力弘扬科学精神放在了重要位置。历史的发展已证明，只有坚持以科学精神为引领，激发全民族的创新活力，才能不断增强国家的科技创新能力。

科学精神是人类在长期的科学实践活动中逐渐积累和发展起来的一种具有规范和指导价值的特殊气质。它不仅是科学文化结构中最为稳定的要素，是科学的生命和灵魂，而且构成了个体科学素养中最为基本的要素。科学思维则是一种认识加工处理模式。它以科学的精神、态度和方法为指导，随着科学的发展而发展。科学思维追求认识的客观性、精确性、系统性、预见性和可操作性。

科学精神和科学思维是创新的灵魂。培养科学精神需要从科学思维开始，通过科学思维的训练来培养严谨、好奇和创新的科学精神。同时，培养科学思维也需要注重科学精神的培养，以帮助学生更好地理解和运用科学思维。

科学精神、科学思维与个人的成长、生活息息相关，它们能帮助大学生在纷繁复杂的社会中去激浊扬清，认清新形势、应对新挑战、焕发新气象、展示新作为；在充满生机活力的新时代解放思想、与时俱进，提高辩证思维能力，形成正确价值取向。

构成科学思维的必要因素有以下几种：想象，在已知事实和观察的基础上，通过大脑加工，发现新的事实和新的意念；幻想，思维摆脱现实的束缚，塑造未知事物；怀疑，对已有理论的不盲从是产生问题的摇篮；好奇心，锲而不舍地追求未知的答案，便可独辟蹊径；联想，从一种事物出发推测其他事物的思维技巧；类比，提出科学假说的一条重要途径。[1]

新时代大学生需要在生活中启迪科学思维，并持续训练和提升科学思维。

第一，掌握辩证思维方法，如归纳与演绎、分析与综合、抽象与具体、逻辑与历史相统一等，以这些理性思维工具来深刻认识世界，并有效地改造世界。这些方法不仅体现了人类思维在哲学领域的演进，而且是人们正确把握事物本质和规律的重要工具。

第二，运用矛盾的观点分析问题，善于抓住主要矛盾，透过纷繁复杂的现象洞察问题的本质。同时，坚持用联系和发展的眼光看问题，将矛盾分析法自然而然地融入日常的思维过程中。

第三，培养对思维客体发展总趋势和方向的敏锐洞察力，对待问题要全面、深入、长远地进行考虑，以更广阔的视角审视和解决问题。

---

[1] 向洪.当代科学学辞典[M].成都:成都科技大学出版社,1987.330.

第四，拓宽视野，拥有博大的胸怀，与时俱进地更新观念，始终站在战略全局的高度上观察和处理生活中的问题。不仅要关注自身的成长，还要关注社会、国家和世界的发展动态。

第五，以史为鉴、知古鉴今，从历史中汲取智慧，把握历史发展的规律和方向，以指导现实工作和学习。这有助于大学生在复杂多变的社会环境中作出明智的决策。

第六，树立底线思维，认知并把握"度"的概念。底线是事物从量变到质变的分界线和临界点。大学生既要坚守自己的底线，也要具备居安思危的意识，做到有备无患，以应对可能出现的风险和挑战。

三、焕发生命力

建构未来，需要旺盛的生命力。生命力是鲜活青春的源泉，没有生命力的生活，不能称为真正的生活。生命力，来源于对生命意义的追问和探索。在探究人生意义的过程中，青年人将更好地理解生命，重新认知自我，深入思考人与人、人与社会、人与自然之间的相互关系。生命力能感动、体悟和触发更大的生命热情，去创造可期待的人生。生命力是我们存在、成长和发展的动力，它推动着我们追求梦想、克服困难和创造美好的生活，拥有强大的生命力让我们能够应对各种挑战，追求自己的梦想，并为自己和他人创造美好的生活。新时代大学生可以通过强身健体、建构健康心理与情感、感知幸福来点燃创造未来的生命力。

（一）强身健体

随着时代的进步，国家对于全民健康的要求也逐渐提高。2016年出台的《"健康中国2030"规划纲要》就明确提出"实现国民健康长寿，是国家富强、民族振兴的重要标志，也是全国各族人民的共同愿望"。

青少年体质健康既是个人健康成长和幸福生活的根基，亦关涉亿万家庭的福祉、国家与民族的未来。2013年，习近平总书记在参加首都义务植树活动时指出，"身体是人生一切奋斗成功的本钱"。

健康的体魄，代表着青春、健康和活力。体质健康是促进人全面发展的必然要求，也是广大人民群众的共同追求；既是人类生存的基本条件，也是健康中国建设的核心目标。强身健体，是促进人全面发展的重要手段。国家应强化健康教育，以丰富学校体育的内在价值，提升青少年学生心理健康水平，实现健康育人；引导青少年建立终身体育意识与养成良好的体育运动习惯，促进青少年身心健康全面发展；还要注重推动体育深度融入生活，不仅在一定程度上解决因身体活动缺失带来的日趋严重的健康问题，而且全面有力地提高青少年的生活质量。

强健身体除了可以提升学生的体质健康外，还能增强学生的心理结构弹性，对心理健康产生积极的作用。体育锻炼可以通过加强锻炼者的运动能力，从生理健康教育出发面向心理健康进行内容延伸。它能作为一种舒缓心理压力的方式，实现对心理健康水平的提升。大学生一般会面临就业或学业发展压力，积极地开展体育锻炼，能帮助大学生通过消耗体能及改善环境的方式，加强对心理压力的宣泄与排解，让大学生能以更为积极的心态面向未来的学习、生活与就业，对于改变大学生学习、生活状态具有重要作用。

大学生强身健体是素质教育重要的基础环节，既能培养大学生良好的体能素质，也能推进大学生身心健康的全面成长。

(二)建构健康心理与情感

中国人民大学2022年的研究数据显示，我国学生心理健康问题的总检出率为18.9%，其中内化问题（如焦虑、抑郁、睡眠问题）所占比例为20.0%，外化问题（如自我伤害）所占比例为11.7%。中国科学院心理研究所国民心理健康评估发展中心2022年针对大学生群体所做的一项调查显示，大学生心理健康状况总体良好，对生活的满意度也较高。但值得重视的是，大学生普遍存在焦虑、恐慌和人际关系敏感等负性情绪，诸如抑郁、焦虑、失眠、网络游戏成瘾以及创伤后应激等心理健康问题依然突出。[1]

当大学生面临心理困扰时，他们便很难集中精力学习，也很难发挥出自身潜力。有心理问题的学生往往很难与他人建立良好的关系，这会影响生活中的

---

[1] 袁一雪.面对大学生心理健康问题，怎样"防"又如何"治"[N].中国科学报，2024-03-05(4).

社交能力和人际关系。长期的心理健康问题还可能导致严重的身体健康问题（如慢性疾病）。最重要的是，心理健康问题会影响学生的自我认识和职业发展，限制个人潜能的发挥。心理健康问题如果没有得到及时、妥善的处置，不仅会影响大学生的身心状态，扭曲其为人处世心态，干扰其正常的学习生活，严重时还会导致自伤、他伤等行为的发生以及其他品行问题，对其未来就业和成才产生负面影响。

此外，大学生应建立健康、成熟的情感观和情感处理方式，学会处理好亲情关系、人际关系及两性关系等情感问题，树立起文明、健康、理性的婚恋观和价值观，走好人生的每一步；做到了解自我，接纳自我，关注自己的心理健康和心灵成长，呵护和关怀自己的心灵，同时感受来自他人的温暖和力量，抒发善待自己、呵护心理健康的自我悦纳感情。健康的心理、成熟的情感观，有助于树立团结友爱、互帮互助、携手共进的意识，培育自尊自信、理性平和、积极向上的健康心态。

新时代的大学生应积极掌握心理健康知识，树立健康向上的心理观念，并不断提升自身的心理应对能力，以应对学习、生活以及未来职业中的挑战和压力，从而实现个人价值的最大化。

（三）感知幸福

幸福，可以理解为个体对物质生活与精神生活状态的一种满足感。物质生活和精神生活条件是客观存在的，而幸福感则是基于这些条件产生的主观感受。真正的幸福，是客观条件与主观感受的和谐统一，即物质生活和精神生活的改善或提升与内心满足感的相互映照。若缺乏物质和精神生活的提升，幸福便无从谈起；反之，即便外在条件有了显著的改善，若内心缺乏真正的满足感，也难以称为真正的幸福。而满足感或幸福感的核心体现，便是快乐。但这种快乐并非短暂的欢愉，而是持久而深刻的愉悦，它源于对生活的热爱和满足，是对生命价值的一种深刻体验和领悟。

积极追求幸福不仅是个体不断前进的动力源泉，更是推动整个社会持续进步的强大引擎。对幸福的感知，能让心灵变得富饶、敏锐且充满活力，从而超越眼前的现实，眺望更远的未来，体味生活的珍贵与美好。

新时代的素质教育，强调以人为本，关注人的全面发展，关注学生对幸福的感知，不仅让学生在教育过程中获得幸福，而且要让学生终生充满幸福。感知幸福，可以使人具备完整而丰满的人性，从而助其"成人"。在新素质教育的视野中，教育的中心是活生生的人，而不是僵硬刻板的知识，不仅要将学生教育成掌握专门知识的人才，更重要的是要将学生培育成一个能感知幸福的人，引导他们在体验生活中感受幸福、领悟幸福的真谛。只有这样才能充分激发学生的想象力、创造力和生命活力，才能使学生自我建构美好的未来。

第三节　创造美好生活

党的二十大报告明确提出："必须坚持在发展中保障和改善民生，鼓励共同奋斗创造美好生活，不断实现人民对美好生活的向往。"人民对美好生活的向往推动着教育的变革，满足每个人的发展需要是教育改革创新的内在价值。实现人民群众对美好生活的向往的过程，也是不断趋于人的全面而自由发展的过程。新素质教育是在创造美好生活的过程中，实现人的全面发展。

"教育回归生活世界"的价值诉求是以日常生活为根基，力求创造更加多元、丰富的生活体验，并通过对生活疆域的拓展和深化，来促进人性的改造和完善，使人能够更全面地认识自己、发展自己，从而过上更加充实、有意义的生活。

教育的根本在于面向未来，致力于改造现实生活，并创造一种富有价值和意义的可能生活。它为学生提供一种广阔的视野和无限的可能性，让学生能够不断探索、学习和成长，为美好的未来打下坚实的基础。

因此，无论是担当社会责任，还是自我建构未来，最终目标都是创造美好的生活。这既是个人的幸福和满足，也是理想社会的缩影；既实现个人价值，也凸显社会价值。由此就构建出新素质教育培养内容的第三个维度——创造美好生活。创造美好生活，旨在触发学生创造美好生活的力量，使其具备"成事"的能力。学生在创造美好生活的过程中，可以练就生活力、实践力、学习力、自主力、合作力、创造力，促使专业素质、实践创新素质的生发。创造美好生活是新素质教育面向生活的培养内容的最核心体现，即扎根生活，同时引领生活。

创造美好生活，要求驱动学生在生活中积极主动地开展探究性活动，使认知、情感、态度、价值观等得到同生共长，体现出生命的完整性和和谐性。从这个角度看，创造美好生活虽然聚焦能力的提升，意在造就"成事"能力，但同时也滋养了价值、品格，促进了"成人"的进程。

创造美好生活，主要通过提供具象、真实的情境，使新素质得到实质的生发。因为生活中每一个具体的活动情境在整个生活的历程中都是独一无二的，具有唯一性，生活的变动性和延展性决定了在面对生活中的各种疑难情境时，必须有一定的应对策略，这样才可能适应它并从中生成更好的发展机会。这也是新时代大学素质教育主张面向生活和实践的根本原因。

归结起来，以培养"创造美好生活"能力为目标的素质教育培养内容主要有：学会生活，自立自强；付诸实践，知行合一；善于学习，探索新知；独立自主，锐意进取；求同存异，团结协作；勇于创新，开创未来。它们分别对应生活力、实践力、学习力、自主力、合作力和创造力。

一、学会生活，自立自强

创造美好生活，首先要学会生活。

陶行知倡导的生活教育运动，提出了"生活即教育""社会即学校""教学做合一""行是知之始，知是行之成""造就有生活力的学生"[1]等主张。生活力思想是生活教育理论的精华，生活力被理解为能够满足当时社会发展需要和个人安身立命需要等素养的总和，学校在满足社会和个人、当前和未来的需要的前提下，将生活力的内涵和外延进行符合教育特点和规律的立体建构。

新素质教育，立足于培养活生生的人，将教育的触角深入学生的心灵深处，而不是简单地进行知识的传授。教育的根本目标定格在能够影响学生一生生活质量的生活力的培养上，让每个学生获得富有生气的生活，造就前途光明的未来生活。培育和提升新时代大学生的生活力，重点在于重塑学生校园生活，让学生学会生活，从而提高自身的生活质量和品位，为创造未来美好生活奠定基础。

学会生活的其中一面，是要自强自立，融入生活、适应生活，进而创造生活。学会生活的另一面，是要学会共同生活。个人的成长离不开社会，人与人、人与社会应和睦共处、共同生活。在人类活动中，要学会与他人在社会中一起

---

[1] 陶行知.陶行知文集[M].南京:江苏人民出版社,1981:138.

参与、共处发展。

学会共同生活，首先要理解他人，并在人生的各个阶段积极参与和投身于各种共同计划与事业。这方面的教育，关键在于启迪人们的心灵，使人们深刻认识到人类社会的多样性与丰富性。人们需要学会换位思考，设身处地地去理解他人的感受与立场，从而实现人与人之间的和谐共处、团结协作。在共同合作中，学会尊重差异、包容不同、寻求共识，进而理解人类之间的相互依存关系以及学会共同面对挑战。

在现代社会生活中，学会共同生活要尊重文化的多样性，加强彼此间的了解，不断改变原有"个人独往"的认知。随着互联网的发展，手机、电脑等通信工具在智能化方向上迅速演进，人们面对面沟通与共同生活的传统方式在慢慢淡化。在这种背景下，学会共同生活显得尤为珍贵。

二、付诸实践，知行合一

根据马克思主义哲学实践论，人的主体性是在实践活动中逐渐生成、发展、呈现的，实践本身即是主体性存在的形式和呈现的对象。人正是通过自己的批判性和创造性的实践活动，影响着现存感性世界及其发展方向，促成了它向着人的世界的生成运动。实践是人认识世界、改造世界的基础。[①]

实践能力，是将知识转化为实际操作的一系列能力，包括但不限于在实践领域内积极探索的能力、高效组织与协调的能力、对信息进行有效加工与利用的能力、面对挑战时迅速解决问题的能力，以及手脑并用的综合执行能力等。此外，它还涵盖将科学原理、技术成果与智慧思考转化为具体物质形态的能力，这种能力使无形的智慧与知识得以在物质世界中实现其价值。

实践能力，是运用知识、技能解决实际问题的能力，可以促进手和脑紧密结合，促进个体的成长。它是个体在实践过程中形成和发展起来的，可以在人的一生中保持持续发展的态势。个体实践能力的高低，体现在解决问题的层次与质量上，体现在将理论知识应用于实际情境、克服复杂难题以及创新创造的综合能力水平上。

---

① 马克思恩格斯选集（第1卷）[M].北京:人民出版社，1995:56.

简而言之，付诸实践，即学会做事，在具体真实的情境中根据自身能力和具体情境的相互关系恰当地决定行动路线并将其付诸实现。新时代大学生，应提高实践能力，学会做事，做到知行合一。

首先需要培养实践意识。而实践意识的培养，可从树立劳动精神着手。劳动精神是关于劳动的理念认知、价值追求以及行为实践等的集中体现。新时代背景下，劳动精神具有鲜明的时代特色、深厚的文化底色和坚实的实践本色。坚持身体在场的劳动实践，将引导大学生在实践中自觉养成劳动精神。身体的实践活动与人的自我意识发展联系密切，劳动精神的形成来源于人的劳动实践，因而劳动精神的培育离不开身体的参与。劳动精神是新时代大学生必不可少的精神特质，体现出青年学生对象化实践的能力和水平，对于改变当下大学生眼高手低、动脑与动手不协调的劳动意识具有重要意义。

其次需要学会在真实情境中提出和解决真实问题。在具体情境中解决真实问题是一个非常紧张而复杂的过程，因为真实的问题往往受诸多条件的影响和制约。新时代大学生应学会对自身能力与具体情境之间的关系进行分析，并在此基础上采取行动。新素质教育提供了各种丰富、真实的问题情境，让学生在切实解决问题的过程中，锤炼自身的实践本领。

三、善于学习，探索新知

（一）主动学习与终身学习

在人类发展历程中，教育和学习始终是很关键的内容，是助力传承与发展、谋求生存与进步的必需品。人类进入工业社会后，知识激增，科技日新月异，生产方式与劳动力市场快速变化，终结了"一次性学习"时代，要求人们持续学习以适应多变的世界。同时，人口、资源等问题进一步加剧了环境恶化、武装冲突、贫富差距扩大等危机，影响着全人类的生存。教育普及成为应对这些挑战的重要途径。"人们逐渐意识到教育与学习是一种应当被赋予的权利，终身学习是学会生存的前提与保障。"[1]

---

[1] 李兴洲，耿悦.从生存到可持续发展：终身学习理念嬗变研究——基于联合国教科文组织的报告[J].清华大学教育研究，2017（1）：94-100.

终身学习,要有学习的能力,并且能主动学习。

何为学习的能力?学习力是人生成、生长和发展所具有的生命能量与活力。它真正将发展的动力、内因转到人自身。"学习能力不同于一般的智力或能力,而是一种综合能力,并且是一种具体适应一定学习活动的能力。"①人,作为主动发展的个体,其核心特质体现在自我的内在驱动力上,这种驱动力促使个体不断寻求新知、自我成长。这一过程并非外在力量操控下的被动接受过程,而是高度强调个体内部动力与自主性的核心价值,鼓励自我学习与主动探索,以实现个人发展的目的。

学习力的提出,第一次真正把视角和目光聚焦于人本身,通过研究人如何生成、生长和发展,解放学生的个性、想象力和创造性,让学生成为主体性强的人,引导他们成为自己、成为最好的自己。

学习力是一个能量概念,而不是品质概念。将学习定位为学生的生成、生长和发展,将学习力界定为学生的生长力,是从人自身发展的角度对人的发展应具有的基本要素和内在发展机制的刻画。正是借助学习力这一概念,教育回到了人的生命自觉这个原点,回到了研究学生是如何学习和发展的原点。②

面向21世纪,学习重在掌握认知方法,而非单纯积累知识。它既是生存技能,也是生活追求。在知识经济与信息社会,掌握终身学习能力至关重要。以人为本的教育强调以学习者为核心,这是素质教育的精髓。实现此理念须激发学习者的主体性,进而全面改革教育理念与模式,将重心转向培养与提升大学生的学习力上。

教育的目标在于塑造完人,即激励个体实现"自我认同"与"自我独立",让人成为"真实的自我",具备自主持续学习的能力。这正是"学会生存"的核心意义,也是终身学习所追求的价值。培养大学生的终身学习能力,确立终身教育观,即让学生学会学习、学会生存。在教授生存技能的过程中,教育被赋予了新的使命,催生了终身学习的时代。终身学习理念不仅赋予人们持续学习的能力,还为他们提供了不断前行的动力。"终身学习是打开21世纪光明之门的钥匙",是联合国教科文组织对于终身学习重要作用的阐释。《中华人民共和国教育法》也明确提出要"健全终身教育体系,提高教育现代化水平"。终身学习,是一种深入个体生命全周期的不间断学习过程,具有终身性、全民普及性、

---

① 王策三.教学认识论(修订本)[M].北京:北京师范大学出版社,2002:37.
② 裴娣娜.学习力:诠释学生学习与发展的新视野[J].课程·教材·教法,2016(7):3-9.

知识领域的广泛性。教育需要教会学生掌握自主学习的方法与策略,使他们在离开校园后仍能持续地进行自我提升与知识更新。终身学习对个人成长与发展有深远的影响,也是社会整体进步的持续动力。

人们既然处于不断变化的社会中,就应该不断地接受教育,根据社会与自身的需求去主动选择自己需要学习的内容。教育需要打破传统的观念,让学习者逐步成为学习的主体。学习者也需要努力具备终身学习的能力。自主学习能力是实现终身学习的根本保障,表现为学习者对制订学习目标和计划、监控与调节学习过程、评价与反思学习结果等活动进行有效实施的综合能力。它是学习型社会人类生存与学习必备的技能之一。

(二)批判性思维

培养批判性思维能力是世界高等教育改革的共同目标,也是新素质教育重点培养内容。1998年,首届世界高等教育会议发表《面向二十一世纪高等教育世界宣言:观念与行动》,其第五条"教育方式的革新:批判性思维和创造性"指出,高等教育机构应当教育学生成为知识丰富、目的明确的公民,能够批判性地思考、分析社会问题,寻找解决社会问题的方法并承担起社会责任。

批判性思维,是人们获取和处理信息的基本能力。在信息爆炸的时代,精确筛选信息、明智制订决策是个人成长的必需技能。批判性思维能够深入地剖析与评估信息内容,有效地分析信息的本质与内涵,从而提升决策质量与问题解决效率。通过高效地筛选、整理、吸收并长期储存信息,批判性思维可以使大脑从一个简陋的作坊变成工艺先进的信息加工厂,从而生产出知识产品尤其是创新性的知识产品。

批判性思维是一种关注大众日常学习、工作和生活需要的应用逻辑,是对无力应对日常问题的现代形式化逻辑的反动。凭借这种思维,在了解必要的预备知识后,学生就能够对关乎国计民生的社会热点话题进行独立思考并得出正确结论,对于社会上的种种争论也能够给予恰当评价。[①]在日常生活中,无论是面对个人抉择还是职场挑战,批判性思维都能助力个体作出更有远见的决策。

---

① 黄朝阳.加强批判性思维教育培养创新型人才[J].教育研究,2010(5):69-74.

四、独立自主，锐意进取

独立自主，核心在于能自主、会选择，具备自主选择的意识和能力。自主，首先要学会自我认识，只有这样才能自主选择、自我负责、主动发展。

（一）自我认知与自我管理

自我认知是大学生自我管理的前提和基础，是认识主体对自己的言行及特点的感觉和了解，主要包括了解自己的性格特征、心理状况、学习生活状况、自身优势和劣势、成功和失败的原因等，从而扬长避短。

自我管理能力是大学生在规划学习和生活以及制定长远奋斗目标等方面，充分运用自身的资源实现自我认识、自我规划、自我鼓励、自我施压、自我奖惩等目标所采用的各种手段和展现的心理特征。

对于大学生来说，自我管理可使其更好地适应未来的生活，是其自我发展过程中不可或缺的因素。大学生除了接受学校在教育教学过程中所作的管理外，也应该学会加强对自身的管理。只有学会对自身作有效管理，学会对自身负责，才能对他人负责，对社会负责。

日常学习与生活中处处需要自我管理。从知识获取、生活琐事处理、职业发展规划，到人际网络的构建与情感纽带的维系等，都需要开展自我管理的实践。

自我管理，首先要自我反思与接纳，其次要根据自己的特点概括出自我管理类型，并针对这一管理类型采取相应的自我管理策略，最后要在自己的日常生活与学习管理中，充分利用甚至创造自我管理情境，以实现自我教育。比如，学会合理安排时间，平衡学习、工作和生活；制订学习计划，按时完成任务；合理安排休息和娱乐活动，保持身心健康。同时要养成良好的生活习惯，如早睡早起、规律饮食等。

（二）学业与人生规划

目前，大学普遍面临着一个现实：一方面，大学毕业生就业形势严峻；另一方面，不少大学生缺少对人生发展方向的清晰认识和明确规划，以致很难找到满意工作。职业认知不足,择业就业观落后,阻碍了学生对自身职业发展作长期的规划。学校实践机会的缺失,也影响着大学生职业生涯规划效果。此外,部分大学生存在生涯规划意识淡薄、学习积极性不足、自我效能感差、能动性低等问题,这也容易使他们错失塑造自身就业优势的机会。

学业和职业规划是学生自主发展的重要方式,它有助于学生明确努力的目标和方向,激励学生以此为动力不断学习和成长。学业和职业规划也是一种不断认识自我、剖析自我的过程。学生在规划中不断调适个人行动,从而使自身与未来的生活、职业和社会更加匹配。大学生应充分发挥主观能动性,增强学业与人生规划意识,在获取多方信息的基础上仔细斟酌,从而确立自己的学业与人生目标,并制订可行方案。在实际执行方案过程中,可以根据实际情况及时调整自己的知识结构和行动路径,最大限度提升自身的职业竞争力、实现个人价值。

五、求同存异,团结协作

(一) 合作意识与协商共进

当今世界,人类社会已进入资讯发达、交流密切的信息时代,各个国家、领域、行业、组织以及人们之间的交流日趋广泛和紧密。为了共同的利益目标,人们无不需要进行广泛、持久、深入的合作。只有合作,人类才能有效应对全球化时代所带来的诸多问题。经济全球化背景下,伴随着社会节奏的加快、社会竞争的加剧,各个领域都充满着激烈和复杂的竞合关系。随着社会的发展和时空的推移,合作意识在素质教育中的价值日益显现。

党的十八大以来,面对百年未有之大变局,习近平总书记站在人类历史发展进程的高度,提出了构建人类命运共同体的重要倡议,其核心内涵就是"合作共赢"。

良好的合作意识,不仅有助于构建和谐的人际关系,而且能促进个体的心理健康,进而实现个人的全面发展。首先,合作意识的培养能够引导大学生在团队中学会相互尊重、理解和支持,从而建立起和谐的人际关系。在合作过程中,大学生需要学会倾听他人的观点,尊重不同的意见。这不仅能够增进彼此之间的了解，还能够营造出积极向上的团队氛围。其次，在合作过程中，大学生需要面对各种挑战和困难。通过共同解决问题，大学生能够学会如何调整自己的心态，从而持续保持积极乐观的态度。此外，合作中的成功和失败也能够使人们更加清晰地认识自我，从而增强自信心和自尊心。

协商共进，是指基于平等、尊重、相互理解的理念和方法，通过对话和协商来实现共同的目标和利益，推动个人、团体和社会的共同发展与进步。其注重通过沟通和对话来达成共识和解决问题，要求各方在平等、尊重和相互理解的基础上，充分交换意见和看法，寻求最大公约数，实现共同目标；不仅关注个体的利益，而且强调集体利益和共同目标的重要性，鼓励各方在合作中寻求共赢的结果，实现共同发展和进步。

在新时代里，协商共进有助于个人更好地应对各种风险和挑战，抓住机遇实现发展，有利于集思广益、群策群力，共同推动个人、国家和社会的发展和进步。

（二）深度理解与有效表达

沟通能力从来没有像现在这样成为个人成功的必要条件。在各种交际活动中，学会倾听、表达与交流，学会文明地进行人际沟通和社会交往，是日常交际必备的基础能力。语言是人类沟通时表达思想感情、发表评论的重要工具，凝聚着人类独有的智慧。在日常交际中，我们既要理解平铺直叙的语言，也要读懂言外之意。言外之意表现为说话人或写作者借助语境等因素藏在话语里而没有直接表示的话语意义，这样的话语意义需要听话人或读者通过表面的语词并结合谈话语境推导得出。它通常用于体现说话人或写作者的感情色彩、态度评价等。平铺直叙、言外之意都是人们日常交际中常用的表达方式，人们需要有深度理解能力，以精准地分析语境，从而作出正确的理解。

言语交际的另一方面是有效表达。首先就是要会说。讲话有即时的讲话与有准备的讲话之分，都要求清楚地把自己的观点表达出来，而且还要会辩论，即有说服力、有理有据地阐述自己的观点。其次就是要能写。书写表达，需要做到内容充实、中心明确、合乎逻辑、条理清晰。大学生唯有灵巧熟练地掌握说与写这两种表达能力，才能有效促进思想碰撞与知识共享，实现合作共赢。

六、勇于创新，开创未来

创造力并非少数天才或精英的专属，它根植于人的思维之中，体现在面对问题时的独特见解、解决难题的创新方法以及创造新事物的过程中。人人都有创造力，而教育就是要挖掘、培养每个人的创造力。创新人才是在有利于创新能力发展的环境中自然成长出来的，而不是通过某种特定的培养模式或方法"制造"出来的。

虽然我们看到的是少数几个有才华的人推动着苹果、微软、亚马逊、谷歌、腾讯、阿里巴巴、特斯拉等创新企业的诞生和发展，但每一个创新企业都必须由众多创新人才作出自己的贡献。从实质上来看，拔尖创新人才所取得的成功，只有在培养大量创新创业人才的基础上才能实现。①

随着人工智能技术在多个领域的普及和应用，关于人类是否将被人工智能所取代的讨论也愈发激烈。人工智能的迅速发展取代了一批传统的劳动岗位，越来越普及的机器自动化带来了失业与经济失调的危机，这些在一定程度上给人们带来了不小的就业压力。尤其是在就业形势日益严峻的当下，青年学生只有充分发挥自身的创造精神和创新意识，才能更好地应对时代的挑战。

当下青年就业情况呈现出挑战和机遇并存的局面：一方面以人工智能和机器人为代表的数字技术让青年群体面临着工作被取代的风险；另一方面，产业数字化的市场环境也在创造大量的新就业机会，为青年带来更多元的就业选择。人工智能技术的迅猛发展，使人们能够从烦琐且重复的劳动任务中解脱出来。这一转变不仅极大地减轻了人们的体力与脑力负担，更为个体扩展了深入发展自身兴趣与爱好的时间与空间，进而可以投身于更加富有创造性和挑战性的活动中。这无疑为创造性劳动的发展开辟了新的道路，成了促进创新思维发展与劳动价值提升的重要契机。

因此，如何搭乘人工智能发展的顺风车，这对于尚处在职业角色探索时期的青年学生来说是一个不小的挑战。未来技术的革新速度可能远远超越劳动力的适应能力，在创造性劳动中探索未来劳动角色的不可替代性显然已经成为大

---

① 赵勇. 国际拔尖创新人才培养的新理念与新趋势[J]. 华东师范大学学报（教育科学版），2023（5）:1-15.

势所趋。如何在千变万化的工作环境和工作内容中长久保持竞争力，是新时代青年学生需要不断思考和解决的问题。

大学生都须具备创新力，需要勇于创新、创造、创业，需要在传统劳动角色认知的基础上苦练技能、潜心实践，不断发扬创新意识和创造精神，这样才能在竞争激烈的就业环境中突出重围，适应时代的发展。

第七章 新时代大学生素质培养范式：主体实践

第一节 素质教育的实践逻辑

培养目标回答的是"培养具备什么素质的人"，而培养内容和方式解决的是"如何培养"的问题。面向"生活·实践"的大学新素质教育，强调培养内容的"生活化"与受教育主体的"实践性"。新素质教育培养范式，即在生活中实践。

实践即"做"事，在做事过程中实现"成人"（价值的塑造、品格的养成）与"成事"（练就完成事情的能力）。素质教育为何强调实践？这是因为"素质"的生成需要在自由的环境里和真实情境中通过主体发挥能动性，开展某种行为、行动，达成价值、态度、知识、能力等方面的统合。

实践与人的生存和发展紧密相连。人类的实践本性意味着人是由其实践或行为的样态所界定和决定的。这要求素质教育提高人的行为能力或实践能动性，以实现个体的自我发展和完善。

一、人的发展与实践

我国教育自古有重视实践育人理念的传统。自古代儒家教育始，我国教育就强调理论知识与实际行动的紧密结合。如孔子、孟子等都注重实践在品德修养和学术研究中的重要性。明代王守仁提出知行合一，强调知识与行动的紧密结合，认为真正的知识不仅在于理论上的认知，更在于付诸实践。人的内心觉知（知）与实际行动（行）密不可分，真正的知识必须体现在行动上，而行动又基于正确的认识。

"行"的本质是感性、活动与实践，"行"是人的存在样式。与"知"相对应的"行"这一范畴本质上是主体与客体相统一的过程，是主观见之于客观的活动，即实践。[①]

认知是人类思维活动的起点，它构成了人类理解世界的基础。然而，认知并非一成不变，它需要通过实践来不断检验和深化。实践是人们改造世界、创造价值的活动，是认知转化为现实生产力的关键环节。在实践过程中，人们将已有的认知应用于实际操作中，通过观察、实验、验证等方式来检验其正确性和有效性。可以说，认知是实践的基础，实践是认识的深化。人在实践中不断检验和深化认识，通过实践来提升认识的水平和能力。

马克思主义哲学的实践观有三层含义："第一，实践概念指的是人的感性活动；第二，实践概念确立了主体性的维度；第三，实践概念体现了主体改变世界的价值关怀。"[②]实践，不仅指代主体对客体产生的直接的、感性的作用过程，更体现为主体具有明确目的性的社会活动。通过实践，人类内在价值关怀展现出来，呈现为积极改造世界、创造历史的动态过程。可以说，实践是人与世界交互的桥梁，是主体实现自我价值、推动社会进步的根本途径。

从促进知识内化为能力到塑造人的品性、行为，实践在人的全面发展中发挥着不可替代的作用。可以说，实践即成长，它是人不断向前、发展的根本力量。素质的形成，关键在于实践。

二、生成社会情感的途径

人是社会性动物，人的成长离不开社会环境、生活世界。人通过实践与社会、生活连接在一起，不仅生成社会情感，同时塑造自我、改造世界。

社会情感，作为人类独有的心理特质，深刻反映了人的社会认知与观念。

---

① 郭元祥.知行合一教育规律：本质内涵与时代意蕴[J].人民教育，2022（2）：53-56.
② 王仕民.简论马克思的实践范畴[J].哲学研究，2008（7）：30-33.

它不仅能够激发和增强个体的社会关怀、参与意识与责任感，还能将社会中的核心价值转化为个人的情感态度，进而促进道德自我的形成与发展。从根本上讲，社会情感的生成，实际上是人的精神世界不断成熟和升华的过程，也是人逐步适应、参与并融入社会，建立起与世界、与社会的深刻意义联系的过程。这种情感对于个人和社会的发展都具有重要意义。

那么如何生成社会情感呢？

社会认知与社会观念是构建社会情感的前提和基础。[①]个体对社会的情感反应，源自其对社会现象的深刻认识与理解，以及内心坚守的价值标准、伦理道德规范和审美标准。如果个体缺乏对社会现象的深刻洞察，那么他们便难以产生积极正向的社会情感反应。同样地，若其价值观、道德观和审美观过于狭隘或偏颇，他们也难以对社会现象和社会行为产生合理、公正的情感反应。

社会关切与社会参与，作为个体与社会互动的重要方式，是社会情感生成和发展的根本途径。社会情感本质上是个体对社会的主观体验，这种体验并非空中楼阁，而是深深植根于个体的社会实践之中。通过关切社会问题、积极参与社会活动，个体不仅能够加深对社会的认识与理解，还能在实践中培养和发展出更为丰富、深刻的社会情感。

因此，实践不仅是检验社会认知与社会观念的形式，更是社会情感生成的途径。通过实践，个体能够不断积累社会经验，深化社会认知，生成积极、健康的社会情感，如此才能融入特定的社会关系之中，才能处理好自身与外部世界的关系，进而推动个人和社会的共同发展。

三、指向美好生活的创造

实践创造了人，也创造了人的生活和生活世界。实践的过程既是人的自我生成的过程，也是个体展现生命状态的生活过程。人的生成离不开实践，也离不开生活，离不开生活世界。实践是人的生成之源，是人自我生成的根本途径。

教育实践是人"追求美善生活的价值行动"，反映"人类行动的价值理念"，

---

① 郭元祥，王金.课堂教学何以培育学生的社会情感[J].华中师范大学学报（人文社会科学版），2022（5）:159-166.

以及人"对于正当的、理想的、符合价值的行动的渴望"。①教育性实践强调关注学生的生活背景，注重以问题为中心，增进教育教学与学生生活经验和社会实际的联系，注意学生动手与动脑相结合。

实践创造生活，生活成就人。从事什么样的实践，选择什么样的生活，就成就什么样的人。教育的根本在于面向未来，改变现实生活，创造一种值得过的可能生活。"对教育而言，现实生活只是教育存在的基础和前提，最终要被人们在教育引导下改造和超越，这是教育的本质价值所在。"教育适应现实生活，目的不在于肯定现实生活，复制现实生活，而是以此为基础，改造现实生活，否定现实生活，超越现实生活。教育就是要基于现实，审视、批判与反思现实，实现对现实的超越，走向美好的未来。因此，教育实践指向的是创造美好生活，推动人和社会的不断进步与发展。②

根据目的、成果形式的不同，大学生新素质教育实践可分为三大类：认知性实践、体验性实践（包括社会实践、虚拟互动性实践）、服务性实践。

认知性实践、体验性实践、服务性实践，分别回答"是什么""做什么""怎么做"的问题。从认识论的角度看，三者虽有先后顺序，但彼此间的界限并不分明。其中，服务性实践，往往包含认知性、体验性实践，是一种综合实践。服务性实践，主要表现为服务他人、社会与国家，因此在这里社会情感将得到强化。实践的主体，带着不断加强的社会情感，继续进入下一轮实践过程，素质就是在这样不断循环推进的实践过程中持续生发、强化与发展的。

新素质教育的实践逻辑可归纳如下（如图1所示）：

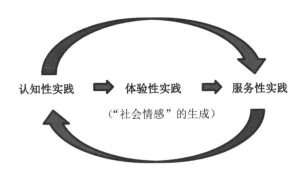

图1　素质教育的实践逻辑

---

① 金生鈜.何为教育实践?[J].华东师范大学学报（教育科学版），2014（2）:13-20.
② 冯建军.教育怎样关涉人的生活——马克思主义实践论的观点[J].高等教育研究，2011（09）：14-19.

第二节　问题导向

实践是新素质教育的内在要求，那么应如何有效开展实践？如何确定学生主体实践的目的、内容、方式？

在大学生新素质培养的整个过程中，"培养什么样的人"（目标）引领着"如何培养"（培养内容和范式）等问题。其中，培养内容又决定着实践的主题、具体内容与实施方式。

培养内容依靠"问题导向"来引导实践。换句话说，问题导向有效衔接了培养内容与实践，回答的是实践的缘由"为什么"，后者是激发学生主体性的动力。由问题导向触发的实践，是一种主动学习、积极成长的过程，推动学生去"做"事，并在行动中成人、成事。

一、时代要求

党的二十大报告把"坚持问题导向"作为指导建设中国特色社会主义的重要方法论之一，并指出"问题是时代的声音，回答并指导解决问题是理论的根本任务"。人类认识世界、改造世界的过程，就是一个发现问题、解决问题的过程。

纵观人类发展的壮阔历史，每一次飞跃和进步都源自对时代问题的敏锐发现、深入研究以及成功破解。这种对时代问题的探索与解决，是驱动一个国家、一个民族不断向前发展的核心动力。

《尚书》中的"稽疑"一词，意指深入考察并提出疑问，体现了古人对于知识探索的严谨态度。孔子提倡"每事问"的学习方法，强调疑问是思考的开始，是学习的起点。他鼓励自己和学生们在面对问题时，要勇于提问，勤于思考。

《礼记》进一步阐述了问题导向的学习方法，提出了"博学之，审问之，慎思之，明辨之，笃行之"的完整学习步骤。从广泛学习、审慎提问，到深入思考、明确辨别，再到切实实践，这一过程充分体现了坚持问题导向的重要性。南宋朱熹认为"读书须有疑"，读书时应当抱有疑问，只有带着疑问去阅读，才能更深入地理解书中的内容。与朱熹齐名的南宋心学奠基人陆九渊则进一步指出"小疑则小进，大疑则大进"，认为学问的进步与疑问的大小成正比。小问题带来小进步，大问题则带来大进步。

回到如今智能技术日新月异的时代，人们对世界复杂性的认知愈加深刻，对未知领域的探索欲望愈发强烈。站在新的历史起点上，我们即将迎来工作形态、存在形式以及认知能力的全新纪元。为了应对未来日益加剧的不确定性，教育应该培养更多创新人才。

未来教育的变革与以往一些改革大不一样，知识传播主体、学习空间、学生能力的培养和评价方式都将发生剧烈的变化。注重知识传授的传统教学将发生转变，知识的获取方式也与以前迥然不同。尤其是进入数字时代后，数字技术以及AI的发展必然导致教育的转型与变革。因此，传统的知识导向的教育模式并不适合创新人才的培养。[1]

未来人才的能力更多体现在视野上，视野的大小不是体现在知识的多少上，而是体现在对问题的理解是否深刻上。基于问题导向的教育模式，较之知识导向的教育模式将呈现更多的不确定性和复杂性，也更能训练学生的综合能力。

问题导向有利于培养学生的发散思维，而发散思维恰恰是创造能力所需。发散思维是创造性思维的重要内容，它是扩散的、求异的。大脑处于一种发散状态时，善于想象问题，思路活跃开阔，视野宽广，有利于创造力的形成。这正是新时代对创新人才的要求。

问题导向也是坚持主动学习、主动成长的要求。《主动学习：创造积极课堂》（*Active Learning：Creating Excitement in the Classroom*，1991）一书将主动学习这一概念界定为"能够让学生参与，并能让学生'行所思，思所行'的所有教学活动"。主动学习是一种育人策略，通过转变传统的单向传达或讲授模式，鼓励学生积极参与问题解决和知识创造的过程。

新时代的教育应专注于让学生具有宽广的问题视野，在与学生研讨式的互动中启发和引导学生发现新问题，培养学生解决复杂问题的能力。通过探寻问题、解决问题，学生将激发起主动学习的兴趣，并间接培养自主力、学习力。一个人素质的养成，更多有赖于自身的"主动"。因此，问题导向是开启新素质培养的第一步。

---

[1] 李培根.工程教育需要从"知识导向"到"问题导向"的转型[J].高等工程教育研究，2024(3)：1-8，200.

二、问题的来源

问题导向的实践过程如下：发现问题——分析问题——提出问题——解决问题。

只有学生自己发现的问题或者自己想解决的问题，才是有意义的问题，并要思考解决问题的意义，即问题为什么值得解决，它可能对谁有价值。因此，发现问题，除了考虑个人所需之外，还要考虑他者的意义，使问题的解决既为自己也为别人和社会带来价值。

比如，社会担当是素质培养内容之一，那么如何践行社会担当呢？这就要找到能为社会带来价值的问题，这样的问题来自国家和社会的发展需求。大学生应近距离感知时代发展的脉搏，了解祖国的发展变化，倾听人民的心声，主动去认识国情、了解社会、关注现实，围绕关系国计民生的社会热点问题，辩证地看待我国改革开放的发展历程和各种社会现实问题，进而发现问题、提出问题。

又如，关于另一素质培养内容"自我未来建构"，大学生应积极审视自身审美情趣、科学思维或身心方面的情况，分析有哪些长处、短板，短板就是素质培养中存在的"问题"。

以生活为内容的新素质教育，问题自然来源于现实生活。基于真实问题情境，回归现实生活的问题导向，能促成学生成长与实际生活之间的紧密联系，是基于"生活·实践"的新素质教育立足于生活、从真实生活出发的育人理念的具体表现和实现路径。

三、问题的分析与提出

问题导向的本质，是促进学生的自由发展。只有在自由状态下，学生才能发散思维，通过分析问题找到问题关联点，进而提出问题。

问题的分析，首先需要找到问题节点，形成问题关联，进而构建问题空间。问题空间，是问题所涉及的所有可能的解决方案和相关因素的范围。它包括问题的背景、目标、限制条件、可行性、风险等方面的综合影响，合理、科学的问题空间对顺利解决问题至关重要。

问题导向的教育模式强调互动研讨，尤其是面对来源于社会现实的问题时更是如此。学生需要找到相关知识的问题节点，但每一个学生关注的问题不一样，进行问题关联的过程也不同，因此学生需要通过交流、交换灵感和洞察，从而构建问题空间。在这个空间里，一个问题被拆解成若干个小问题，每个小问题分别对应一个实践任务，从而组建成一个任务群。

提出问题的下一步是解决问题，解决问题的过程就是实践的开展过程。至此，问题导向就完成了素质培养内容与培养方式（实践）的连接，新素质教育完整的主体实践过程也逐渐清晰起来：问题导向（发现/分析/提出问题）——组建任务群（认知性实践、体验性实践、服务性实践）——解决问题（如图2所示）。

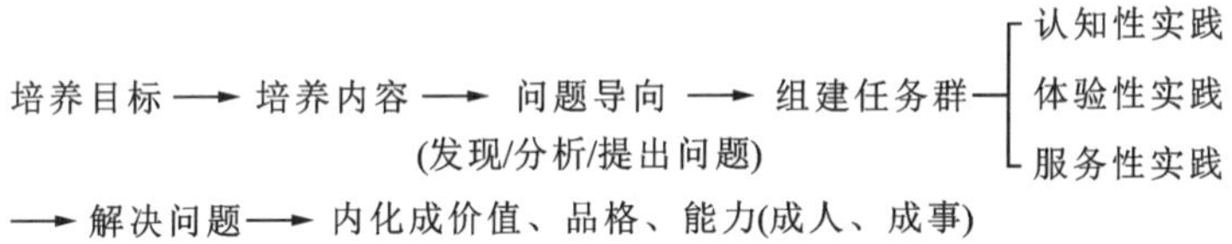

培养目标 ⟶ 培养内容 ⟶ 问题导向 ⟶ 组建任务群 ⎰ 认知性实践
　　　　　　　　　　　　(发现/分析/提出问题)　　　　　　　⎱ 体验性实践
　　　　　　　　　　　　　　　　　　　　　　　　　　　　　　 服务性实践
⟶ 解决问题 ⟶ 内化成价值、品格、能力(成人、成事)

图2　素质教育主体实践过程

任务群之间的实践样态划分是相对的，且互相交叉。因为实践本身具有综合性、开放性和普遍性等特点，所以同一活动的实践行为可以是多样的，既可以是单一的认知性实践或体验性实践，也可以是多种实践样态的组合。这取决于问题的解决是作用于个人还是社会。比如，"自我未来建构"维度中的"滋养人文底蕴"，通常聚焦的是个体的人格、心智，可只通过开展认知性实践或体验性实践来实现。而"社会担当"维度中的"投身强国建设"，则须组建三种实践形式才能达成培养目标，因为只有通过服务性实践才能真正落实强国建设。

每一项素质培养内容都可看作一类实践的主题。主体的实践，就是紧扣各个主题，找寻存在的问题，在解决问题的动力驱动下，打造特色实践任务群。如素质培养内容"投身强国建设"维度的"建设美丽中国"一项，大学生可结合这一主题，分析我国生态治理状况，剖析其中存在的问题，提出要解决的问题，以此作为出发点，组建"汇聚青春力量，建设美丽中国"的特色实践任务群。其中既有学习相关环保知识的认知性实践，也有实地调研生态情况、发放调查问卷的体验性实践，最后形成助力环保的服务性实践，如组成绿色环保宣传服务队开展环保公益活动和生态文明宣传，并形成案例报告。学生在这一实践中，既可以加深环保意识，增强保护环境的行动力，也将提升为社会作贡献的觉悟，达成新素质教育在实践中成人、成事的素质培养范式。

四、彰显个性的实践任务群

不同学生在发现问题、提出问题的路径方面各不相同，解决问题面临的实践任务也各异。不一样的学生、多样化的问题、形式各异的任务和任务群，都在彰显学生的独特性。一般来说，认知性、体验性实践更多是以个人实践的形式开展的，也更能体现人们的个性，而服务性实践更多需要集体共同完成，因此呈现出个性化与集体化相结合的特点。但无论是何种样态的实践，都考虑到了学生个性化发展的需求。

促进人的个性全面和谐发展是当代教育的基本宗旨。美国当代的个性化教育与日本自20世纪80年代开始的以个性养成为基本价值取向的第三次教育改革行动，均体现出对生命个性的追求与崇尚。我国古代教育家孔子提出因材施教的基本教育原则，在两千余年后依然备受世人推崇，这充分说明个性化教育思想所具有的生机与活力。注重学生主体的个性发展，培养能独立思考、具有独特个性、全面发展的人，是教育的本质要求。

素质教育是重视学生个体素质的教育，教育过程应该是个体形成个性的过程。发展素质教育要求面向全体学生，并促进他们的全面发展。每个作为个体的学生之间都存在差异，只有承认学生之间的差异，因材施教，才能使学生的整体素质得到发展。可以说，个性化是素质教育完善人、发展人理念与要求的集中体现。因此，从这个层面看，以问题导向开启主体实践的新素质教育范式契合素质教育的本质要求，即一切从人的发展出发，面向每一名学生。

第三节 认知性实践与体验性实践

芝加哥大学社会学家安德鲁·阿伯特在质疑经典文本教育时，引用了杜威《民主主义与教育》中的话："'理念'（ideas）是不能被传授的，因为无论如何，学生是从把'理念'当成事实开始去理解'理念'的。"在缺乏相关经验的情况下，阅读理论经常就成了一个机械的过程。①这说的是知识与经验世界之间关系的重要性，而经验的获得建立在实践基础上。

人与世界的关系不是静态的认知关系，而是动态的实践关系。经验是在生活中大量存在并起作用的关于"知道如何做"的知识。②因此，教育需要与学生的经验世界密切联系。高等教育作为向社会输送人才的主力军，在推进中国式现代化建设进程中起着重要的先导作用，正逐渐从社会的边缘走向中心，教育与经验世界的相关性将不断加强。③

经验的获得，关键在实践，起点是认知方面的实践，进而是具身体验的实践，即由认知性实践进展到体验性实践。

一、认知性实践

认知性实践是人类认识世界本质的实践活动，这一过程强调人要发挥主观能动性，通过深入探索理解和掌握客观世界的内在规律。

认知性实践相对于物质性实践而言，有其鲜明的特点。与物质性实践直接作用于物质世界不同，认知性实践更侧重于人类思维与客观世界的交互，旨在揭示和深化对世界的认知。在客体上，认知实践关注的对象往往是抽象的知识、观念或理论体系；在主体上，它强调人的主观能动性，特别是思维的深度和广度；而在中介结构上，认知性实践依赖于语言、符号、逻辑等非物质性的工具来连接主体与客体，以实现知识的传递和积累。

首先，在物质性实践活动中，客体经历的是实际的物理或化学变化，它们的本然状态在这一变化过程中将发生直接变动。然而，在认知性实践中，客体的本然状态并不因认知过程发生变化，改变的仅仅是客体在主体感知中的显现

---

① 徐亮迪.安德鲁·阿伯特北大演讲：理念是不能被传授的[EB/OL].(2016-09-16)[2024-02-22]. https://www.thepaper.cn/newsDetail_forward_1529639.
② 陈亚军.知行之辨:实用主义内部理性主义与实践主义的分歧与互补[J].中国高校社会科学，2014(5):34-49,157-158.
③ 崔乃文.制度移植的困境与超越——中国研究型大学通识教育改革的路径选择[J].高等教育研究，2019(7):82-90.

状态，以及人类基于这些感知所形成的认知图式。同样地，我们周围的事物也不会因为我们的感知而产生任何物理或化学上的改变。

其次，在认知性实践中，主体主要通过自身的认知结构来作用于客体。这涉及使用认知器官如感官和人脑来感知客体，同时结合既有的知识图式、概念、判断以及推理形式来理解和感受客体传递的信息。在这一过程中，客体的本然状态并不会发生改变，因为主体只是以观念的形式来构造客体，并不直接触及或改变客体的物理或化学状态。而在物质性实践活动中，主体主要运用物质的方式作用于客体。这包括使用自身的肢体以及工具来直接对客体进行改造或操作。这种方式能够直接改变客体的物理状态或化学属性，使其从一种状态转变为另一种状态。

最后，两种实践活动的结果存在显著区别。物质性实践活动产生的是实体性的存在，这些存在具有明确的物质形态和属性。然而，认知活动生成的是非实体的产物，例如表征对象的感觉和概念系统，它们没有具体的实物形态，但可以通过某种方式被物化，如文字、声音、图像等媒介。

通过认知性实践，人类能够揭示客观事物内在的本质联系，并在人脑中形成这些联系的能动反映，这便是我们称为"知识"的产物。无论是个体的成长，还是整个人类的发展，认知性实践都不可或缺。其与人们的生活紧密相连，是一种普遍的实践样式。它不仅是人类探索和理解世界的基石，更是其他各种实践活动的基础，支撑着人类文明的进步与繁荣。

一般而言，主渠道的教学，特别是课堂教学，主要采用认知性实践的方式。在课堂教学中，学生首先接触并理解理论知识，随后通过一系列认知性实践活动来深化对这些理论的理解。课堂教学通过开展知识取向的实践活动，鼓励学生通过对知识活动的认知与理解，进一步达成对社会、世界的全面理解，并在此过程中积累"经验"。

认知性实践的形式丰富多样，其中常见的方式包括小组研学、情景展示、研讨和辩论等。小组研学这种形式鼓励学生通过团队合作，深入研究某一课题，共同探索知识的奥秘；情景展示则通过模拟特定场景，让学生身临其境地体验并理解知识；研讨和辩论则侧重于培养学生的逻辑思维和表达能力，让学生在思想碰撞中深化认识。

此外，绘画、音乐、舞蹈、戏剧等艺术创作活动也是认知性实践的重要形式。它们能激发学生的创造力和想象力，让学生在艺术创作过程中实现对美的感知、理解和创造，从而丰富和提升自身的认知体验。

对于大学生而言，学科专业类的学习活动，是最主要的认知性实践活动，学科专业外的校园认知性实践活动则是"生活化"的实践活动。通过这类校园活动，大学生不仅在互动中深化了认识，更在情感上得到了成长。这种认知性实践活动不仅有助于大学生在校园内获得关于世界的独特经验，更为他们将来真正步入社会做好了准备。

大学校园里的认知性实践可分为几大类：学术类，如竞赛、科普活动、学术研讨、国际会议等；文化类，如文学交流、写作、演讲、辩论等；艺术类，如文艺演出、摄影展、乐器训练等；体育类，如体育比赛、专业健身、日常锻炼等。

二、体验性实践

体验性实践，引导学生通过实践活动学习和运用解决问题的各种基本方法，在实践活动中亲近自然、了解社会、认识自我，丰富成长经验，获得对客观世界和精神世界的感性经验和体验。体验性实践强调学生对实践过程的有效参与、对实践方法的理性体验、对实践情境的深度理解。[1]

社会情感的生成，主要源自体验性实践。社会情感对人的社会化成长至关重要，人的高级情感体验，无一不是围绕社会而展开。这些情感在社会实践的土壤中得到孕育，在社会交往的过程中逐渐生成，成为连接个体与社会的桥梁。个体通过感受与体验社会生活，形成独特的情感，并以此为基础融入社会，成为其中不可或缺的一部分。因此，体验性实践促使社会情感的产生，为个体提供了理解和感知社会的窗口。

社会情感的累积和深化是学生精神世界日益丰盈的过程，也是他们逐步适应、积极参与并融入社会，进而建立与社会、与世界深层次意义联结的表现。因此，体验性实践的重要性，体现在它能提升实践主体的社会（世界）认知水平和社会（世界）理解力。

体验性实践着重强调实践过程中的"深度体验"，这需要个体从情境的理解者转变为情境的参与者。缺乏这种具身参与，就无法称为真正的体验性实践。

---

[1] 郭元祥.实践教育观与实践育人[J].中国教育科学，2014（2）:193-209.

它可以帮助学生了解自己在生活中和个人成长中"需要"做什么、"应该"做什么。

结合青年学生的时代特点,可把体验性实践分为两大类:社会实践、虚拟互动体验。

(一)社会实践

以了解社会和国情为目的的社会实践,是体验性实践的主要形式。在社会实践中,主体通过关注社会、参与社会活动来体验社会,从而增强社会感知。这种参与活动不仅让个体得以更深入地了解社会,也将让他们更加清晰地认识自我。通过不断地进入实践,个体能够获得关于社会生活的丰富经验和深刻体验,进而促进自身社会情感的成熟与发展。个体的社会情感需要通过积极的社会实践来培养和深化。通过扎根真实、鲜活、开放的社会现场,把握社会、研究社会、体察社情、感悟人间,是培养健全人格、完成社会化不可或缺的一环,也是涵养家国情怀、建设社会和国家、造福人类的重要一步。离开了社会环境,素质的培养就像无源之水。

1.劳动

劳动,是人类实践活动的一种特殊形式,多指创造物质财富和精神财富的活动。在《中国大百科全书》(第三版网络版)中,劳动被定义为人类特有的基本的社会实践活动,是人们使用一定工具有目的地改造自然物使之适合于人,并同时使人自身也得到改变的社会活动。

劳动对于人的成长和发育具有重要作用。恩格斯在《劳动在从猿到人的转变中的作用》中指出,劳动促进了猿类手的改造,促进了人类语言的形成和发展,是推动从猿到人转变的决定性力量。劳动需要手和脑的紧密结合,或者说劳力与劳心的紧密结合。陶行知指出:"劳力而不劳心,则一切动作都是囿于故常,不能开创新的途径;劳心而不劳力,则一切思想难免玄之又玄,不能印证于经验。劳力与劳心分家,则一切进步发明都是不可能了。所以单单劳力,单单劳心,都不能算是真正之做。真正之做须是在劳力上劳心。在劳力上劳心是真的一元论。"[①]

---

① 陶行知.陶行知教育文选[M].北京:教育科学出版社,1981:79.

劳动，可以帮助学生树立正确的劳动观念，认识到劳动的价值和意义，从而尊重劳动，珍惜劳动成果，培养勤劳、自立、自强的品质。劳动存在于社会生活的各个领域，涉及个体生存的方方面面，有生活劳动，也有生产劳动。作为新素质教育实践活动的劳动，更多呈现出一种体验性，强调参与感。

（1）生活劳动。

生活劳动是个体为满足自身生存和生活基本需求而开展的一系列活动。它超越了单纯体力劳动的范畴，既需要动手实践，又需要动脑思考。生活劳动的目标并非追求劳动生产率的提升，而是促进手与脑的协调发展，注重培养学生的生活技能，提高学生解决生活问题的内生力，激发学生对生活的思考，从而形成良好的生活态度。

教育与生活劳动相结合，既是一种促进人发展的途径，又是一种丰富和完善生活本身的途径。开展生活劳动，能丰富大学生在生活中塑造美感和创生意义的过程性体验，并使大学生形成积极合理的生活观念和价值态度，进而学会正确地生活，学会过有意义的生活，即学会积极生活。

学会积极生活，要有积极的生活态度、娴熟的生活技能、健康的生活习惯，这些都需要在实际的生活劳动中获得。以家庭生活劳动为例，如烹饪技艺的习得、居家环境的清扫维护、个人及公共空间的有序整理等，不仅使日常生活内容具象化、充实化，更是个人生活能力与社会适应能力的直接体现。学习各种必要的生活技能，亲身参与到家庭生活、校园生活、社会生活中，既能丰富我们的生活，也能丰富我们的人性，同时有助于形成尊重劳动、热爱劳动的价值观。此外，物质条件的不断改善以及外部环境的复杂化，使社会与个人生活面临着失范的风险，如出现空虚、焦虑、紧张、消极颓废等现象。这容易导致青少年群体生活态度的消极转向与生活习惯的无序化。生活劳动，强调在生活中学习、在体验中成长，能帮助大学生逐步构建起适应现代社会需求的健康生活方式与生活习惯。

简言之，通过参与日常生活劳动，大学生能够学会照顾自己，培养独立生活的能力，并学会积极生活，创造丰富的生活世界。

生活劳动来源于日常生活，并和生活融为一体。大学生的生活劳动形式丰富多样，既有以体力劳动为主的实践，如整理宿舍内务、参与勤工俭学等实际活动，也有体力和脑力并重的劳动，比如参与助研、助教和助管等校园工作。

（2）生产劳动。

作为大学素质教育实践活动的生产劳动，是一种"体验生产力"的劳动，即在职业场域开展、"生产化"了的劳动。它将学生的学习场域延伸至职业领域，实现教育过程与生产活动的深度融合，促进理论知识与实际操作的有效衔接。"生产化"了的劳动，是教育目标与社会需求有效对接的重要途径。

常见的大学生生产劳动形式有专业实习、毕业实习、生产实习、跟岗学习等，均在真实的职业环境中进行。在生产劳动中，学生深入企业一线，了解行业动态，参与项目研发。在切实体验生产的过程中，学生能增强生产实践能力，锤炼专业技能。

以上活动形式，主要是针对传统生产力而言，属于传统的生产劳动模式。而随着科技革命带来的产业变革，新时代呼唤新的生产力形态。

习近平总书记在二十届中央政治局第十一次集体学习时强调，"高质量发展需要新的生产力理论来指导，而新质生产力已经在实践中形成并展示出对高质量发展的强劲推动力、支撑力"。新质生产力，是生产力现代化的具体体现，是符合新发展理念，实现高科技参与、高效能产出、高质量标准的先进生产力质态，强调科技创新，追求生产过程的高效率、高质量和可持续性。

随着科技的快速发展，传统劳动模式在形式、时间及空间维度上均经历了根本性变革，新型的劳动方式作为经济社会领域的新兴劳动形态正逐步崛起，成为驱动生产方式革新与新质生产力发展的关键因素。新型的劳动方式所涉及的劳动对象、劳动资料、劳动工具均具有智能化、信息化与数字化特征，是现代科学技术和现代生产结构的有机结合，有助于生产力水平的提升，实现产业的智能化。

鉴于此，大学生的生产劳动，应是一个多维度的活动，既要让学生体验传统生产力的运作机制与价值，又要引导学生积极探索新质生产力的无限可能，使他们深入了解新型的劳动方式，掌握数据分析、信息处理、智能技术应用等关键技能，重视新知识、新技术、新工艺、新方法的应用，从而构建起适应新时代发展的知识体系与技能结构。

此外，生产劳动不仅能实现知识向技能的转化，而且能帮助学生完成从校园到职场的角色转换，对大学生未来走入社会具有铺垫作用。我国高等教育已进入大众化阶段，大量的高校毕业生涌入就业市场。然而大学生就业的总体形势较为严峻，在较大范围内存在"慢就业"或"懒就业"的现象，这在一定程度上源于大学生就业能力供给与劳动力需求之间存在结构性的偏差。大学生在校期间，如果缺乏劳动教育的实践指导和正确就业观的引领，就容易在就业过程和实际工作中产生迷茫与困惑。而通过生产劳动，学生有机会接触不同岗位和行业，通过亲身体验来感受自己是否适合某个领域或职业方向，从而作出更合理的职业规划。

因此，生产劳动，一方面要重视大学生职业技能的培养，另一方面也要帮助大学生树立正确的就业观，引导大学生准确把握劳动力市场的供求关系、各行各业的发展情况，以适应社会劳动力市场的需求。

2. 社会体察

社会体察是贯通校园与社会全时空的实践活动，它将校园课堂延伸至社会空间和现实世界中，引导学生了解历史长河、时代大潮、全球风云、社会万象。学生走出校门、深入社会，感知社会、感受时代、体察人间，用脚步丈量祖国大地，用眼睛发现中国精神，用耳朵倾听人民呼声，用内心感应时代脉搏，在个体和时代之间建立真实、有效、实质的联结，构建起个人与社会之间深刻而具体的联系。

社会体察通过有目的、有计划、有组织的方式，引领大学生们走出校园，走进社会，深入实际，了解国情社情。这是教育与社会生产相结合、大学生与人民群众相结合，并充分体现教育使命和大学生使命的活动，是大学生"走出'象牙塔'，走进'大社会'"的实践活动，是大学生直接体察社会、真正了解社会、适应社会、走进社会的实践活动。它以最直接、最社会化的方式，推动了大学生们的学习、成长和社会化进程。它使大学生们能够亲身体验社会，深入了解社会的运作机制，从而更快地适应社会环境，进而融入社会。适应社会、融入社会的过程，也是学生进行自我认知与成长的过程。在复杂多变的社会环境中，学生应能主动反思自我的价值观、兴趣爱好和人生规划，懂得如何为人处世，明确未来的发展方向。简言之，社会体察是促进学生从理论到实践、从校园到社会过渡的桥梁。它可以加速学生的学习与成长，强化学生适应社会的能力和责任感。

目前，大思政课实践教学活动，是社会体察的主要形式之一。2023年6月，教育部办公厅印发《关于深化高校学生暑期社会实践活动的通知》，指导各地各高校组织开展"强国有我、青春有为"主题社会实践活动。各地各高校组织动员1100余万师生组建30余万支社会实践团队走进社会大课堂，精心打造新时代社会实践育人新范式，教育引导广大师生厚植家国情怀、了解国情民情、增长知识才干、激发挺膺担当。例如，福建省坚持把实践育人作为落实"时代新人铸魂工程"的重要抓手，突出思想引领，着力做有灵魂的社会实践。坚持主题递进化，以"闽山闽水物华新"等为主题，一年一主题、进阶式开展暑期社会实践活动，组织师生从福建出发，奔赴浙江、上海、河北、北京等地，追寻领袖足迹，感悟思想伟力。坚持线路专题化，围绕"金色思想""红色文化""绿色生态""蓝色海丝"四大专题，系统设计"思想探源之路""星火燎原之路"等七大系列线路。注重课堂与实践教学一体设计，将中国式现代化、"两个结合"、乡村振兴等融入实践教学，不断提升思想性和引领力。①

另外一种常见的社会体察是研学活动。2023年6月，中共中央办公厅、国务院办公厅印发《关于构建优质均衡的基本公共教育服务体系的意见》，提出"加强劳动实践、校外活动、研学实践、科普教育基地和家庭教育指导服务中心、家长学校、服务站点建设"，研学实践位列其中。此前，教育部等11部门曾发布《关于推进中小学生研学旅行的意见》，指出研学旅行是一种"研究性学习和旅行体验相结合的校外教育活动"，要求各地结合实际，促进研学旅行和学校课程有机融合。研学旅行通过探历史古迹、览山川湖海、访知名学府等活动，让学生们在"行走的课堂"中拓宽视野、增长见识、收获新知。不仅融入了丰富的教育元素，更将旅游体验巧妙融入其中，使知识性、科学性、体验性与教育心理规律相得益彰，共同构建了一个生动、多元的实践环境，让学生们在实际操作中学习，在亲身体验中领悟，获得心智的成长。

研学活动面向学生完整的生活世界，引导学生从日常学习生活、社会生活或与大自然的接触中提出具有教育意义的活动主题，可以促进书本知识和生活经验的深度融合，使学生获得关于自我、社会、自然的真实体验，建立学习与生活的有机联系，这有利于引导学生主动适应社会。

3. 社会调查

社会调查是社会实践的重要形式之一。社会调查是人们认识世界、探索社

---

① 教育部思政司.福建打造"行走的大思政课"构建社会实践育人新范式[EB/OL].(2024-01-30)[2024-05-15].http://www.moe.gov.cn/s78/A12/gongzuo/moe_2154/202401/t20240130_1113427.html.

会的重要手段。要研究人类社会、科学地分析社会，一个重要的前提就是要对社会的实际情况进行调查。社会调查的特殊价值就在于帮助人们超越个人的偏见、超越个人的眼界来看待世界。

社会调查能帮助学生认识真实的社会情境，增强学生认识、分析、解决社会实际问题能力。对于学生而言，它是连接理论知识与社会的桥梁。通过参与社会调查，学生能够跳出书本知识的框架，直面复杂多变的社会现实，从而在实践中深化对理论知识的理解。这一过程不仅可以增强学生的社会认知能力，还能使学生更为全面、深入地洞察社会现象背后的本质与规律。只有在了解社会现状的基础上，人们才能思考如何运用所学知识促进社会的和谐进步。

社会调查可以培养学生求实严谨的科学精神与客观中立的科学理性，同时能促进学生把学到的理论知识应用于社会实际。从这个意义上看，社会调查既培养了学生的科学精神，也涵养了学生关切社会的人文精神。

社会调查注重通过调查获取第一手资料，以严谨规范的表达方式研究社会事物的行动逻辑。作为一种科学的社会认识活动，社会调查是一个系统收集资料、为要探究的问题和领域提供有意义信息的过程，它需要对收集到的信息资料进行深入分析和解释。

首先，完整的实践调研流程，包括从项目的确立、问卷的设计、实地的调研，到问卷数据的整理分析直至得出结论等诸多环节。这一流程实质上是一个系统训练和提升学生论证能力的过程，不仅要求大学生调动所学知识，更促使他们不断阐释、演绎和完善自身的知识体系。

其次，通过这一过程，大学生能够亲身接触社会，深入了解其运作机制，从而真正认识社会、理解社会并最终适应社会。社会调查也为大学生提供了深入了解职业、认识职业并适应职业的机会，为他们未来的职业生涯奠定了坚实的基础。

（二）虚拟互动性实践

新时代的素质教育实践，也在顺应教育与现代信息技术深度融合的大趋势。

当前，现代信息技术正以前所未有的速度发展，以互联网、云计算、人工智能、大数据和区块链等为代表的信息技术日新月异。它们不仅打破了课堂和知识的传统界限，还促使整个教育教学生态格局发生深刻变革。新时代的青年学生，作为互联网的"原住民"或"网生代"，是在多样化的思想观念和多元复杂的价值理念中成长起来的，能很快接受新知识、新事物。传统的教学平台和模式已难以满足新时代学生日益增长的学习需求。

现代信息技术的快速发展，特别是数字化技术的广泛应用，为素质教育提供了新的活力。它不仅丰富了教育平台的多样性，还使教学场景更加生动和灵活。这种技术的赋能，使得教育不再局限于传统的课堂和书本，而是能够触及更广阔的领域，提供更丰富、更个性化的学习体验。

随着信息技术的飞速发展，信息科技在实践教学中的应用正逐渐成为趋势。情境教学的独特优势，在于教师可以主动设计并构建生动的教学环境，引导学生融入其中。在这种身临其境的虚拟场景中，教师能够更有效地实施情感教育，从而更直接地达到教育目的。虚拟仿真技术为情境教学提供了强大的支持。通过这项技术，体验者能够沉浸在精心设计的特定场景中，仿佛置身于真实的环境。这种沉浸感能够深度触发学生的感知和思考，促使他们产生情感共鸣，进而极大地增强实践教学的感染力和趣味性。这种结合信息科技的情境教学，不仅提升了学生的参与度，也使学习过程变得更加丰富多彩和生动有趣。

虚拟互动性实践正逐渐展现出其独特的魅力。虚拟仿真技术凭借视、听、触三维立体的独特优势，巧妙地融合虚拟性与真实性、沉浸性与交互性以及理论性与实践性，使科技性与生动性交织在一起，形成了一种独特的教学和学习方式。体验者仿佛置身于一个真实而又充满想象的世界之中，能够深刻感受每一个细节及其变化。无论是理论学习还是实践操作，虚拟仿真技术都能够提供丰富的场景和情境，让学习者在轻松愉悦的氛围中掌握知识、提升能力。

虽然虚拟仿真技术的主要功能是创设虚拟情境，但虚拟互动性实践的核心在于追求现实性。这不仅体现在其目标、效果上，也贯穿于实践的内容之中，确保学生获得真实而深刻的体验感。在这一过程中，虚拟仿真技术发挥着至关重要的作用。

尽管技术手段不断更新，但虚拟互动性实践的育人目标始终如一，即让学生在模拟环境中进行实践操作，从而加深对理论知识的理解与掌握，提高解决实际问题的能力。实践教学中的"内容"无疑是核心要素，它承载着对大学生进行情感熏陶和价值引领的重要使命。当虚拟仿真技术融入实践教学后，其"实"的特性使得教学内容更加生动、直观，从而极大地增进了师生之间的互动和交流。

然而，应当警惕纯粹追求虚拟的倾向，因为这可能会导致育人效果的弱化。虚拟环境虽然能够带来沉浸式的体验，但过度的虚拟化可能会让学生失去对真实世界的感知，进而影响真实情感和价值观的形成。

同样，过分强调现实也可能带来问题。虽然传统教学模式在现实中具有独特的价值，但过度强调现实可能会忽视虚拟仿真技术所带来的创新性和灵活性，甚至可能抹杀这种技术在育人中的重要作用。

因此，在实践教学中，需要找到虚拟与现实之间的平衡点，既要充分利用虚拟仿真技术带来的优势，又要确保教学内容的真实性和有效性，这样才能真正实现素质教育实践的育人目标。

第四节　服务性实践

新素质教育中的主体实践，是指具身做事，这是成事的必经之路。做事的第一步，是提出问题，即为什么要做事。认知性实践回应的是这一事"是什么"，体验性实践回应的则是"做什么"。个体经过认知性实践、体验性实践获得经验，与对象世界产生联系并生成社会情感，从而进入服务性实践，即回答"怎么做"这一问题。它是成事的关键一步。

学生通过认知性实践获得知识，通过体验性实践生成社会情感后，就有了一定的社会关怀，对社会现实、社会事物和人的社会行为表现出关注与关切，显现为个体对社会具有情感期待的自觉融入。于是，学生带着对社会的关切，进入实践的高级阶段——服务性实践。学生只有在产生了社会情感后，才会积极投入服务他人、参与社会、建设国家的实践中。

因此，大学新素质培养范式，是一个从认识到实践，到再认识再实践的循环往复过程：问题导向——认知性实践——体验性实践——生成社会情感——服务性实践——增强社会情感——新的问题导向——新一轮实践。

一、含义

如果说认知性实践、体验性实践更多关注个人的成长，那么服务性实践作为改造外部世界的实践，则呈现出个人与社会的紧密联系。服务性实践中内含着人类对于改变世界的价值追求和深切关怀。它并未局限于个体对客观世界的思辨或虚构，更非孤立于社会的自然生命活动。相反，它是一种具有丰富内涵和明确价值导向的目的性活动。这种实践不仅是人类改造世界、实现自我超越的重要途径，更是推动人类解放和全面发展的核心力量。在这一过程中，历史观与价值观不断融合，共同指引着人类前行的方向。

对于人的生存和发展而言，服务性实践构成了人的主体存在的核心方式。它是人类改造自然、社会和自我的行动。在这一行动中，人们不断认识世界、改造世界，同时实现自身的成长和进步，最终迈向更加美好的未来。

简而言之，服务性实践是一种深入社会、紧密贴合国家需求、以实际问题为导向的实践活动。它旨在有目的地运用所学知识，通过多元化的操作手段，深入分析和解决现实问题，进而推动社会经济的持续发展。这种实践类型不仅体现了知识与实践的紧密结合，也彰显了个人对社会的贡献与责任。

《国家中长期教育发展规划纲要（2010—2020年）》指出，全面实施素质教育的重点在于"着力提高学生服务国家服务人民的社会责任感、勇于探索的创新精神和善于解决问题的实践能力"。服务性实践作为连接学校与社会的桥梁，不仅有助于学校敏锐地回应社会的需求与时代的变化，更能成为学校提升服务社会能力的关键途径。它强调关注学生独特的生活背景，注重以实际问题为导向，紧密地将教育教学与学生的日常生活经验和社会实际相联系，发现并提炼出具有实际意义的活动主题，促进学生动手与动脑能力的全面发展。通过探究、服务、制作等多种方式，学生不仅能够完成价值体认、责任担当和问题解决等方面的意识和能力训练，还能全面培养综合素质。

2013年，习近平总书记给华中农业大学"本禹志愿服务队"回信指出："历史和现实都告诉我们，青年一代有理想、有担当，国家就有前途，民族就有希望，实现中华民族伟大复兴就有源源不断的强大力量。希望你们弘扬奉献、友爱、互助、进步的志愿精神，坚持与祖国同行、为人民奉献，以青春梦想、用实际行动为实现中国梦作出新的更大贡献。"2017年，中共教育部党组印发《高校思想政治工作质量提升工程实施纲要》，强调要培育大学生的志愿精神，将其作为未来高校思政教育工作的重点内容与任务。新时代大学生身上的责任意识、奉献精神、价值观对实现中华民族伟大复兴中国梦有重要影响。近年来，习近平总书记在给志愿者、支教团体的回信中，多次表达对青年在奉献社会过程中默默付出青春、主动承担社会责任的高度赞扬，他们用实际行动为社会多出力、作贡献，在奉献中承担家国使命。

那么，如何形成服务性实践的问题导向？这要求跳出传统学习圈子，向自然环境领域、生活领域和社会活动领域延伸，从生活、大自然、社会中寻找学习内容，将学生置于生动、有趣的现实问题情境中，引导学生积极思考，参与合作，提炼科学知识，进而运用新知识解决实际问题。

相较于认知性实践、体验性实践，服务性实践的"问题"主要源自国家、社会所需，体现在价值塑造、品格养成这两个培养指标上。同时，服务性实践也是一种包含科学探究、社会交往与社会参与的综合活动。完整的服务性实践，往往综合了前两类实践：首先是具备认知性实践的内容，学生在实践中获得相关知识，进而在体验性实践中获得丰富的体验和经验，最后达成完整的服务性实践。因此，服务性实践能同时促进学生的价值塑造、品格养成、能力提升。

三种实践类型的联系与区别，如表1所示。

表1　三种实践类型的区别

实践类型	做事				成人+成事	
	"问题"主要来源	过程形式	活动主体	成果样式	素质培养目标	
					价值/品格	能力
认知性实践（是什么）	基于个人发展	单一活动	个人	获取知识，提高认知	价值或品格	生活力+实践力+自主力+学习力
体验性实践（做什么）	基于个人/社会发展	双重活动（认知+体验）	个人或集体	获得经验，生成社会情感	价值和品格	生活力+实践力+自主力+学习力+合作力
服务性实践（怎么做）	基于社会发展	综合活动（含探究、交往、参与等）	个人或集体	服务社会、创造世界	价值和品格	"六力"

（注：这里的"价值""品格"分别指价值观的塑造、品格的养成）

实践，即做事，是实施具体事项或活动的过程。这一过程不仅是对既定目标的追求，更是能力的展现、提升与铸就。在实践中，个体需要调动多方面既有能力，这些能力在实践中将得到磨砺、提升，同时还能培养出新的能力。

就"21世纪六大关键能力"而言，任何一种实践类型都能不同程度地提高各项能力，只是侧重点各有不同。认知性实践，作为知识的探索与智慧的积累活动，对学习力的提升尤为显著。它要求个体具备高效的学习策略。从接受信息到处理、筛选、整合信息，每一环节都是对学习力的一次深度锻炼。体验性实践则以其独有的沉浸式体验，成为提高自主力与合作力的有效路径。无论是个人体验活动还是集体体验活动，体验性实践都可以让个体置身于广阔的生活、社会环境中，这增加了个体与人交流、互动的机会，从而在实践中自然地锻炼合作能力。更为重要的是，体验性实践可以促进社会情感的生成。个体只有在自我内心世界的主动驱动下，才能产生情感。服务性实践是一种综合实践，其涵盖的广度和深度使得它能全面锻炼六大关键能力，尤其是创造力。服务性实践往往需要产出具有实际价值和社会意义的成果，这就要求个体不仅要具备创新思维，还要能够将这种思维转化为实际行动，创造出真正惠及他人、贡献社会的作品或解决方案。在这个过程中，创造力发挥了关键作用，并得到最直接的锻炼与提高。

服务性实践强调知识跨界、场景多元、问题生成、批判建构、创新驱动，体现了教学的综合化、实践化、活动化等诸多特征，这与STEM教育所推崇的教学方式相契合。

在过去的20年间，学习的面貌经历了前所未有的深刻变革，这一变革不仅改变了人们获取知识的途径，而且深刻影响了人们与知识世界互动的维度与深度。随着互联网、大数据、人工智能等技术的飞速发展，知识来源从传统的书籍、课堂扩展到无垠的网络空间，实现了知识的即时、个性化与全球化共享。同时，学习模式也从单向的知识灌输转变为双向乃至多向的交流、协作与探索，强调学习者的主动性、创造性和批判性思维能力等。

为了顺应这一时代潮流，课程改革被赋予了前所未有的重要性。它需要对传统教育模式作深刻反思与重构，积极探索未来教育的发展方向。在全球范围内，各国政府、教育机构及学者都纷纷投身于课程改革的浪潮中，致力于通过课程内容的现代化、教学方法的创新以及评价体系的多元化来激发学生的潜能，培养他们的跨学科素养等知识与技能，以应对日益复杂多变的全球挑战。

2009年，美国国家科学委员会发布题为《改善所有美国学生的科学、技术、工程和数学》的公开信，这一举措标志着STEM教育的兴起，并迅速在全球范围内引发了STEM教育运动的热潮，促进了跨学科素养的培养和教育体系的革新。

2017年，中国教育科学研究院STEM教育研究中心发布《中国STEM教育白皮书》，提议将STEM教育发展纳入国家创新人才培养战略，构建系统化、跨学段的STEM整合课程。这一建议源于STEM整合课程具有独特的价值，它能让学生在真实的情境中，经历充满意义的学习过程，为学生提供丰富的学习机会来探索和发展科学技术。通过综合运用多种学科知识，学生能够有效提升解决问题的能力。这正好符合创新人才培养的核心要求，对于培养具备创新精神和实践能力的未来人才具有重要意义。

从这个角度看，服务性实践强调知识的跨界融合、场景的多元应用，注重动手实践、动脑思考、团队合作和跨学科整合，反映了育人内容回归生活、回归社会的诉求，也符合现代教育革新发展的趋势。其具体形式和活动方式是多样化的，结果也是多样化的。

服务性实践，立足于真实的问题情境，鼓励学生进行深入的体验、积极的探究和持续的反思。通过这一过程，学生不仅能够更加亲近自然、积极参与社会活动，还能深入探究各种实际问题，从而极大地丰富生活体验。在实践中，学生还能建立起各种社会关系，培养积极的情感态度，并最终产生实际可行的成果。这些成果不仅能够服务社会，而且能在一定程度上改造世界，推动社会的进步与发展。

知识源于生活，而学生的日常生活是一个不可分割的整体体验。它超越了单一学科的界限，展现出认知的整体性特点。真实生活中的问题通常复杂且多样，涉及多种类型的信息。这些问题的解决往往需要超越单一的学科范畴。因此，服务性实践作为一种综合性实践活动，能够培养学生的跨学科综合能力和多元素质。

同时，服务性实践对创新能力的培养也有很大的推动作用。学生在服务性实践中主动开展探索，有利于培养热爱探究、敢于探究的意识和精神，也将学会运用所学知识解决真实生活中的复杂问题。这些都有利于创新能力的培养。

服务性实践除了关注怎么做的问题外，还关注为什么、是什么、做什么的问题。因此，它是包含科学探究、社会活动与社会参与的综合活动。根据实践成果的不同形式，服务性实践可分为两类：服务社会的志愿活动、改变世界的创造性活动。

二、类型

（一）服务社会的志愿活动

志愿活动是由民间个人、群体或组织自发倡导并参与，通过自愿贡献人力、物资、知识以及专业技能等方式，为社会提供无偿服务的公益活动。这类活动不仅有助于实现志愿者个人价值与社会价值的统一，还能通过普惠社会的行动积极推动社会的和谐与进步。

大学生志愿活动，是指由在校大学生或由大学生自发成立的组织，利用自身丰富的知识、充沛的精力和充裕的时间，自愿为校园内或社会各界提供多样化、广泛性的社会服务工作的活动。志愿活动，是广大青年参与社会治理、履行社会责任的一个重要途径。大学生通过参与各类志愿服务活动，为社会贡献力量。

大学生志愿活动很好地体现了"知"与"行"在社会实际需要中的"合一"。学生在实践中将深刻理解社会责任的内涵，从而将服务社会、奉献爱心的价值观内化于心、外化于行。这种从理性认识向感性体验转化，再通过感性体验深化理性认识的循环上升模式，是孕育社会责任感的重要途径，加深了大学生对社会责任的理性认识，更让他们通过亲身参与和体验激起了内心深处的情感共鸣，使社会责任感在他们心中潜移默化地生根发芽。

简而言之，大学生志愿活动是实现大学生个人价值与社会价值深度融合的重要途径。它不仅为大学生提供了展现自我、实现个人成长的平台，同时也对社会的和谐进步产生了积极的影响。对于大学生而言，社会责任感的建立是一个渐进的过程。他们首先从对自身的责任感出发，逐步将其扩展到对他人、对社会、对民族乃至对国家的责任担当。这一层次递进的过程，体现了大学生从个体到集体、从微观到宏观的情感升华。

（二）改变世界的创造活动

改变世界的创造活动，核心在于通过创新产品、作品等形式，满足社会需求，提升人们的生活品质。这类活动鼓励学生将理论与实践相结合，通过实际操作产生具体的、实用的成果。这类实践内容、过程与学生的生活紧密相连，符合学生的认知水平，因此具有可行性和吸引力。它不仅可以培养学生的创新能力和实践能力，还能激发学生的创造热情和社会责任感，具有明显的创造性和公益性特征。

在投身于改变世界的创造活动中时，学生将对未知的领域进行积极的探求。在这个过程中，学生不仅会获得丰富的实践经验，还将掌握那些不易言传但至关重要的研究方法，即所谓的缄默知识。基于这些探索和研究，学生将针对实际问题提出解决方案，并将这些方案付诸实践，促成问题的有效解决，对社会产生积极的改造作用。

如要帮助弱势群体解决相关问题，首先就需要通过认知性与体验性实践，深入了解这一群体的需求与困境。在就这一问题开展专题调研的过程中，学生不仅要收集数据，还要进行资料分析，这是理性层面的工作，旨在全面理解问题。学生还需要基于已有的调研与分析，为解决这一群体的实际困难，向相关管理部门提出合理化建议。这些建议融入了学生的思考与关怀，体现了学生对社会的认知程度和解决问题的能力。当建议被采纳并产生积极影响时，这样的活动就产生了创造性的成果，是真正改变世界的服务性实践。大学生通过自己的努力，为社会带来了积极的改变，同时实现了自我的价值。

当前大学里常见的创新创业活动就是这一实践类型的表现形式之一，如中国国际"互联网+"大学生创新创业大赛、"挑战杯"中国大学生创业计划竞赛、"创青春"中国青年创新创业大赛等，都是为推动此类实践活动而开展的赛事。创新创业活动，旨在培养大学生的创新精神和创业能力，使大学生更好成为社会需要的人才，积极服务社会、奉献社会。其中的公益创新创业活动，最能体现服务性实践的内核。它具有显著的社会目的和使命，重点是创造社会价值，同时带有明显的创新性，被认为是解决社会问题的一种新方法。

从2017年开始举办的"青年红色筑梦之旅"活动（以下简称"红旅"活动）就是典型的公益创新创业活动。"红旅"活动与创新驱动发展、脱贫攻坚、乡村振兴等国家战略紧密结合，深入推动创新创业教育与思想政治教育相融合，引导大学生树立社会责任感和家国情怀，把个人理想与党和国家的前途命运紧密结合，让自身的成长发展与时代发展同频共振，通过创新创业服务人民，做社会主义建设事业的奋进者、开拓者和奉献者，以青春梦托起伟大的中国梦。

2017年8月15日，习近平总书记给参加"红旅"活动的大学生回信，信中写道："得知全国150万大学生参加本届大赛，其中上百支大学生创新创业团队参加了走进延安、服务革命老区的'青年红色筑梦之旅'活动，帮助老区人民脱贫致富奔小康，既取得了积极成效，又受到了思想洗礼，我感到十分高兴。"信中还对大学生创新创业活动提出了要求："实现全面建成小康社会奋斗目标，实现社会主义现代化，实现中华民族伟大复兴，需要一批又一批德才兼备的有为人才为之奋斗。艰难困苦，玉汝于成。今天，我们比历史上任何时期都更接近实现中华民族伟大复兴的光辉目标。祖国的青年一代有理想、有追求、有担当，实现中华民族伟大复兴就有源源不断的青春力量。希望你们扎根中国大地了解国情民情，在创新创业中增长智慧才干，在艰苦奋斗中锤炼意志品质，在亿万人民为实现中国梦而进行的伟大奋斗中实现人生价值，用青春书写无愧于时代、无愧于历史的华彩篇章。"

新时代的大学生风华正茂，处于最富有创新创业活力的时期。改变世界的创造活动，是服务性实践的高级形式，兼具创造性、公益性、教育性，能很好地对中华民族传统美德、道德风尚进行传承与发展。在改变世界的创造活动中，新时代大学生将充分锤炼自己的思想道德品质，树立深厚的社会责任感，培养敢为人先的坚强意志和品格，提升解决问题的能力。

总体而言，服务性实践的两种主要形式，无论是服务社会的志愿活动，还是改变世界的创造活动，都是以新时代奋斗精神为引领，从内在动力上夯实了大学生的思想道德品质，重塑了大学生互帮互助的社会情感，有利于培养大学生艰苦奋斗、开拓进取的坚强意志，对于大学生认识社会、投身实践、成人成才具有积极的意义。

三、结合学科专业

服务性实践是一种综合性的实践类型，实践过程中往往包含着认知性实践和体验性实践活动，能全面地培养大学生的六大关键素质，其中最显性的是思想政治素质、专业素质和实践创新素质，这是因为服务性实践一方面要求学生要关切社会，另一方面要求学生将自身学科专业知识付诸实践。这也是高等教育阶段素质教育实践活动与基础教育阶段素质教育实践活动的差异之处。

开展服务性实践需要以专业知识和能力为基础。融合专业知识和能力训练的服务性实践，有利于引导学生将所学知识应用于实际，既提升学生的学术能力和专业素养，也深化学生对社会问题的关切，在无形中培养健全的人格、成熟心智，增强全面的能力。

2023年6月，教育部办公厅发布《关于深化高校学生暑期社会实践活动的通知》，着重强调了实践与专业特色服务的紧密结合。通知要求各地各高校立足中国国情，深入实践，以推动社会实践服务于中国式现代化、乡村振兴等国家重大战略为核心，紧密结合各自学科专业特色，从小处着手，深入探索，形成具有专业特色的实践服务模式。通知特别提出，要将思想政治教育、专业教育和创新创业教育紧密结合，引导学生通过实际活动增强对国情的了解，提高实践能力和创新精神，用所学专业知识和创新实践服务人民群众的实际需求。通知还指出，应明确区分实践与提高专业技能水平的实习实训。人文艺术类院校应深入人民群众，坚持文学艺术源于人民、服务于人民的宗旨；理工类院校应积极投身国家重点单位和专精特新企业，致力于解决关键技术难题，推动地方经济社会发展；农林类院校应深入田间地头，聚焦乡村振兴和生态文明建设，促进专业知识在实践中的应用；师范类院校应聚焦教育强国建设，通过乡村支教、顶岗支教、"爱心课堂"、"特岗计划"等实践项目，助力提升欠发达地区的教育质量。

《中华人民共和国高等教育法》规定，本科教育应当使学生"比较系统地掌握本学科、专业必需的基础理论、基本知识，掌握本专业必要的基本技能、方法和相关知识，具有从事本专业实际工作和研究工作的初步能力"。专业能力，是大学生必备的技能之一。没有经过科学严谨的专业训练，没有专业知识的积累，实践活动的开展很容易半途而废、事倍功半。大学新素质教育，以专业知识、专业训练为依托，注重构建与学科专业紧密结合的实践活动体系，提升青年学生运用专业理论知识解决实际问题的能力。教育若脱离生产劳动，或生产劳动中缺乏相应的专业教育和教学，都将无法达到现代技术水平和科学知识所要求的高度。因此，实践须将理论专业知识与实际操作相结合。

电子科技大学聚焦模式创新，打好实践育人"组合拳"，将专业有机融入学生暑期社会实践活动中。开展体验式调研实践，组织师生赴全国50余家企业开展调研实践，聆听科技工作者们潜心科研、矢志报国的故事，强化"筑梦中国芯"的使命感。开展交互式课程实践，开设"本科生暑期企业课堂"，举办"研究生学术交流月"活动，邀请"卡脖子"领域企业专家进校授课，提升学生学术创新能力和职业胜任力。持续开展"一条龙IC综合实验、一次芯片流片验证、一学期企业工程实践"的"三个一工程"计划，在"教学实验—实景训练—工程实践"的链式培养中打通知识学习与信仰塑造的"任督二脉"。开展沉浸式项目实践，实施工程拔尖人才"栋梁计划"，依托国家重点研发项目，通过项目式学习引导学生瞄准重大工程难题进行实践攻关。实施"强芯铸魂"贯通培养特别行动计划，突出理论与实践一体、课程与项目融合、学校与企业协同、核心与个性并举，超常规培养能够胜任中国式现代化建设的集成电路领域拔尖创新和领军人才。①

四、项目化

采用项目的方式来开展服务性实践有其必要性、可行性，因为项目式活动鼓励学生通过具体的研究产生实质性的成果或作品。这使研究内容更加贴近学生的日常生活和认知水平，从而提升了实践的可行性和实用性。在项目实践中，原本显得抽象和难以捉摸的实践主题，被拆分为多个具体的、可操作的活动项目，使得学生的实践活动能够充分落到实处。这是培养创新型人才的一种重要实践模式。

项目式学习（project-based learning，简称PBL）是新时代具有进步意义的学习模式。经过国内外研究者长期的探索与实践，它已发展出独特而丰富的内涵。项目式学习的起源可以追溯到美国教育家杜威的"做中学"理念，这一理念强调通过实践活动来学习知识。随后，杜威的学生克伯屈进一步发展了这一理念，提出了设计教学法，为项目式学习奠定了基础。在项目式学习中，教师围绕具体问题或挑战，引导学生展开实践探究活动。学生需要综合运用多学科的知识和技能来解决问题，并最终将自身的学习成果以项目作品的形式进行展示和表达。这种学习方式不仅有助于提升学生的认知能力，还能培养学生的实践技能和解决问题的能力。在这种学习方式中，学生主动探究具体问题，通过

---

① 教育部思政司.电子科技大学"四个聚焦"探索集成电路领域社会实践育人新范式[EB/OL].(2024-01-31)[2024-05-10].http://www.moe.gov.cn/s78/A12/gongzuo/moe_2154/202401/t20240131_1113516.html.

设计、制订和实施项目来深化对知识的理解。

在项目式学习中，学生首先需要学会发现问题，并围绕这些问题构建复杂且具挑战性的任务。在解决问题的过程中，学生将进行设计、问题解决、决策或调查等一系列活动。这些活动强调学生的自主性和主动性，鼓励学生独立思考、积极探索，并在实践中不断试错和调整。

项目式学习作为一种教学方式应用于服务性实践，有其独特的价值和显著的优势。在项目中，学生能够将跨学科知识、高级思维能力与真实生活环境紧密联系在一起。这些项目为学生提供了情境化的学习平台，使学生能够在特定的环境中应用所学知识、策略和专门技术。项目的任务目标不仅为学生指明了学习的方向，而且成为推动学生深入认知学习的强大动机和坚定信念。在项目实施过程中，学生之间的社会性互动是他们认知发展的关键基础。通过合作、交流和讨论，他们能够共同解决问题，促进知识的共享和深化。

在情境化的真实问题中，自主探究、合作交流、总结反思、应用迁移等程序引领着学生的实践和师生间的思维活动，从而实现"做中学""学中做"的育人效果。其核心在于鼓励学生运用各领域相关知识去设计方案、解决实际问题。基于具体问题情景的实践增进了学生学习与实际生活之间的联系，能够让学生更为主动、积极地参与到活动过程中，使学生通过观察与实际操作获得真实而丰富的学习体验，并在学习体验中开展探究、反思，进而实现理论知识与实践技能的有效衔接和深层次的认知建构。这与新素质教育强调的来源于生活、在生活中实践的诉求是一致的。

服务性实践通常采用集体活动的形式进行，因为它涉及的是生活中真实、多变、复杂且具有一定难度的问题。这些问题往往需要通过学生、教师以及同学之间的深入交流、讨论和协同探索才能得到有效解决。在这个过程中，教师扮演着多重角色：学习活动的组织者，负责策划和安排实践活动；学习过程的引导者，指引学生的探索方向；学习疑问的解答者，为学生解答疑惑，提供必要的帮助。在教师的引导下，学生积极参与实践活动，以循序渐进的方式完成实践任务，不断提升自身能力。同时，学生之间也将形成紧密的协作关系，他们组成小组，围绕特定问题，共同进行资料的搜集、整理、分析和处理。在小组内部，学生分工合作，各自发挥专长，通过思维碰撞和共同商讨，共同解决问题，实现知识的共享和能力的提升。这种学生间的协作不仅增强了学生的团队合作精神，也促进了学生个人能力的发展。

以项目形式实施服务性实践的优势表现在如下方面。一是解决实践不直接作用于现实生活，无法获得有效生活体验的困境。项目化的实践活动以解决实际问题为核心，须设计具体的任务情境，使实践活动具有真实性和针对性。同时，项目实践由于具有非生产化导向，更容易在学校或其他场景中得到组织和实施。二是项目化的实践活动经过课程化设计，可以深入挖掘与素质培养紧密相关的多元实践内容。这不仅极大地提升了服务性实践的育人成效，使学习者在参与过程中获得更全面的素质提升，而且能够使学习者通过项目式学习掌握一系列重要技能，包括批判性思维、有效沟通、高效协作以及解决复杂问题等。

总而言之，服务性实践能有效解决素质教育中知识与能力、价值的割裂以及教学内容与真实世界之间割裂的难题，有效培养学生解决现实问题的能力，具有真实性和创造性。而项目化的服务性实践具有"一体多用"的效率优势，是三种实践样态中可以最全面地实现素质教育三个培养目标（价值塑造、品格养成、能力提升）的实践类型。

五、主题

服务性实践的引导问题主要来自素质培养内容中的社会担当一项。学校等教育机构可以依据"投身强国建设""关切人类可持续发展"等设计实践主题，引导青年学生在服务国家战略和满足经济社会发展需求中长才干，自觉把个人"小我"融入国家"大我"和人民"大我"之中。学生也可以根据自身素质发展情况、学科专业背景，自由选择实践主题。

彰显大学生社会担当的服务性实践主题，主要表现为以下六大模块。

（一）促进文化传承与创新

中华优秀传统文化，是中华民族数千年传统智慧的结晶，蕴含着深厚的责任感和使命感。它不仅仅是历史的积淀，更是激励人们不断前行的力量。在迈向文化强国的征途上，青年一代肩负着重要的历史使命，应秉持文化与经济融合互动的理念，致力于推动文化产业的发展，为国家的经济增长和社会发展注入新的动力。同时坚持文化与科技的双向赋能，通过科技手段的创新，加快形成文化新质生产力，为文化产业的发展提供强大的技术支撑。

在文化产业创新发展的道路上，青年一代应勇于探索，敢于创新，积极提出各种创新理念和解决方案，为文化产业的发展提供源源不断的动力。无论是传统文化的创新演绎，还是现代文化的创意开发，都应以饱满的热情和扎实的专业知识，为文化产业带去新风尚，如将传统文化与现代科技、时尚元素等相结合，创造出具有时代特色的文化产品和服务，这种创新不仅能丰富中华优秀传统文化的表现形式，也更加贴近现代人的生活，从而增强文化的吸引力和影响力。

同时，青年一代还应积极参与文化遗产的整体保护和活态传承工作。文化遗产作为民族记忆与智慧的结晶，承载着丰富的历史信息、独特的艺术价值以及深刻的社会意义。大学生可以利用专业知识和实践经验，通过各种方式和途径，对文化遗产进行细致的研究和科学的保护，让文化遗产焕发出新的生机和活力，确保文化根脉长期延续。

此外，青年一代还应致力于促进文化贸易的高质量发展，推动中华文化的国际传播，用才华和热情创作出更多优秀的文化作品。这些作品不仅具有艺术价值，可以丰富人们的精神世界，也能为文化强国建设提供精神支撑。

（二）推动科技成果转化

从探索星辰大海到聚焦国家需要，如今，越来越多的青年学生成长为科技创新的有生力量。拥有一大批创新型青年人才，是国家创新活力之所在，也是科技发展希望之所在。

大学生怀揣着对科学的敬畏之心和对未来的憧憬之情，勇于担当推动科技创新的历史使命，以开放的思维视野、积极的学习态度和坚韧不拔的探索精神，直面科技创新路上的重重困难与挑战，不断寻求突破与创新。大学生应积极融入地方经济建设主战场，深入调研区域发展的实际需求与痛点问题，以科技为支撑，为地方经济发展提供强有力的智力支持和技术保障。

促进科技成果转化，需要深化协同创新、创办新型科研团队，打破学科壁垒，构建跨学科、跨领域的科研合作网络，形成优势互补、资源共享的学科联盟。通过协同创新，充分发挥各自的技术专长和智力资源，共同攻克科技难题，推动科研成果的加速转化与应用。此外还要注重科技成果的推广应用与商业化运作。通过创办科技成果推广应用经济实体,将科研成果从实验室推向市场,实现科研成果的经济价值与社会效益的最大化,提升科研成果的转化率与应用率,为国家的科技创新事业带来蓬勃的生机。

(三) 助力经济发展

1. 发展产业

大学生应积极担当服务区域经济发展的先锋角色,以高度的责任感和使命感,投身于服务国家与区域重大战略部署的实践中,成为推动地方经济社会高质量发展的生力军。应紧密围绕国家发展战略蓝图,深刻理解并积极响应区域经济发展的新需求、新趋势,将个人职业规划与国家、区域的发展大局紧密相连。通过深入学习国家政策导向、区域发展规划,以及全球产业变革的最新动态,精准定位自身在区域经济发展中的位置与作用。

大学生还应紧密对接地方行业产业的现代化发展需求,特别是那些具有发展潜力、引领产业升级的关键领域。通过参与校企合作、实习实训、科研项目等方式,深入了解产业前沿技术、市场动态及企业实际需求。

大学生要主动作为,推动专业与产业的深度对接,结合专业所学,针对产业发展中的痛点、难点问题,提出切实可行的解决方案,助力企业技术创新和产业升级。要敢于挑战传统、突破常规,将所学知识转化为现实生产力,为区域经济发展注入新的活力与动力。

2. 探索新兴产业

新兴产业的竞争,归根到底是人才的竞争。近年来,我国战略性新兴产业如雨后春笋般涌现,特别是随着网络强国、数字中国战略的推进,新能源汽车、绿色环保、大数据等产业迅速崛起,生活服务业向高品质、多样化迈进,生产服务业向专业化和价值链高端延伸,这些都为新时代的大学生提供了广阔的舞台。特别是随着第五代移动通信技术、工业互联网、大数据中心等先进技术或基础设施的广泛布局与深入应用,数字经济正成为推动"十四五"时期经济增长的重要力量。在这一过程中,青年人才发挥着举足轻重的作用,是数字经济蓬勃发展的中流砥柱。

新兴产业领域中的员工普遍比较年轻，这并非偶然现象，而是由这些产业自身的创新属性所决定的。这些领域充满了挑战与机遇，竞争异常激烈，要求从业人员具备高度的创新精神和奋斗精神。因此，被称为"数字青年"的新时代青年，可凭借自身的活力、创新力和拼搏精神，在新兴产业中崭露头角，从而成为其中的主力军，推动技术进步和产品创新，促进产业升级、经济结构优化和国家竞争力的增强。

3. 振兴乡村

乡村振兴，是实现中华民族伟大复兴中国梦的关键一环。在这一伟大的历史进程中，大学生以知识、热情和才干，成为推动乡村振兴的重要力量，积极投身于广阔的乡村田野，将所学知识与实际相结合，助力乡村发展。

助力乡村振兴，大学有着特殊的优势和责任。在我国城市化步伐日益加快的今天，农村人口大量涌入城市，农村青年人口显著减少，导致农村地区对青年人才的需求愈发迫切。此刻，农村比以往任何时期都更需要拥有知识、视野和技术，既能洞察城市发展，又深知乡村需求的青年领袖来引领乡村的振兴与发展。大学生们的努力不应仅停留在实验室中，还可以深入田间地头，与农民一起探讨、实践，不断改进和完善农业技术。

大学生作为社会中具有丰富知识储备的一群人，应发挥自己的专业优势，向农民传授现代农业知识，帮助农民提升农业生产技能。一方面，针对当地农业生产的实际情况，结合自己所学的农业科学知识，因地制宜制订培训方案，将新颖的农业技术和管理方法传授给农民，帮助农民解决实际生产中遇到的问题，提高农民的技术水平和管理能力。另一方面，根据市场需求和产地特色，为农民提供专业化的种植、养殖建议，帮助农民选择适合的作物品种和养殖方式，提高农产品的产量和质量，并指导农民创新农产品的包装、加工和销售，开拓更广阔的市场空间，提高农民的经济收益。大学生与农民之间的智力互动和技术交流，可以促进现代农业技术在农村地区的推广应用，推动农业生产方式的转变和提升。

此外，支教活动也是大学生参与乡村振兴的一种重要方式。通过支教，大学生可以更好地了解乡村教育的现状和需求，从而为当地学生提供专业的教学指导和更多的社会关怀。

（四）参与社会治理

新时代的大学生具有坚定的政治立场、突出的创新能力、完善的专业知识。汇聚高校青年力量，参与基层社会治理，是完善社会治理体制的重要一环，是社会治理创新的推进器。

近年来，随着社会的快速发展与变革，高校青年志愿者群体作为一股不可忽视的力量，正以前所未有的热情与活力，深度融入社会治理的广阔舞台，成为推动社会进步与和谐发展的中坚力量。他们勇敢地走出校园，积极投身于社区、乡村乃至更广泛的基层一线，用实际行动诠释了新时代青年的责任与担当。

青年群体在基层治理中扮演着重要角色，他们是服务提供者、矛盾调解者和治理创新的驱动力量。他们利用自身知识优势，参与社会治理创新，针对教育、环保、扶贫等社会热点问题提出见解与建议，为政府决策提供有力支持；积极参与矛盾调解工作，以青年人的视角和方式，耐心倾听、公正调解，有效化解基层矛盾，促进社会的和谐稳定。大学生的参与为基层治理带去了新的思维方式和策略，提供了充满活力的"青年模式"和"青年方案"。

高校可围绕城市运行、社区服务、关爱弱势群体等领域，建立一批具有广泛社会影响的志愿服务基地，培养具有显著育人效果的高校志愿服务品牌；合力推进大学生基层挂职锻炼，选派学生到街道和居委会挂职，让学生在基层一线了解社会、锻炼能力；推动大学生社区公益服务，对接街道社区志愿中心，深入附近的居民小区开展理论宣讲、医疗咨询、科普教育、为老服务、义务家教、扶贫帮困等公益活动。

（五）支持生态文明建设

建设美丽中国，推动生态文明建设，形成绿色的生活方式和生产方式，实现人与自然的和谐，是一项人人参与、人人共建、人人共享的大事业。2023年发布的《公民生态环境行为规范十条》与2021年生态环境部等六部门联合编制的《"美丽中国，我是行动者"提升公民生态文明意识行动计划（2021—2025年）》，对生态文明教育的未来前景作了科学规划。新时代的大学生，肩负着特殊的使命与责任，是生态文明理念的传播者、实践者和创新者，应将生态文明建设融入日常学习、生活与实践中。

首先,发挥专业优势,将所学知识与生态文明建设紧密结合。无论是自然科学、社会科学的学生,还是人文艺术领域的学生,都可以从自己的专业角度出发,探索生态文明建设的创新路径。比如,环境科学专业的学生可以研究生态修复技术,经济学专业的学生可以分析绿色经济政策,艺术设计专业的学生可以创作倡导绿色生活的艺术作品等。

其次,策划并实施生态保护与修复实践项目。比如,探索"山水林田湖草沙"一体化治理举措,通过科学规划与系统治理,恢复自然生态系统的完整性和稳定性;研发与推广节能减排技术,降低能源消耗,减少温室气体排放,推动绿色低碳发展;创新垃圾分类回收与资源循环使用方式,促进资源的有效利用,减少环境污染等。

最后,积极传播生态文明理念,做生态文明建设的宣传者和推动者。比如,组建专业的大学生环保实践团队,走进社区、大中小学及企事业单位,开展丰富多彩的生态文明主题宣讲活动,广泛传播绿色环保理念。

(六)构建人类命运共同体

2017年1月,习近平总书记在联合国日内瓦总部发表题为《共同构建人类命运共同体》的主旨演讲,指出"构建人类命运共同体是一个美好的目标,也是一个需要一代又一代人接力跑才能实现的目标"。

人类命运共同体理念,是基于对人类历史发展规律的认识,着眼对世界前途命运的深度关切,超越民族、国家以及意识形态的界限来谋求全人类共同利益的理念。推动构建人类命运共同体,标志着对社会历史和世界文明发展规律的认识达到了前所未有的新高度,体现了人类社会发展历史逻辑、理论逻辑和实践逻辑的辩证统一。

新时代大学生具有青春风采和豪迈激情,积极弘扬和平、发展、公平、正义、民主、自由的全人类共同价值,为构建人类命运共同体凝聚磅礴力量、汇聚希望之光,他们携手世界各国青年,在互学互鉴中增进了解,收获友谊,共同成长,为推动构建人类命运共同体贡献青春力量:在各种国际舞台上,讲述中国故事,参与全球青年事务治理,在双多边框架下积极交流互动、促进合作共赢;秉承共商共建共享的理念,积极投身"一带一路"建设;积极参与国际科技合作;广泛开展文明对话交流,推动不同文明和谐共生。

1. 为"一带一路"注入新动能

当代青年是21世纪的"新青年",是国家和民族的未来。他们能够顺应不断变化的大千世界,善于接纳不同民族的特色文化,勇于承接新旧转换的历史重任。

青年是参与共建"一带一路"的生力军。从人文交流角度来看,青年是促进民心相通的重要力量。习近平总书记说:"青年最富有朝气,最富有梦想,是未来的领导者和建设者。""国之交在于民相亲,民相亲要从青年做起。"

从国家形象塑造来看,良好的国家形象是一个国家提升国际影响力、凝聚力的重要手段。青年形象是国家形象的重要组成部分,青年形象的塑造和展示与经济发展、时代主题、社会思潮、文化积淀、国家叙事方式等紧密相关,并发生着历时流变。自信、包容、诚实、进取的青年形象,将助力提升国家形象的影响力。

从传播媒介角度来看,高效的传播媒介是推动共建"一带一路"的重要载体。网络传播和人际传播扮演着越来越重要的角色,这两种传播方式的共同活跃主体就是青年群体。青年从自身和日常生活视角生动、细腻地传达着积极的中国形象,表达着深厚的爱国情怀以及对主流意识形态的认同,具有互动性强、直接有效的特点。其与主流媒体形成互补,成为塑造和传播国家形象的重要方式。

2. 汇聚青春之力助推文明互鉴

教育领域的交流合作在推进文明交流互鉴中发挥着不可替代的作用。教育,尤其是大学教育,是文明深度交流互鉴的重要纽带,是世界人民共享文明成果的有益平台,在促进跨文化对话、包容文化多样性方面具有关键作用。文明的活力源自不息的交流与互鉴。秉持开放包容之心,方能铺就文明和谐共生的康庄大道。大学是产生文明、交流文明、互鉴文明、传承和传播文明的关键场所,大学之间的往来,为各国文明深度交流互鉴打下了思想基础和社会基础。

大学生应当成为文明交流互鉴的积极倡导者和实践者。在认识文明多样性的基础上,大学生应当充分尊重各种文明之间的差异,通过深入交流和探讨寻求最广泛的共识。作为文明共识的表达者,大学生不仅要勇于发声,更要通过自己的言行举止促进不同文明之间的深入理解和和谐共处。这包括传播文明交流互鉴的理念，深入研究各种文化的内涵，积极表达共识，以及构建文明的共同价值。这些行动不仅是对文明交流互鉴理念的践行，更是对大学教育使命的回应。

大学生可以通过多种途径积极参与对外交流与合作，深入了解不同文化背景下的学术观点和实践经验。这些经历不仅有助于拓宽大学生的国际视野，更能促进他们在实践中践行文明交流互鉴的理念，成为文明交流互鉴的真正行动者。

第五节　新时代未来大先生行动

新时代未来大先生行动是大学新素质教育中一种具有本土特色的综合实践，涵盖认知性、体验性、服务性三种实践样态。它是在陶行知提出的"小先生制"的启发下产生的。

"小先生制"是陶行知在20世纪二三十年代，针对当时国家贫弱、师资匮乏、广大民众教育机会有限的社会背景，经过长期实践探索提出的创新教育模式。陶行知先生旨在通过这一制度实现教育的普及化，让更多民众接受教育的洗礼。1932年10月，陶行知在宝山县创建山海工学团，即私立山海试验乡村学校，这是他对中国教育出路作深入思考后的具体实践。他强调培养具备自助、自动、自导能力的真正农村人才，以防止工学团沦为个人谋利的工具。然而，在实施过程中，他遭遇了资金短缺、师资不足等严峻挑战。面对这些困难，陶行知借鉴了之前推广平民运动教育时期所创建的"连环教学法"，并结合晓庄佘儿岗"自动小学"、儿童工学团、新安小学旅行团等普及教育的实践经验，创造性地提出了"小先生制"。这一制度遵循"即知即传"的原则，鼓励小孩教小孩、小孩教大人，打破了传统长者为师的观念，提倡知者为师、能者为师，为普及教育开辟了一条新的道路。

2023年3月5日，在十四届全国人大一次会议上参加江苏代表团审议时，习近平总书记提到了著名的少年革命团体"新安旅行团"的母校——淮安市新安小学，并向新安小学少先队员们问好，强调新时代的教育工作者要把青少年培养成中国特色社会主义的坚定建设者和可靠接班人。尽管"新安旅行团"带有明显的时代印记，但其中所蕴含的珍视儿童、尊重儿童、深入理解儿童，以及坚持儿童为主体的教育理念，在今天依然闪耀着耀眼的光芒。这些理念不仅没有被历史的长河所淹没，反而以"新时代小先生行动"这一崭新形式重新焕发出活力，成为引领当代青少年健康成长的旗帜。新时代小先生行动将儿童健康成长所需的生活性与实践性、公益性与教育性、自主性与创造性、民族性与世界性有机融合，是对新时代教育理念的探索和创新。

一、行动的缘起

新时代未来大先生源于对新时代小先生行动的借鉴。新时代小先生行动，是"生活·实践"教育对陶行知先生"小先生制"的创造性转化和创新性发展，来源于普及教育的美好理想，着眼于学生发展的现实需求，是新时代我国基础教育改革的重要探索。它采纳"即知即传"的根本原则和"教人去教人"的实施方法，强调以学生为主体的同伴协作。

新时代小先生行动具有以下特点。

一是强调生活性和实践性，将日常生活与教育实践紧密结合，致力于解决长期存在的教育与实践脱节的问题。通过实际生活的参与和实践操作，让"新时代小先生"们能够更直观地理解和掌握知识，将所学应用于生活，提升自身的实际操作能力和解决问题能力。

二是具有公益性和教育性。鼓励"新时代小先生"们在实践中学习并积累知识与能力，在"即知即传"帮助其他学生的过程中，培养学生深厚的社会责任感，使他们学会如何服务社会、奉献爱心，成为正能量的传播者。

三是注重自主性和创造性。视"新时代小先生"为独立的个体，在教育过程中充分尊重他们的主体地位，通过解放他们的头脑、双手、眼睛、嘴巴、空间和时间，激发他们的学习热情和创造力。这种教育方式鼓励"新时代小先生"们主动探索、自觉行动，促进他们全面发展，创造性地实现知行合一。

四是具有民族性和世界性，既要扎根中国大地，继承与发扬中华优秀传统文化，以"教人去教人"的方法彰显"小先生"们立志远大、追求真理、爱国奋进、不怕艰苦等精神特质，又要鼓励"小先生"们勇敢地走向世界舞台，以更加开放包容的心态跨越文化的界限，促进不同文明之间的交流与互鉴。既坚守民族之根，又拥抱世界之广，让"小先生"们在传承与创新、本土与全球的交融中茁壮成长，成为推动社会进步与文化繁荣的重要力量。

二、素质生成的过程

为鼓励同伴协作、"即知即传"，大学在借鉴中小学开展的新时代小先生行动的基础上，实施了新时代未来大先生行动。大学生在"教"和"影响"他人的过程中，不仅可以巩固和深化自己的知识、提升自我能力，还能形塑个人品德修养，体现了新素质教育的思想性和实践性特点，可视为一种兼顾认知性、体验性、服务性的综合实践。

2016年12月7日，习近平总书记在全国高校思想政治工作会议上强调，"教师不能只做传授书本知识的教书匠，而要成为塑造学生品格、品行、品味的'大先生'"。2022年4月25日，习近平总书记在中国人民大学考察时为"大先生"赋予了更为具体的内涵："老师应该有言为士则、行为世范的自觉，不断提高自身道德修养，以模范行为影响和带动学生，做学生为学、为事、为人的大先生，成为被社会尊重的楷模，成为世人效法的榜样。"

"生活·实践"教育推行的新时代大先生行动以习近平总书记关于"四有"好老师、"大先生"和大力弘扬教育家精神等一系列重要论述为根本遵循和行动指南，以弘扬教育家精神、培养行知式大先生为目标，探索新时代教师教育的新路径。

新时代未来大先生指的是在校师范生，愿意投身教育事业的非师范生，或愿意将所学传授他人、助人成长的学生。新时代未来大先生行动鼓励大学生在自身的理解基础上主动学习新知识，运用多样化的学习策略建构个人知识、能力体系，然后把自己加工后的知识信息传递给同伴，在"教"与"传授"的过程中，实现深度的实践和素质的养成。在这种培养新素质的特色实践中，实践者在帮助他人成长（助学、助长）的同时，也塑造了自己；既获得了教人、助人的能力，也铸就了自身良好的人格、品德。

(一)认知的获得

陶行知提出的"即知即传"教学模式,也称为连环教学法,其核心在于鼓励学生不仅作为知识的接受者,更要成为知识的传播者和分享者。按照这种教学模式,学生们被要求在充分掌握和理解教学知识之后,能够像老师一样,将所学到的知识传授给其他同学,以此达到提升学习效率的目的。在这种实践模式下,期望成为新时代未来大先生的大学生的认知获得体现在两个层次上。

首先,大学生作为学习者,必须先行掌握和理解知识。这种先学后教的过程不仅是对学生知识掌握程度的检验,更是一种提供学习动力的源泉。他们会意识到,要想将知识传授给他人,自己必须先有扎实的基础。正如古话所说:"要想给人一杯水,自己要有一桶水。"这种责任感会激励他们更加积极主动地学习,不断完善自己的知识体系。

其次,大学生在传授知识的过程中,会获得对知识的深度学习和体悟。他们会从新的角度审视所学知识,思考如何将其有效地传达给他人。这种思考和实践的过程,有助于他们对知识的理解和掌握达到新的高度。同时,对于接受知识的其他学生来说,这种同龄人语境下的学习氛围和合作探讨的机会使得知识传授更加生动和贴近实际。他们可以在轻松愉快的氛围中学习,通过同伴的讲解和示范更深入地理解知识,并在合作探讨中加深对知识的理解。

此外,"以生教生"的同辈优势也在这种实践模式中得到了充分体现。学生们在传授知识的过程中,不仅能够展示自己的学习成果,还能够通过交流和互动,促进彼此之间的学习和成长。这种同辈间的合作和竞争,有助于激发学生的学习激情和创造力,使得整个学习过程更加活跃和有趣。

(二)榜样的亲力体验

新素质教育中的新时代大先生行动,不仅在知识、能力、技能上助人,也向他人"传递"行为、品格。只有德与才兼备的大学生才能成为可帮助他人、可影响他人的"榜样"。他们自身首先要具身体验何为有知识、有能力、有文化、有品格。

首先,人的成长既需要外在的引导和支持,更需要内在的驱动力。既然作为榜样,他们就要自主学习、自我提升,亲身体验良好素质的养成。他们的经历激励着其他学生,其他学生的效仿则进一步激发了他们自我提升的内在动力。

榜样获得了内在性的力量，成为学习和生活的主人，进而不断学习和实践，找到学习和发展自我的获得感。

其次，通过与其他学生同辈的互动，这些榜样引发了一种共鸣。榜样用自己的行动和经历，向其他学生传递着正能量，从而激发了各自内在的素质感应。这种共鸣不仅加深了其他学生对榜样行为的理解和认同，更促使榜样进一步形成正确的价值观和行为准则，进一步身体力行做一个榜样。

榜样亲历体验，成为"示范"，鼓励其他学生积极模仿和遵循。在榜样的影响下，朋辈们也开始主动尝试与榜样的行为规范保持一致。

大学生虽然已普遍年满18岁，步入了成年人的行列。但刚从高中的"半独立"状态过渡到大学校园里的自由状态，他们在心理上依然保持着一定的敏感性。这一时期，他们渴望在全新的社交环境中获得他人的关注与认同，寻求自我价值的实现和肯定。在这样的背景下，新时代未来大先生行动就体现出它的优越性：通过树立大学生榜样，推崇和促进这些榜样与其他学生之间的积极互动，不仅为作为榜样的大学生提供了一个展示自我、实现价值的平台，更通过他们的身教激励作用，引导着其他学生在心理和行为上更好地发展。

新时代未来大先生行动使榜样成为榜样，并通过榜样的身教激励作用，引导其他学生在心理和行为上更好地发展，而这又进一步促进榜样成为更加美好的"示范者"。这一过程不仅是个体间的交流过程，更是一种对思想和道德的塑造与引导过程，如此便达成了良好的双向互动与循环：成为榜样——影响他人——更好的榜样。

（三）传授能力的整合

"即知即传"，发挥的是"以老带新"的朋辈示范效应。传递优秀同伴的人格特质、价值态度等，是一种系统活动，需要"示范者"具备良好的整合、协调、操作等能力。新时代未来大先生把所知、所感、所得传授他人的过程，涵盖实践的各个方面。

在这个过程中，未来大先生借助网络协作、探究和分享等方法，构建起一种教学相长的"传授""影响"生态。这种生态鼓励学生们以扎实的学科知识、良好的品格为基础，运用有效的沟通引导能力，进行互动和交流。在这个过程中，朋辈们敢于提出问题、分享观点，充分发挥了"教者"与"授者"的主体性、多样性和创造力。这种互为人师的体验，使得每一个参与者都能深入参与学习活动。

互惠互利的关系极大地激发了学生们的学习兴趣和动力，推动了素质培养的持续改进和创新。在这样的素质培养生态圈中，每一个学生都能够发挥自己的长处，学习他人的优点，达成同伴间的互动与协作，最终实现各自的自我提升和超越。

在大学阶段，青少年同伴群体之间的相互影响作用尤为显著，往往超过了家庭、教师和学校的影响。同伴指导、同伴示范、同伴教育、同伴咨询、同伴监督与同伴评价是朋辈示范的主要表现形式。

作为榜样的学生，他们深知自己的责任。在传授知识的同时，他们更注重以问题为导向，通过意义协商，优化助学、助长的策略和方法。他们不仅传递知识，更"传递"优秀同伴的人格特质和价值态度等。

在新时代未来大先生行动的综合实践中，学生善听、能说、会思、敢教，把自己所习得的东西"传"和"授"予同伴，帮助他人、服务于他人。在自己成为榜样的认知、体验过程中，也逐渐促成自己主动养成良好的品德、行为准则，并获得教的能力。

可以说，新时代未来大先生行动是大学新素质教育中具有本土特色、行之有效的实践类型。

第六节 成长共同体

人作为社会性动物，其本质中烙印着对群体生活的渴望与依赖。这种群居群聚的天性，深藏于丰富的情感与生存智慧中。首先，在群体中，个体能够找到自我认同的土壤，感受到被接纳、被理解的温暖。其次，群居生活满足了人类对稳定生活的需求，人们通过分工合作、资源共享，能够更有效地应对生活中的各种挑战，从而提高生存质量。最后，与集体共同面对社会、自然环境的挑战和危机，能激发人类勇敢的属性和意志力。因此，人们要"生活"在一起。

人类社会以共同体的形态存在和发展。在当今时代，这种共同体更多地呈现出一种面向个体性的特征，即它借助契约这一媒介，将独立的个体紧密地联结在一起，从而形成我们所说的公民共同体。学校，作为社会大系统中的一个不可或缺的部分，其本质属性与社会共同体相契合，同样属于公民共同体的范畴。学校不仅仅是一个教育机构，更是一个充满理性与友爱的共同体。

共同体，是一种人类共同生活的基本结构。现代共同体的特质，体现在经过深入协商而形成的共识上。这种共识并非共同体与生俱来的属性，而是需要其成员在认知、情感等多个层面上付出努力，通过多元化的交流和互动逐渐凝聚而成。共同体成员的多样性和行动的异质性，正是构建这一共识的重要条件和基础。

校园里学生的成长，需要一个能良性循环且有活力的共同体，强调集体对于个人成长的支持和促进作用，注重平等和合作。素质的养成，虽是个人行为，但在共同体中能获得更多的推动力。素质教育，不仅仅是促使学生获取知识，还在于促进人的综合发展，包括价值、品格、能力等方面的发展。因此，素质教育需要的是"成长"共同体，而不是"学习"共同体。

《一起重新构想我们的未来：为教育打造新的社会契约》提到，有效的协作学习利用了学生和教师的差异（能力、认知、兴趣等）。从某个角度来看，学习是一个单独的旅程，它属于我们每个人。协作学习必须是包容和公平的，不损害学习者的个性。但从另一个角度来看，学习是一种集体旅程，在与他人的关系中形成。自我教育作为一个更大的图景的一部分是很重要的，因为教育的个人和集体功能需要相互推动和加强。虽然我们不能为别人学习，但我们都可以一起学到更多。教育正是发生在我们相互依赖的关系中，有效的集体学习已经在世界各地许多鼓舞人心的学校中进行。

教育需要在集体中发生，学生的成长也是一种集体历程，它存在于个体间的相互关系与互动中。在集体里，学生能够获得更多元的成长机会。

成长共同体在促进人的发展过程中的核心价值体现在其"化"人的功能上。正如《易经》所言："文明以止，人文也……观乎人文，以化成天下。"这说明人的发展是通过人文化成这一过程得以提升的。这一过程可称为教化，也是人们所说的文化。文化不仅仅是一种知识或技能的传授，更是一种情感与趣味的熏陶。它是群体内部相互感染的结果，潜移默化地影响着人们。可以说，一个良好的环境对于成长共同体中个体的成长和发展起着至关重要的作用。

在教育过程中，知识和能力部分确实可以从当代认知科学、生命科学以及信息科学等的成果中获得借鉴，从而不断取得进步与提升。然而，素质教育更多地依赖于人类数千年来累积的人文感悟与切身经验。这些宝贵的人文财富，无法被简单的科学数据或技术替代，而是需要我们在日常生活中去体验、去感悟，从而内化为自身的素质与品格。

素质教育需要在人文环境中"教"与"化"，使学生的素质自然而然地"生成"。只有在生活世界贯穿整个学生的成长时间、空间的人文环境中，才能实现这样的"教"与"化"。因此，只有连接了生活空间与文化空间的成长共同体，才能实现立体、全面的素质教育。

一、生活与教育的融合

素质的培养需要一个融和了生活与教育的成长共同体，我国提出构建高校"三全育人"协同育人机制的意义也在于此。其重视学生生活场域的育人功能，融合学生生活环境与学习环境，努力构建动态开放的协同育人格局，使现代大学的生活空间向文化教育领域拓展。大学新素质教育的培养内容来源于生活，培养目标指向美好生活，都突出了生活的重要性。这是新素质教育的内在机理，也是凸显各方协同育人的模式变革。

（一）我国传统书院的经验

1. 教学活动与生活的同一性

传统书院的教学空间与生活空间具有同一性：一方面表现为场所的集中性和功能的互通性，另一方面表现为各类活动的融合性。①

书院集成了教学（教化）、研究和生活三大功能，成为师生共同的文化教育和生活场所。宋代书院除了进行藏书、读书等学术活动外，还承载着丰富的休闲生活，如琴棋书画、品茗聊天等。为了满足这些多元化的活动需求，许多书院配备了完善的生活设施，如白鹿洞书院、钓台书院和鹤山书院中的亭台楼阁都兼具生活功能。此外，宋代书院还设有客馆，为过往的流动人员提供歇脚住宿的便利。书院还负责供应饮食，进一步体现了其作为生活场所的实用性。因

---

① 张应强，方华梁. 从生活空间到文化空间：现代大学书院制如何可能[J]. 高等教育研究，2016(3)：56-61.

此，在相对有限的空间内，传统书院的设施布局紧凑且功能互通，以确保教学和生活的和谐统一。

书院的教育活动与生活紧密相连，二者相互交织，难以分割。对于读书人而言，进入书院学习不仅是为了追求知识，更是为了获得独特的生活体验。书院的教学内容以"四书""五经"等经典为主，这些典籍承载着古代学人修身、齐家、治国、平天下的道德和政治理想。学习者以虚心、切己、体察、穷究的方法深入经典，这一过程本身就是用生命去感知、体验圣人之训的过程。通过这种深入体验，读书人生命的深度和广度得以拓展，其生活也在某种程度上成为道德生活的生动展现。

传统书院的这些特性，共同实现了教育的"具身""亲历"的要求。它描述了在传统社会中，个体是如何深深地嵌入特定的空间之中，并与该空间中的人、事、物紧密相连的。进一步而言，个体的学习和生活都深深植根于具体的情境之中，这一点在传统书院的建设上得到了生动的体现。它强调人与自然的和谐共生，注重自然环境在心理教育中的作用，通过自然环境的感染力，将教育融入生活环境的每一个角落。不仅读书人的生活和学习发生在传统书院的环境空间之中，而且书院的空间结构通过义理之学深深内化于学者的生命，形成了独特的文化和生活方式。

简而言之，传统书院不仅丰富了学习的内涵，使知识传授与人格培养相得益彰，更深化了生活的意义，让个体在追求学问的同时，也享受到生命的美好与丰富。这种教育模式，与新素质教育提倡的理念相契合：追求知识的同时，重视个体与生活环境的和谐共生，重视教育在塑造人格、丰富生活方面的独特价值。

2. 精神实质

传统书院为学生创造了一个充满深厚文化内涵的生活空间，这种文化内涵不仅丰富了学生的学术生活，更塑造了学生的人格和世界观。

首先是深厚的道德关怀。传统书院注重学生品德的培养，师生间以道相交、合志同方，共同探求和体验道德生活的真谛。他们不仅在课堂上学习道德理论，更在日常生活中践行道德准则，形成了良好的道德风尚和人格魅力。这种道德关怀不仅影响着学生的个人品质，也影响着他们对待社会和国家的态度。

其次是关注时事政治的批判精神。学子们并非仅沉浸在书卷之中，他们胸怀天下，心系家国，将学术研究与社会现实紧密相连。在研习经典、探求真理的同时，亦不忘将所学道德、义理等理论武器，用以剖析时事政治，揭示社会现象背后的深层逻辑。他们深知个人命运与国家兴亡紧密相连，勇于质疑、敢于批判，以敏锐的洞察力和深刻的思考力体现对国家命运、民族未来的深切关怀，很好地诠释了"天下兴亡，匹夫有责"的精神。

在书院里，导师发挥着重要的精神领袖作用。诸如朱熹、王守仁等书院主持人，不仅是学识渊博的大学问家，更是道德、人格的精神导师。他们以自身的一言一行，潜移默化地影响着学生。

最后是紧密的师生关系。传统书院中的师生关系超越了简单的教与学的关系，成为一种深厚的情谊。师生们通过长时间的共同生活、学问切磋，甚至一同游历，形成了亲密无间的师生关系。他们亦师亦友、教学相长，在学术上相互切磋、共同进步，在生活上相互关爱、彼此扶持。这种紧密的师生关系不仅让学生在学术上获得了更多的帮助和指导，更在情感上得到了温暖和支持。他们共同创造了一个和谐的学习和生活环境，学生得以在其中自由成长、全面发展。

现代大学书院制在实施过程中，应注重传承和发扬我国古代传统书院的精神内涵。这些精神值得现代大学在推动学生成长时进行创造性转换，构建更加富有文化底蕴和人文关怀的现代教育环境。

（二）素质教育的成长共同体

借鉴传统书院的育人精神和模式，同时基于"生活·实践"教育对生活的内容、生活的场域的要求，新素质教育的学生成长共同体需要打破生活与教育的界线，将两者有机融合。只有在生活世界中生成的素质才是真正内化了的素质。

1.学校作为成长一体化的共同体

学校作为促进学生全面发展与人格塑造的核心机构，其角色远远超越了单纯的知识传授场所。它构建了一个集学习、生活、社交、情感培养等于一体的综合环境，对青少年的成长产生了深远影响。

学校是获取知识的殿堂，也是学生自我认知与探索的起点。学校作为公共空间的典范，通过其特有的时间与空间布局，促进了学生之间、师生之间的深度互动与交往。这种互动不限于学术层面，而是涵盖了情感、道德、社交等多个维度。在学校的集体生活中，学生学会了如何在多元环境中与人相处，如何在合作与竞争中平衡自我，如何尊重差异、理解他人。

尽管远程或在线学习为教育提供了新的可能性，但它们难以完全替代学校中面对面的交流与互动。面对面的交流能够传递更为丰富、细腻的信息，包括肢体语言、面部表情等非言语信号，这些都有助于增进人际间的理解与共鸣。此外，实体学校中的即时反馈与互动机会，能够激发学生的学习兴趣与动力，促使他们更加积极地参与学习过程，有助于学生全面地发展。

未来，学校作为一个教学、育人、生活一体化的成长共同体，将继续发挥重要作用。通过代际、跨文化和多元的接触，学校可以培养一种团结和互惠的伦理，让学生在集体生活中学会尊重他人、理解多元文化、形成全球视野。在这样的集体生活中，大学生的素质将得到全方位的培养。

学校作为一个学生成长共同体，学生在哪里，育人力量就要出现在哪里，为探索学生组织形式、管理模式、服务机制改革，打造集学生思想教育、师生交流、文化活动、生活服务于一体的教育生活园地。2019年，高校"一站式"学生社区综合管理模式建设正式启动，历经10所高校率先试点、31所高校集成探索、全国2720所高校共同参与的"三步迈进"，实现了全国适建高校全覆盖，将学生社区治理"末梢"转变为政治引领、思想引导、发展指导、生活服务等工作"前哨"，有效打通了高校育人的"最后一公里"。哈尔滨工程大学按照"校园即社区、社区即课堂"理念，以"四个重塑"为抓手，持续深化"一站式"学生社区综合管理模式建设，不断开辟"三自教育为切入、三全育人为承载、五育并举培养时代新人"的社区育人新格局。

学校的校园文化环境，是重要的育人场域。良好的校园环境，是一种深层次的精神引领和价值塑造。哈尔滨工程大学建设了"四位一体"的生活环境。一是通过改造学生浴池和食堂、新建学生多功能活动室等改善学生住宿生活环境；二是依托哈军工文化园培育体现历史传承、彰显时代脉搏、凸显学校特色的学生文化精品活动；三是以"启航"社区为中心，构建综合服务保障、开放交流研讨、学生发展指导、创新创业实践、文化素质教育的综合服务场域；四是聚焦创新创业、红色传承、基层建功等七大实践育人体系，拓展课内外、校内外优质实践资源，系统打造"以生为本"生活社区、"五育五成"文化社区、

"安居乐学"服务社区、"创新创业"实践社区。①一个良好的校园文化环境，能充分发挥学校作为一个成长共同体对学生价值塑造、品格养成、能力提升的作用。

2. 现代书院制：赋予生活空间以教化功能

学校是一个大的成长共同体，但不同专业、院系的学生的成长空间仍需进一步细分，以增强成长共同体的黏合性、契合度。现代书院制就符合这样的要求。

我国古代传统书院的空间形式表现为教育空间与生活空间的融合，然而这种空间形式在实行现代学校制度的高校很难实现。当代高校只能通过"现代书院"赋予学生的生活空间以文化内涵，从而接近这一目标。

高校建设书院的初衷是解决学生宿舍的管理难题，并赋予其更深层的教育意义。学校希望宿舍区不仅仅是学生休息的地方，更能成为一个集文化、教育、社交于一体的综合性空间。通过举办丰富多彩的文化活动，书院可以促进学生间以及师生间的深度交流，有效弥补传统专业教育的局限性，为学生的综合素质提升提供有力支持。对大学教育而言，宿舍远非简单的物理空间，它更是学生日常生活、社会交往、知识学习和文化传承的重要场所。这里，学生得以体验丰富多彩的校园生活，建立深厚的同窗情谊，培育出独特的大学精神。因此，宿舍不仅是学生的栖息之地，更是他们的精神家园，承载着他们的青春、梦想与成长。

书院制作为现代教育的新模式，强调师生间的深度理解与有效沟通。在这种模式下，学校有意识地将来自不同专业、年级和地域的学生汇集于书院，使他们共同居住、生活并接受管理，以此促进他们之间的广泛交流与学习。为了营造一个温馨、舒适且有利于个人成长的环境，许多高校在书院建设上投入了大量心血和资源，建设了图书室、健身房、网络空间等现代化设施，为学生们打造了一个既能满足生活需求，又能促进全面发展的空间。书院内充满浓郁的人文气息，学生们能够接触到来自资深学者的智慧与启迪。他们担任学业导师，为学生们提供学术上的指导与帮助。同时，朝气蓬勃的辅导员作为常任导师，

---

① 教育部思政司. 哈尔滨工程大学以"四个重塑"构建"一站式"学生社区育人实践新格局 [EB/OL]. (2024-05-31)[2024-07-10]. http://www.moe.gov.cn/s78/A12/gongzuo/moe_2154/202405/t20240531_1133317.html.

时刻关注着学生的成长与需求，为学生提供生活上的关心与支持。他们与学生之间建立了亦师亦友的关系，共同学习、共同进步。

书院制所构建的成长共同体展现出了显著的优势。它成功实现了育人空间从课堂内到课堂外的拓展，打破了传统教育空间的限制。同时，书院制也突破了育人的时间边界，让教育不再局限于有限的课时内，而是延伸到了学生的日常生活中。在育人主体上，书院制实现了从教师单一主导到全员参与的全覆盖，使得每一位师生都能成为育人的重要力量。育人方式也从传统的有形教学向更加灵活、无形的渗透式教育转变，让学生在不知不觉中受到熏陶。在育人成效上，书院制不仅关注单一的知识传授，而且非常重视学生多维度的能力培养，实现了从单维育人到多维育人的突破。书院制还完成了从有教无类到因材施教的根本转变，更加关注每个学生的个体差异，实现个性化教育。

2017年，中共中央办公厅、国务院办公厅印发《关于深化教育体制机制改革的意见》，提出"全面深化教育综合改革，全面实施素质教育，全面落实立德树人根本任务，系统推进育人方式、办学模式、管理体制、保障机制改革，使各级各类教育更加符合教育规律、更加符合人才成长规律、更能促进人的全面发展"。同年，30多所大学开始实行书院制。2019年，教育部印发《关于深化本科教育教学改革全面提高人才培养质量的意见》，指出将积极推动高校建立书院制学生管理模式。2020年，教育部等八部门印发《关于加快构建高校思想政治工作体系的意见》，指出"依托书院、宿舍等学生生活园区，探索学生组织形式、管理模式、服务机制改革"。截至2022年7月底，已有180多所高校建成或初步建成书院400余个，书院制发展十分迅速。

大学里的书院在继承我国古代书院理念的基础上，充分借鉴国外住宿学院制度，逐步形成了具有中国特色的高校现代书院制。

首先，书院制的引入构建了一个通专融合的协同支撑平台，构建了一种全新的高校教育管理模式。从"结构-功能"的角度出发，高校将书院作为一个独立的实体组织，巧妙地将其融入以学院专业为主体的既有治理组织结构之中。这一举措通过自上而下的方式，优化了大学的治理体系，实现了对权责、资源和关系的重新分配、整合与协调。其核心目的在于优化教育管理系统的功能，打破院系专业、职能部处及育人队伍之间职责模糊化和分工碎片化的困境，确保管理结构与功能需求之间形成多元而良性的互动，以更好地适应新时代的教育环境、学生特点和发展需求。

在传统的"校-院-系"三级组织架构中,学院一直独立承担人才培养和教育管理的双重任务,具有显著的专业化、实用性导向。然而,随着经济社会的快速发展,新时代对人才的需求呈现出日益多元化、复杂化的趋势。在这种背景下,专业教育比重过大、培养模式单一的问题逐渐凸显,传统的条块分割教育管理模式在培养复合型、创新型人才方面显得力不从心。书院的设立,打破了传统教育管理的局限,促进了学科交叉融合,拓宽了学生的知识视野,有利于培养学生的综合素质。

书院制的实施带来了多重积极变化。一是充分利用宿舍楼宇,将教育的育人功能扩展至住宿社区空间,丰富了学生的课余生活,也推动了学生的全面发展。二是将学院从烦琐的行政职责中解放出来,使其能够专注于专业教育的转型与发展,为学院提供了更多时间、空间来深化教育改革、提高教育质量。三是以学院和书院为基础,通过教书与育人的紧密结合,构建了"一盘棋"的育人工作格局,实现了全员参与、全过程贯穿、全方位服务的立德树人目标。

其次,在传统以课程教学为主导的学院教育模式下,由于课堂教学受到时间、地点、内容形式等诸多因素的限制,教师很难将人文素质教育、通识教育与专业教育深度融合贯穿到学生学习的全时段和全过程。然而,书院制的引入为学生的全面发展和个性化成长开辟了新的道路。书院作为一个开放、包容的学习和生活空间,为学生提供了更广阔的学习平台,使他们能够在日常生活中接触和体验跨学科的知识,实现人文素质教育、通识教育与专业教育的有机结合,从而促进学生的全面发展。

此外,书院的一个显著的组织特点是其学生跨年级、跨专业的多身份交融,这种特点为学生提供了一个独特的交流平台。在这个平台上,来自不同学科背景、拥有不同思维方式和兴趣爱好的学生可以相互学习、交流,共同探索知识的边界。这种多元化的学习环境不仅有助于学生开阔视野,培养跨学科的思维能力,还能有效激发他们的创新创造潜力。因此,书院在一定程度上弥补了专业教育在培养学科交叉复合型人才方面的不足,为学生提供了更为全面、深入的学习体验。

现代书院制秉承人才是养成的而非选拔的教育理念,着重在学生的品行、修为、能力方面下功夫,致力于培养他们的自主学习、自主研究和自主成长的能力。在这里,学生被赋予了更多的自我教育和自主管理的机会,书院成为学生自由成长、自我提升、全面发展的重要舞台。

3. 学生社团

除了现代书院制之外，学生社团也是大学生素质教育成长共同体的重要形式之一。相较于书院制，学生社团是创建成本较低的成长共同体。

新时代大学生的生活方式、思维方式和发展模式都在发生变化，从依赖式发展向自主构建式发展转变。因此，面对大学生多样化的发展势态与发展需求，高校学生成长共同体需要多样、多元的学习模式。

学生社团的起源可以追溯到大学制度建立之时。最初是由一群志同道合的学子自发组织而成，为彼此提供一个满足共同兴趣和需求的社交空间。随着大学的普及和深入发展，学生社团逐渐获得了校方及社会的广泛认可与支持。学校开始主动为学生社团提供必要的场地和资源，并积极鼓励学生们参与各类社团活动。在这一阶段，学生社团主要以兴趣为导向，涵盖音乐、体育、文学等多个领域。

社会的变迁和进步也为学生社团带来了更多的发展机遇，它们开始涉足更为广泛和专业的领域，如公益活动、创业创新、学术研究等。社团的活动内容和形式日益丰富多样，吸引了来自不同背景的学生积极参与。

如今，大学生社团已然成为大学校园文化中不可或缺的一部分。它们为学生们提供了一个展现才华、提升能力的广阔舞台，同时也促进了学生间的交流与合作，为大学生活增添了无尽的色彩与活力。

大学生社团组织形式多样，涉及学术研讨、文化传承、艺术创作、体育竞技、社会服务等多个方面，可以满足学生多样化的需求。它们以自愿、自主、自发的原则，开展一系列积极向上、主题鲜明、健康有益的活动，极大地丰富了校园文化，促进了学生的全面发展。

作为新素质教育的重要载体，这些社团不仅仅是传统意义上的学生组织，更是学生共同生活、学习的成长共同体。它们是学生基于共同兴趣自发形成的组织，而非外部力量或学校强制推动的结果。社团成员来自不同的年级、专业和背景，这种多元性使得社团成了一个文化交流与思想碰撞的熔炉。

社团的建设，需要加强分类引导。上海财经大学将社团建设与发展纳入学校整体实践育人工作体系，明确将社团活动列为在校生第二课堂专题修读模块。学生在校期间参加社团活动、完成相应学习实践任务即可获得学分，从而激发学生参与社团活动积极性，最大限度发挥社团的实践育人载体功能。上海财经大学从基础性活动和个性化活动两个维度对社团学术活动进行系统规划，组织开展社团学术文化月等活动，创建优质学术文化品牌，实现"一院一团，一团一品"特色学术社团全覆盖，增强社团学术影响力，提升校园学术文化氛围，促进学生全面发展。①

二、成长与共的生态

大学生成长共同体，应是一个充满活力与创造力的集体。成员间基于共同愿景协同努力，遵循合作、共享与共同发展的核心理念，摒弃传统的自上而下的管理模式，转而采用一种更加民主、开放且高效的共商、共建、共治、共学、共享、共进的成长生态。

共商，即所有成员积极参与决策过程，集思广益，汇聚多元化的观点与智慧。这有助于构建全面、深入的讨论框架，还能有效避免单一视角的局限性，并促进信息的透明流通与有效沟通。共商机制为共同体内部建立了坚实的信任基础，使成员间能够坦诚相待，共同面对挑战，寻找最佳解决方案。

共建，即构建共同体的核心价值观与长远目标。共同体成员通过深入交流、相互理解，共同确立一套能够引领大家前行的价值体系与愿景蓝图。通过共建，成员间的共识得以加深，凝聚力显著增强。

共学，即倡导跨学科的学习与合作模式，这是共同体发展的重要驱动力。不同专业背景的学生能够跨越学科界限，共同延展知识的广度与深度。共学不仅可以拓宽个体的视野，促进学术思想的碰撞与融合，而且通过建立共享资源平台，实现了学习资源的优化配置与高效利用。

共享，即鼓励成员间无私分享信息、经验与资源，从而减少重复劳动，提升整体效率。在共享过程中，每一个成员都能感受到来自集体的温暖与支持，从而更加积极地投入共同体的建设与发展中。

共进，即追求个体成长与整体进步的和谐统一，这是成长共同体的终极目标。共同体通过多样化的激励措施，激发成员的内在动力，推动成员不断追求卓越。

---

① 上海财经大学.上海财经大学切实加强学生社团建[EB/OL].(2019-08-21)[2024-04-18]. http://www.moe.gov.cn/jyb_xwfb/s6192/s133/s172/201908/t20190821_395326.html.

在这样的共同体里，个体心灵自由、思想开放、乐于分享，围绕各项任务与安排展开阅读、分享、合作、研究，相互支持、相互鼓励、相互肯定，形成了合作成长的育人生态文化。同时，这也有利于促使"被动成长"转化为"主动成长"。主动成长的意识是素质养成的内在动力。大学生由于对未来不明晰等原因，容易存在主动成长的意识不强，个人发展的目标模糊等问题，从而长期处于被动成长的尴尬局面中。成长与共的共同体有助于转变这种不利局面。

人的发展既是个体的，又是社会的，个体的知识建构过程和社会共享的理解过程是不可分离的。学习既是个性化行为，又是社会性活动，需要展开对话与合作。作为学习者的大学生，在学习过程中不仅处于一种学习情境中，更是处于一片广阔的社会世界中。如果学生在学习过程中能够有意识地或无意识地与优秀教师、同辈、伙伴进行互动和交流，那么具有不同知识结构、智慧水平、思维方式、认知风格等的学生们就能从多角度去发现问题、认识问题，从而持续不断地激发自身的成长热情和动力。

成长与共，并不意味个体差异性的消失，反而更重视差异在共同发展中的意义。差异性是共同体包容差异的内在体现，强调成员之间在享有共同的目标、信念的基础上尊重差异。尊重差异的共同体，需要在差异中深化认同，这是建设共同体的先决条件。差异为共同体成员的成长提供了弹性空间和可能性。基于差异的分工协作与价值理念相互牵引，为共同体提供了丰富的滋养，这反过来促进了共同体目标的实现和个体的发展。

哈特穆特·罗萨（Hartmut Rosa）认为，在对美好生活的追求中，存在共鸣和异化两种社会关系。共鸣关系是两种不被对方支配的声音彼此呼应，个体有机会汲取对方的支持为己所用。异化关系则显现为一种排斥、静默、不理会的关系。共鸣是关系双方的彼此响应，但关系在形成之初并不必然发生响应，因而异化关系是共鸣关系的先决条件，实现美好生活应是差异关系与共鸣关系不断相互转化的过程。①

可见，差异性在大学生成长共同体中扮演着不可或缺的角色，它构成了共同体持续发展的基础。在这种内在的紧密联系之下所构建的相互共鸣关系，不仅真实反映了成员间深刻的意义交流，更是体现了彼此深层次的相互理解和呼

---

① 哈特穆特·罗萨.新异化的诞生：社会加速批判理论大纲[M].郑作彧，译.上海：上海人民出版社，2018：12-22.

应。面对差异性，不应采取支配或控制的手段，而应积极创造回应和"承认"，努力寻求共同的声音和理念。简而言之，"和而不同""美美与共"的原则，是推动共同体不断向前的动力。

成长与共，还得益于朋辈之间易于发生同频共振。朋辈之间的交流，使大学生能够在知识探索和人际交往中实现自我教育。在大学阶段这一人生的重要转型期，青少年同伴群体之间相互影响的作用尤为显著，其深度和广度往往超越了传统意义上家庭、教师和学校等角色的直接影响。这一阶段，学生们开始更加独立地探索自我、构建身份认同，并在此过程中寻求与同龄人的情感共鸣与心理支持。在大学环境中，学生们面临着学业、职业、情感等多方面的挑战与抉择，同伴成了他们获取情感共鸣和心理支持的重要来源。同伴间的相互理解、鼓励与陪伴，能够帮助个体更好地应对压力，增强心理韧性，促进心理健康发展。在大学阶段，学生的价值观和行为模式正处于形成和巩固的关键时期，同伴之间的价值观、态度和行为模式会相互影响，从而形成一种独特的群体文化。这种文化对学生的价值观塑造、行为模式选择具有深远的影响。同伴之间的相互影响是一种重要的驱动力，学生在共同的学习目标下相互激励、相互竞争，形成了良好的学习氛围。同伴间的交流与合作也促进了知识的共享与创新，为个人的成长与发展提供了宝贵的资源和机会。

成长共同体汇聚多元思想，推动文化交流，鼓励不同知识背景的学生进行朋辈间的深入沟通，共同追求成长。在同龄群体中，学生们在学术方法、生活细节以及心理成长等多个层面上展现出高度的相似性，这种相似性使得他们之间的互动更加频繁且深入，从而深刻影响着每个人的个体发展。在共同的学习和生活空间里，学生们通过信息共享、观点碰撞，对彼此产生了积极的影响，形成了相互促进的良性循环。

在这样一个由不同专业、年级和文化背景的学生组成的社群里，他们共享着同一个空间，拥有共同的社群身份。新素质教育的成长共同体将志同道合、兴趣相近的学生聚集在一起，为他们提供了丰富多彩的社群生活。这种基于学科交融、专业互补的共同体，不仅为学生提供了学习、生活和娱乐的全方位体验，更在潜移默化中拓宽了他们的知识视野，丰富了他们的兴趣爱好，提升了他们的社交技能和团队协作精神。因此，朋辈间的交流不仅是成长共同体中不可或缺的一环，更是实现其育人功能的重要途径之一。

三、以实践任务群为凝结点

能把大学生聚集在一起的，除了相同的素质养成目标、兴趣爱好外，还有实践任务群。这也是新素质成长共同体区别于其他成长共同体的特别之处。

在新素质教育中，学生的实践任务里既有需要个人面对的独立挑战，也有需要集体完成的协作任务。个人实践任务鼓励学生独立思考、自主规划，并通过自我驱动力实现目标。在这一过程中，学生们相互学习、督促，形成了一个积极向上的学习氛围。这种氛围不仅有助于个人能力的提升，还能增强学生的团队协作意识和集体荣誉感。而集体实践任务则需要学生们共同协商、合作，以达成共同的目标。

无论是个人实践任务还是集体实践任务，都在无形中加强了成长共同体的聚合与凝结。这是因为只有在这样的共同体中，学生们才能更好地相互支持、共同学习、共同成长。实践任务的完成往往需要集体的智慧和力量，学生们在完成任务的过程中会逐渐认识到集体的力量和价值，从而更加珍惜和维护共同体。

特别是在学生对成长感到迷茫、自制力较差的情况下，任务式实践活动更能使成长共同体保持稳定并高效运转。因为借助这些具体的实践任务，学生们可以更加清晰地认识自己的目标和方向，同时能在任务的驱动下不断提升自己的自制力和执行力。这种由任务驱动的共同体运转模式，不仅能够促进学生的个人成长，还能增强整个共同体的凝聚力和向心力。可以说，实践任务是加强学生成长共同体聚合、凝结的重要途径，能使学生在相互学习、督促与共同协商、合作中不断成长和进步。

此外，以这样的方式组成的共同体，能更好地促进任务的完成。在这个共同体里，每个成员都积极地扮演着"监督员"和"指导者"的角色，相互支持、共同成长。当某个成员在执行任务时遭遇难题或挑战，他不需要孤军奋战，因为周围的同伴们会迅速伸出援手。他们可能提供解决问题的新思路，或是给予精神上的鼓励和支持，让遇到困难的成员感受到团队的温暖和力量。这种及时的、高质量的反馈，对于个体克服难题、完成任务至关重要。在这样的共同体中，学生不再是知识的被动接受者，而是转变为主动的学习者、探索者和创造者。他们积极投入各种实践任务，通过亲身实践来深化对知识的理解，锻炼自己的能力。这样的行为有多种表现形式：①信息共享。成员们通过分享各自的知识、信息和见解，共同拓宽视野、丰富知识。这种信息交流和碰撞，往往能够激发出新的思考和创意，为任务的完成提供新的思路和方法。②集体决策。成员们共同参与讨论，充分发表自己的意见和看法，通过集思广益，共同商讨出最佳方案。③群体优化。在完成任务的过程中，成员们会不断总结经验教训，通过反思来优化自己的方法和策略，从而提高完成任务的效率和质量，而且还能推动共同体不断向前发展，实现更高层次的目标。无论是信息共享、集体决策，还是群体优化，都能促进群体智慧和能量的汇聚。

实践任务，既是目标，也是动力。由于实践任务群本身兼具个体性和集体性，因此以此为黏合剂组建的素质成长共同体，不仅具有以个人兴趣和需求为推动力而形成的群体的"软性"力量，更拥有以目标聚集成员的群体的"硬性"动力，从而使得整个共同体更具生机，更有发展的持续性。

四、同构共生的师生文化

无论是书院制还是学生社团，学生成长共同体都有教师的参与和指导。教师是素质成长共同体的重要组成部分。

素质教育是培养人的活动，最终指向的是实现人的发展。人际关系作为个人发展的重要方面，是影响个人幸福的重要外部因素。师生关系作为一种特殊的人际关系，直接影响着教师和学生的生存质量与教育教学的质量。

真正的师生关系，其生命力源于真实而深入的师生教育互动。这种关系通过"共在"与"同构"的方式得以维系、丰富与深化。它并非空洞的理论概念，而是实实在在形成于教师对学生身心成长需求的敏锐察觉与精心满足之中。知识的传递、情感的培育、人格的塑造，这些教育的核心要素都得以在师生共同营造的教育空间中实现。在这个过程中，学生与知识的邂逅，离不开同伴间的倾听与交流，也离不开教师的启迪与引导。在"共在"的情境中，思维的火花不断碰撞，学生的自我意义得到构建与深化。若师生中任何一方缺席或心灵封闭，这种关系便会沦为空洞的符号，双方也将成为彼此生命中的过客。因此，真正的师生关系是建立在真实而深刻的教育交往之上的。教师的价值，正是在这种充满生机与活力的师生关系中得以体现。

理想的师生关系追求同构共生的境界，但这并不意味着要抹杀师生之间的自然差异与界限。在正常的交往关系中，教师自然而然地会对学生产生一定的影响，优秀的教师更是通过自身的影响力深入学生的内心世界，引导他们实现积极的转变。然而，这种影响并非单向的强加与控制。若仅仅局限于教师对学生施加影响，那么可能会导致有意或无意的、内隐或外显的操控。因此，优秀的教师深知，在促进学生发展的同时，也要鼓励学生在自己的生命旅程中"去教师影响"，即学会独立思考、自主学习，成为独立而完整的个体，不要成为教师的简单附庸。这样的教师对教育的真谛有深刻的理解，能够敏锐地洞察学生的需求，并在关键时刻积极进入学生的世界，提供必要的支持和引导。同时，他们也能在适当的时候，安静地回到成人的世界，保持自己的专业性和行动准则。只有这样的教师，才能真正实现与学生同构共生，共同构建理想的师生关系。

师生之间同构共生，强调在共同的教育文化背景和现实生存状态下，师生之间的关系应被视作一种相互促进、共同成长的合作关系。这一理念倡导整合各类教育资源，以激发师生双方的潜能，促进他们在知识、情感、意志和行动上协调统一，最终实现师生双方的深度合作、共同发展以及和谐共处。在师生同构共生的理念下，师生之间的关系不再是传统的单向知识传递关系，而是转变为一种双向的、多维度的知识建构关系，共同促进彼此的成长和发展。教师的主体地位及其引领作用，与学生的主体地位及其展现的活力，是既相互对立又和谐统一的。在相互平等的交往中，师生尊重各自的人格与自由，从而形成师生相互关心、相互帮助、共同发展的良好氛围。

首先，教师在素质教育中起着至关重要的角色。为了适应这种教育理念，教师需要调整自己的态度和观念，从最初朴素、不自觉的认识，逐步转向自觉、深入的理解。这意味着教师需要摒弃传统的、单向的、一维的知识传递观念，而采用辩证的、双向的、多维的知识建构观念。这种转变不仅有助于教师更好地适应素质教育的要求，而且更能够激发学生的主动性和创造性，为学生提供更加开放、自由的学习环境。

其次，在这种教师观念的影响下，学生开始以更加积极、主动的态度参与到学习中来。他们不再是被动的知识接受者，而是成为知识的主动探索者和建构者。学生按照自己的方式，对知识、经验、情感、价值观等进行联合与抽象，形成相应的心理认知结构。这种个性化的理解方式，使得学生能够更好地掌握知识，形成自己的独特见解，同时也为师生之间的深度互动提供了基础。

素质教育与其他类型的教育，如纯知识理论主导的教育教学相比，其独特之处在于它强调思想和情感层面的深度交流。这种教育理念注重师生之间的"在场性"和"具身性"，即学生与教师共同在场，亲身体验，亲身参与。素质教育中，"在场性"意味着师生双方都是教育的积极参与者，他们共同构建了一个真实、生动的学习环境。在这个环境中，教师不再是单纯的知识传授者，而是成为学生学习过程中的引导者和伙伴；学生也不再是被动接受知识的容器，而是成为主动探索、积极建构知识的主体。师生之间的这种在场互动，使得教育过程更加生动、有趣，也更能激发学生的兴趣和热情。"具身性"强调了学习过程中学生的身体参与和体验。在素质教育中，学生不再是孤立于知识之外的个体，而是通过亲身参与、亲身体验来感知和理解知识。这是因为学生的身心成长潜藏着无限的可塑性和巨大的发展潜力，而要充分发掘这些潜力，促进学生全面而有个性的发展，就需要在思想和情感层面进行深度交流。这种交流呼唤一种互动、互进的师生关系，它要求教师在教育过程中更加关注学生的内心世界，不仅关注知识的传递，而且重视情感的共鸣和思想的碰撞。

教师以自身的品德修养、精神风貌以及丰富的知识经验，作为教育学生的有效途径。他们通过言传身教，引导学生形成正确的人生态度、高尚的思想情感和健全的人格。在同构共生的教育理念下，师生之间的关系不再是简单的教与学的关系，而是一种良性的互动关系。教师鼓励学生发表自己的观点，尊重学生的选择，激发学生的创造力和想象力。学生也在与教师的互动中，逐渐学会独立思考、自主学习，形成自己的独特见解和个性。总之，开展思想和情感层面的深度交流，建立互动、互进的师生关系，是实现素质教育目标的有效途径。在这种师生文化背景下，学生的人生态度、思想情感、人格发展等都得到全面的培养，他们的主观能动性也得到了充分发挥。

总的来说，新素质教育中的学生成长共同体，将教育和生活功能紧密融合起来，避免了二者的分离，而且深刻体现了教师与学生之间应有的和谐融洽、共生互进的师生文化。在这种文化中，教师关注学生的内心世界，尊重学生的个性差异。同时，学生也能够在与教师的互动中感受到关怀和尊重。这有助于实现素质教育的目标。

无论是书院还是学生社团，它们都致力于深入学生生活的方方面面，为学生提供广阔的学习和交流空间，为学生创造全方位的成长环境。它们不仅促进了学生之间的共同成长，也推进了学生六大素质的形成。因此也可以说，新素质教育的学生成长共同体，既是素质培养的行为主体，也是素质生成的载体。

第七节 实践"场域"新形态：生活场域中的时间与空间

实践需要在真正贴近生活的场域里发生，而生活无处不在、无时不在。大学生新素质教育是面向生活、来源于生活、为了更好的生活的教育。因此，素质的养成，是在融合生活、文化、教育的场域中开展的。这样的育人场所，构成了一个完整的生活世界，不只在学校里，还在学校外的家庭、社会中，以及因数字化发展而带来的新形态空间里。教育的空间界限变得模糊，学生不再被要求固定在教室内，而是在不同场所、空间里学习和成长，并且也不再受时间的制约。在生活的场域里，没有校内、校外之分。在任何一个空间、一段时间里，学生都在践行和形塑着自己的素质。这样一来，教育的对外交流变得更加频繁，在世界范围内形成了大联结。

新素质教育的本质、培养目标和内容，都决定了新素质教育需要这样的弥漫在生活里的素质教育空间，以及由这样的空间延伸出来的不受限制的时间。

教育空间，是教育活动发生及展开的场所，是由物质空间（自然地理和人造环境）与人的教育活动共同构成的特定空间，是人的教育活动与物质基础相互结合运作的结果。教育空间内含地理、社会、文化等基本形态。教育在空间中进行，是空间的产物，教育也在生产着空间。[①]在生活场域里的素质教育空间，以受教育者为中心，可划分为学校空间以及学校外的社会空间、数字化空间。

---

① 陈炜.教育研究的空间转向——基于社会理论空间转向的视角[J].教育研究:2022（9）:150-159.

一、学校空间

当课桌椅、讲台和教学楼、宿舍从广袤的田野、山川等自然环境中独立出来，形成一个具有明确功能的社会活动场所时，学校便成了一个界限分明的空间建构形态。学校内部，教室、操场、图书馆等教学设施的布局，以及建筑景观的精心设计和环境的细致布置，还有植物园、小型工场等多样化学习场所的引入，不仅仅为其中的个体提供了交流互动的情境，更承载着丰富的隐喻与象征意义，共同构成了学校教育空间的独特地理形态。学校建筑与学生社会化程度的发展紧密相连，场所的分配与个体及群体角色的定位息息相关。学校空间这一地理环境，并不仅仅是一个传授知识的场所，它本身就是一个集多种教育功能于一体的复合体。从促进学生之间的社交互动，到塑造学生的社会角色和性别认同，再到影响学生的心理发展，学校空间在学生的成长道路上扮演着举足轻重的角色。

（一）成长时空的无限延伸

新素质教育，强调素质在生活中培育，这促使我们重新审视学校空间里校园生活的内涵、成分和价值。学校生活与个人生活、家庭生活以及社会生活紧密相连，构成了一个复杂且相互交织的网络。在这样的背景下，重建学生的学校生活并不意味着要完全摒弃现有的生活方式，而是要有选择地对其进行继承与批判，根据学生的需求重新分配和组合生活的内容和形式。

学校需要打破僵化、统一的组织模式，通过软化教室与外部世界的界限，将教育视为一段旅程，而非简单的知识传递过程。总体而言，学校需要变得更加包容、吸引人、相关性强，成为学生们学习可持续生活方式的场所。

新素质教育，主张以学生为中心、以生活为内容、以实践为方式，这就要求学校教育空间具备人文性、开放性和融通性。实现这些目标，需要确保校园的教育空间能够体现人文关怀，允许学生自由探索、开放交流，并促进不同学科、不同领域之间的融合。

基于真实情境的"场学习"是实践活动学习方式的本质特征。学习是在特定环境下形成的多维度现实存在，如果缺乏真实情境，实践活动将失去其真正的意义和价值。当前，一些实践活动试验场所过于注重学生的视觉和听觉体验，而忽视了具身性、沉浸式学习的机会。真正的场学习依赖的是真实情境、问题导向、人际互动、文化嵌入、方法引导和技术支持。因此，新素质教育实践活动要求我们对学校的教育空间进行变革。这需要创建实践的"场"，融合生活与学习的"场"，以培养学生的综合素质。社会学领域的空间转向思维为我们提供了一种方法论，引导我们探索如何更有效地利用学校空间，促进学生的全面发展。

在校园里，我们拥有正式教育空间和非正式教育空间。正式教育空间主要是教室，而非正式教育空间则包括图书馆、校史馆、宿舍、学习社区等具有教育属性的场所。我们还可以通过打造特色区域，如学习区、科研区、艺术修养区、心灵共建区、运动健康区等，来丰富素质教育的内容，塑造未来学校的基本样态。这将有助于探索大学生素质培养的新增长点和发展方式，以及高素质人才培养模式变革的内在机制，从而构建一个和谐高雅的校园空间。

（二）实践活动平台

在大学的校园生活中，除了我们日常所见的物理空间——教室、图书馆、宿舍等，还存在一个重要的实践场域，这就是由各种实践活动构筑而成的文化空间。这个特殊的空间并非由砖石和水泥堆砌而成的建筑空间，而是由一系列富有创意的主题活动共同搭建的广阔平台。

这个实践活动平台，能为学生们提供丰富的教育养分，滋养着他们的成长。在这个平台上，学生们可以根据自己的兴趣和特长，自主选择参与各种实践活动。无论是科技创新、艺术创作，还是社会服务、体育竞技，他们都能找到属于自己的舞台。

这种自由、多元与包容的课外活动环境，为学生们提供了一个展示自我、锻炼能力、探索世界的场所。在这里，学生们的个性和才华得以充分展现，他们的想象力和创造力得到了极大的激发。通过参与各式各样的实践活动，他们不仅能够将课堂上学到的知识付诸实践，更能够在实践中不断挑战自我、超越自我，实现自我价值的最大化。

实践活动平台的重要性不仅在于它为学生们提供了丰富的实践机会，更在于它补充并超越了课堂教学。在课堂上，学生们主要接受的是理论知识的传授，而在实践活动平台上，他们能够将理论知识与实际操作相结合，通过亲身体验和实际操作来加深对知识的理解和对文化思想的感悟。

因此，由各式各样主题组成的实践活动平台，为素质教育的主体实践任务群的开展提供了广阔的空间，是校园里的一个重要的素质教育空间。

二、社会空间

人们的生活方式、文化习俗、价值观念等共同塑造了城市的独特风貌与氛围，而城市也塑造了个体与集体身份，并在物质与文化层面上留下时代烙印。一方面，人们通过实践活动，在山地、河流、田野等自然环境中留下探索与利用的印记；在街道、房屋、游乐场等人工环境，融入不同时代的审美偏好、技术水平与社会价值观，形成具有独特风格与时代特征的城市景观。另一方面，在城市中，人们通过参与各种社会实践活动，接受文化教育、建立社交网络，逐渐形成对城市的归属感和认同感。

人们亲手建造了城市，但城市也在潜移默化地塑造着人们。人们生活的环境，无论是宁静的乡村、繁忙的城镇，还是繁华的城市，都不仅是人们赖以生存的空间，也是描绘并雕琢人们精神与情感的无形"画师"。

新素质教育的目标，特别是价值观的塑造和品格的养成，需要在这样的环境中碰撞、融合。这个环境不局限于学校的围墙之内，而更存在于校园外广阔的生活世界里：一个由自然地域、社会场所、家庭居所和精神领域共同构成的庞大社会环境和空间。

在这个多元化的社会大环境中，学生与各种不同的人和事物互动，从中汲取知识、经验和情感。学生的价值观在这里形成，品格在这里得到锻炼和提升。无论是与大自然的亲密接触，还是与社会的广泛交流，抑或是与家庭的亲密相处，都为学生提供了不可或缺的成长机会。

因此，新素质教育注重这个"化"人、"塑"人的时空，并引导学生积极投身其中，用心感受、用情体验，让素质在生活的每一个角落生根发芽，开花结果。

（一）自然栖息地

党的二十大报告明确强调，大自然是人类生存和发展的基础。尊重、顺应和保护自然，是全面建设社会主义现代化国家的内在要求。在《学会融入世界：为了未来生存的教育》中，联合国教科文组织以生态正义作为核心理念，力图推动人类行为方式的转变。人类需要构建和发展一个人与自然和谐共存的生态文明体系。在这样的时代背景下，自然生态对当代教育空间的重新构建便具有重要的意义。

从育人的角度出发，自然生态对教育空间的构建，有助于拓展教育空间，丰富活动体验，激发个体与自然、与其他生命形式建立联系的欲望，从而培育个体的健全人格，促进人的自由而全面的发展，实现人与自然的和谐共生。

大自然不仅是人类生存的基础，更是人类精神寄托和灵感来源的重要场所。人类作为自然界的一部分，其生存和繁衍都与自然环境息息相关。在漫长的进化过程中，那些能够适应自然环境、利用自然资源的人类祖先更有可能生存下来并传递他们的基因。亲近自然、感知环境变化、与自然环境互动的能力，成了人类生存的本能之一。人类身体对自然环境有着天然的感知和反应机制。例如，阳光、新鲜空气、绿色植被等自然元素能够激发人体的生理愉悦感，促进身体健康。同时，自然环境中的声音、气味、色彩等也能够触发人类的感官体验，带来心理上的舒适和放松。人类与自然环境之间存在着一种情感联结，这种联结在童年时期尤为强烈。儿童在户外玩耍、探索自然的过程中，会建立起对自然环境的深厚感情。这种感情会伴随着个体的成长而逐渐深化，成为他们成年后亲近自然的重要动力。

自然环境塑造着个体的人格特质。不同的自然环境孕育了不同的文化传统和习俗，这些文化传统和习俗不仅反映了当地人对自然的认识和利用方式，也塑造了他们的人格特质。人类与自然环境之间存在着一种情感联结，这种联结使得个体在亲近自然的过程中能够感受到一种归属感和安全感，进而有助于他们形成稳定、积极的人格特质。

素质教育的生成空间，需要一个依托在地环境拓展个体活动的地理空间，以满足个体健康成长的需求。个体在自然生态环境中获得的直接经验，无论是动觉、视觉还是触觉，都有助于培养他们对在地环境的兴趣，激发他们对自然的好奇心，并加深他们与自然之间的联系。在关切自然中，人们了解自我、认识世界，进而形塑健全的人格和良好的品性。

（二）社会场所

街道、社区、商业中心、公园、广场等社会场所共同编织成一个多元且丰富的社会教育空间网络。它们不仅构成了我们日常生活的地理背景，更是潜移默化地影响着个体的成长。如早餐店、裁缝铺、超市、汽车修理店等，曾是孩子们观察社会、了解生产的窗口。在这些店铺里，手艺人、工匠们的手工技艺和辛勤劳动成了孩子们无声的教科书。他们在观察中学习，在模仿中成长，不知不觉中参与到社会生产实践过程中。

随着社会的发展和变迁，学校之外的社会空间变得更为广阔且资源更为丰富。这些社会场所蕴藏着无尽的教育潜力和可能性，如何有效地将其转化为新时代素质教育的重要实践场所，是当前教育面临的重要课题。

学校与社会之间的紧密合作显得尤为重要。它们需要共同探索、整合和利用各类社会资源，为学生提供更加全面、多元的成长环境。这包括积极挖掘和利用文化资源、科技资源、体育资源、国防资源以及企事业单位资源等，以建设和完善实践教育基地、劳动教育基地、研学旅行基地、爱国主义教育基地等。在整合和利用各类社会资源的过程中，注重打破传统教育的时间和空间限制，为学生提供灵活、多样化的学习体验。

（三）家庭居所

家庭教育，是国民教育体系的重要组成部分，是社会和学校教育的基础、补充和延伸。家庭教育伴随人的一生，影响人的一生，对一个人的成长成才至关重要。教育家蔡元培就曾说道："家庭者，人生最初之学校也。"

家庭教育是家庭成员之间（主要是父母对未成年子女）发生的一种教育活动，它既包括家庭成员之间自觉的或非自觉的、经验的或意识的、有形的或无形的等多重水平上的影响，也包括家庭环境对其成员产生的无主体影响。[1]家庭场域是个体生命的出发点和最终归宿。儿童从出生到成年的生活均处于成人规划和创造的空间中，因而这一空间是个体成长的重要媒介，深刻地影响着个体的生命质量。[2]

---

[1] 邹强.中国当代家庭教育变迁研究[M].天津:天津大学出版社,2011:16.
[2] 陈建翔.新家庭教育论纲:从问题反思到概念迁变.教育理论与实践[J].2017（4）:3-9.

家庭不再仅仅是生活的港湾，而是成了另一个重要的学习中心，家庭生活本身也成了教育的主题之一。教育空间正逐步从单一的学校环境向家庭与学校均衡发展的方向迈进。在这一转变中，教育重心发生了变化，从"教"向"学"倾斜；教育的主体也随之从传统的教师为中心，转向以成长中的个体为核心。这意味着每一个家庭成员，包括孩子本身，都成了教育过程中的积极参与者和创造者，而不仅仅是被动接受知识的对象。教育不再是少数人的特权或责任，而是全体公民共同关注并参与的公共事务。同时，教育决策的制定也愈发民主化，从过去主要由教师和管理者主导，转变为家庭成员共同参与、共同决策。这种变化不仅增强了家庭在教育中的话语权，也促进了家庭成员之间的沟通与理解，使得教育决策更加贴近实际，更加符合个体成长需求。教育也不再局限于人生的某个特定阶段或特定场所，而是贯穿于人的一生，渗透于生活的每一个角落。这种教育理念体现了对人类内在本质的深刻洞察和尊重，即每个人都是独一无二的个体，拥有无限的学习潜力和成长可能。

在现实家庭生活中，父母与子女之间的互动以及家庭环境、家庭气氛、生活方式等因素，都悄无声息地对子女的成长产生着深远的影响。这些影响并非一蹴而就，而是日积月累、潜移默化的。

素质教育作为一种全面、深入的教育，尤其重视家庭对个人成长的深远影响。家庭不仅是生活的居所，更是培养意志品质、塑造人格的重要场所。家庭空间作为家庭生活、家庭教育的核心载体，是素质教育不可或缺的教育空间。

家庭空间为家庭成员提供了丰富的互动场景，这些场景不仅是家庭成员情感交流的平台，更是教育训练的重要场所。例如，在餐桌上，父母可以通过与子女的交流，传递家庭价值观、社会道德规范；在客厅中，家庭成员可以一起观看教育影片、阅读书籍，拓宽知识视野。

家庭活动场景是限定、制约互动情境性的重要因素。不同的家庭活动场景，会对家庭成员的互动方式、教育效果产生不同的影响。因此，家庭需要营造一个和谐、积极、富有教育意义的空间。家庭环境、家庭气氛和生活方式对子女的成长产生着重要的影响。一个温馨、和睦的家庭环境，能够给子女带来安全感和归属感，使他们的身心得到健康成长；一种积极向上的家庭气氛，能够激发子女的学习兴趣和动力，培养他们的创新精神和实践能力；一类健康文明的生活方式，能够引导子女养成良好的生活习惯和行为习惯，为他们的未来发展奠定坚实的基础。

总之，家庭空间作为素质教育的重要场所，需要家庭成员共同精心营造。通过优化家庭环境、丰富家庭活动、改善家庭气氛和生活方式等措施，可以为孩子的成长创造一个更加有利的环境，促进他们全面、健康地发展。

（四）精神领域

精神文化，作为人类在物质文化生产基础上衍生而来的一种独特意识形态，集合了人类多样的意识观念形态，并持续推动着物质文化的进步。这种"无形的空间"以物质空间为基石，通过其内容、符号、形式以及深层的思想观念来塑造空间的样貌，深深影响着空间中主体的情感、态度与价值观。

在实践中，精神空间是主体在劳动与交往过程中累积的思想、情感与心理状态的体现，它构成了文化现象的核心精神内涵。随着现代社会不确定性的加剧，个体的精神世界经历着持续的波动与演变，传统的身份认同和意义感逐渐淡化，转而依托于地理环境和多样化的教育生态空间来寻找新的定位。

社会关系空间与关注思想、价值和理念的精神空间相互交织，构成了教育的多维空间。在教育实践中，精神空间是教师与学生交互产生的思想火花、情感共鸣与价值体验的集合。

从精神性的角度理解空间，可以发现空间并非空洞无物，而是承载着深厚的意义。这种意义使得个体愿意在教育空间中驻足，并逐渐形成对空间的依恋。最终，空间的价值回归于人的"存在"，成为基于经验事实的体验、一个身份认同与情感归属的生成地。

在深入建构与理解教育空间的过程中，需要超越实用性和具体性的局限，将其置于更为广阔的人类生存方式与生活方式的宏观框架之中进行剖析。这种视角的转换，不仅有助于我们全面把握教育空间的本质与功能，更能揭示其背后所蕴含的文化、社会及心理等多维度的意义。精神空间，作为教育空间不可或缺的一部分，虽然缺乏明确的物质形态作为载体，却以其独特的符号系统和精神劳动，构建了一个充满意义与情感的世界。这个空间虽模糊而抽象，却异常生动且富有力量。它需要个体情感的深度参与，深刻地反映了人与人、人与世界之间的互动。这种交流超越了知识的传递，触及人的心灵深处，是一种生命与生命、生命与思想的对话与启迪。它塑造了人格、理想。

素质教育的空间更应重视这一无形空间的作用。精神文化空间能给予学生深厚的文化滋养，尤其是在培养思想政治素质、道德素质上具有不可替代的作用。

三、数字空间

随着信息技术的飞速发展与广泛应用,教育领域正经历着前所未有的空间重构,涌现出一系列新兴教育空间形态,包括但不限于高度集约化的现实空间压缩形态、人机深度融合的混合学习空间形态,以及充满无限可能与未知的虚拟空间形态。这些变革不仅促使传统教育空间的物理界限趋于模糊与虚拟化,还深刻影响着教育主体的身份认知,使之更加多元化与动态化。在此背景下,教育活动不再局限于实体校园的围墙之内,而是跨越了物理界限,广泛延伸至数字构建的虚拟世界中,实现了教育空间前所未有的拓展与融合。这种空间的无限延展性,不仅极大地丰富了教育资源的获取途径与表现形式,也为学习者提供了更加灵活多样的学习场景与体验。然而,这一系列的变革也给传统的学校体制化教育实践带来了挑战。它要求教育机构和教育者不仅要适应和掌握新兴技术工具,更需深刻理解和把握教育空间变革背后的逻辑与趋势,以创新思维重构教育流程、调整教育模式,促进实体空间与虚拟空间的深度融合,为学习者的全面发展创造更加广阔而丰富的教育环境。

由于大数据、云计算、物联网等前沿技术的涌现,感知化、互联化、智慧化的场景和应用变得日益普遍,并成为现代社会的显著标志。数字技术的数字化与连接性优势正在改变传统社会互动的逻辑和空间结构,展现出强大的赋能效应。

数字化转型不仅是对具体教育场所的升级重塑,更是对物理空间中的制度规范、教育秩序、组织结构和社会关系进行现代化改造的途径。当前,现实空间与虚拟空间的融合,已成为新时代教育生活空间的常态。新型教育基础设施的快速建设,正在逐步提升教育空间的品质,重塑教育空间要素的基本结构,并改变教育空间的运行逻辑。

智慧化、智能化的现代教育空间,以数字基础设施为基础,正成为教育数字化转型中推动物理空间重塑的重要方面。其中,数字平台所承载的虚拟教育空间尤为引人注目。虚拟教育空间是数字技术发展的产物,它从传统的教室物理场域中解放出来,转向更为广阔的网络空间。在数字文化的熏陶下,实体空间的教育活动正加速向虚拟教育空间渗透。这不仅是对传统教学方式的颠覆与创新,更是对教育教学时空界限的突破,极大地丰富了人们对教育空间的理解。

当前，虚拟教育空间的建构主要依赖于各类智能终端提供的数字化教学平台，以及虚拟现实（VR）、增强现实（AR）等先进技术手段。这些技术突破了实体空间的局限，为学习者创造了沉浸式的学习体验。教育者可以借此营造逼真的三维学习环境，让学生在直观生动的场景中理解和掌握知识，这极大地拓宽了实体教学空间的维度。这种模拟真实世界的交互式学习体验，不仅提升了学生的参与度和理解深度，也为突破传统教学方式中的诸多局限提供了可能。

（一）数字化的社会关系空间、物理空间

在深入探讨教育空间的多维角色时，首先需要认识到教育空间并不仅是一个物理层面的场所，它更是一个充满了各种复杂社会关系的社会空间。这个空间，既展现出其异质性和随时间演进的特性，又似乎以纯客观的面貌呈现，实则蕴含着深厚的社会内涵。它是社会结构、文化和人类行为交织互动的产物，既是社会关系的生产者，也是这些关系的载体和支撑。在教育实践中，教育空间通过教育主体间的关系性行动被不断建构，其动态性体现在关系的持续建构、解构和重构过程中。这些过程直接影响着教育实践的质量和效果。

更进一步地说，教育空间可以被理解为教育实践中教师、学生所处教育情境与关系的表征。这种表征基于教育共同体的互动交往而产生，这种互动交往不仅可以促进学生的身心发展，而且是形成正确价值观的关键环节。因此，教育共同体内部的交往和由此衍生的人际关系，是我们理解和认识教育空间的核心。

随着教育数字化转型的深入推进，这种教育空间正在经历一场深刻的变革。这种变革主要体现在教育关系秩序、结构和交互方式的改变上，其目的在于丰富和优化教育实践。特别是在数字技术日益普及的背景下，传统教育空间关系秩序被悄然改变，教师、学生等在教育实践中的互动关系受到隐形技术框架的引导。教育实践的发展开始以全新的、隐形的书写形式——代码——为中介展开，这种变革使得教育空间中教师与学生的角色与位置关系被数字技术"改写"，虚拟空间的特质逐渐成为决定教育实践的基本逻辑。

具体而言，数字技术对传统教育空间的重塑体现在以下几个方面。

首先，从空间内部结构配置上看，数字技术为教育空间优化提供了实体性支撑，如智慧教室配备的智能设备极大地提升了知识可视化、个性化教学和交互式教学的效果。

其次，在环境感知方面，智能感知技术的应用使得教育空间能够更好地适应学生身心健康和学习体验的需要，如感光系统、智能照明系统和智能温湿度控制系统等的应用，为学生提供了更加舒适的学习环境。

最后，在空间布局方面，数字技术的介入使得实体教育空间的几何属性与社会属性联系得更加紧密，支持了主动学习、探究学习和协作学习等现代学习方式。

在数字技术重塑教育空间的过程中，数字框架作为技术世界的抽象组织和表达，在物理空间转型升级的过程中扮演着重要角色。基于数字框架，学习的情境性、知识的建构性能能够与实体的、物理的空间进行深度、准确的关联。通过将数字技术植入物理空间，我们赋予了传统教育空间以智能、可感的生命体征，使其从机械、被动的空间实体转变为具有智能、可感的生命体，从而改善了教育活动、学习活动与实体空间的耦合关系，实现了空间智能。

尽管虚拟教育空间使教育实践脱离了传统的学校、教室甚至法定课程和标准化教学程序，但它也最大限度地延展了教育空间，将教育活动延伸到主体间共在的任意空间。同时，虚拟教育空间也承载和反映了与传统实体空间不同的教育关系。当前，教育数字化转型正通过教学平台建设、数字界面交互优化、师生交互逻辑建构等方式，实现教学实践的线上化、虚拟化。虚拟教育空间在二维虚拟互动和多维虚拟现实的基础上，展现出教育场域最具想象力和发展潜力的空间活动。

（二）新型的人际交往空间

人际交往，作为人的基本需求和存在方式，贯穿于人类发展的历史长河，始终与人类及人类社会的产生和发展紧密相连。从深层次来理解人的社会属性，不难发现，交往不仅是人类特有的类本质，更是实践活动开展的基石，也是人的社会生成与延续的核心方式。新素质教育的实践活动正是在这样的人际交往网络中开展、实施、完成的，它依赖于人与人之间的互动与交流，以实现教育的目的。

随着交往媒介与技术手段的不断革新，人类社会交往方式也经历了深刻的变革。数字化空间的崛起，使得生活网络化日益加深，网络社会成了一种新型的交往空间和生存空间。这种新型的人际交往方式给新素质教育带来了新的要求和挑战，要求我们重新思考教育的方式和途径。

从千禧年伊始至今，短短不到三十年的时间里，虚拟人际交往已经成为描绘人类交往进程未来走向的重要一笔。进入21世纪，中国作为世界互联网大国，互联网普及率持续上升，网民数量迅速增长。特别是大学生群体，已经成为虚拟人际交往的主力军。据中国互联网络信息中心发布的第53次《中国互联网络发展状况统计报告》显示，截至2023年12月，我国网民规模已达10.92亿人，其中受过大学专科及以上教育的网民群体占比约20%。

在网络用户大众化与应用普遍化的背景下，青年群体在虚拟人际交往中扮演着举足轻重的角色。他们既是网络技术的拥护者，又是网络普及的主要受众；既是网络文化的活跃受众，又是网络实践的交往主体；既是网络应用的关键群体，又是网络负面影响的易感人群。特别是大学生，他们在社会心理发展与行为塑造的过程中，正积极寻求自主性，努力创造自我认同。而网络技术所内含的自在互联、平等对话的属性规制，与他们的成长诉求高度契合，在大学生中得到广泛使用。

有学者对互联网依赖程度进行过研究，结果表明，大学生群体由于对如何"形成坚定自我同一性"以及建设"有意义的和亲密的人际关系"的议题具有强烈的交往动机，因此相较于其他群体，他们更容易形成网络依赖。作为网络原住民，大学生对网络的关注度更高，使用更加习惯化、经常化。这使得网络对于大学生群体的生存与发展的塑造意义更为深远。

在青年社会化的进程中，网络正以前所未有的速度和深度与传统的青年社会化模式相互激荡，为当代大学生塑造了一个独特而广阔的虚拟空间。这个空间超越了传统的物理界限，为青年们提供了一个全新的、无边界的交往平台。在这个平台上，大学生们能够自由地表达自我、交流思想、分享经验，从而在交往中完成自我觉解的过程。网络平台的出现，使得大学生们能够接触到更为多元的信息和文化，拓宽了他们的视野和思维。通过与来自不同地域、不同背景的人进行交流，大学生们能够更加全面地认识自己和他人，形成更为开放和包容的心态。这种自我觉解的过程不仅有助于他们的个人成长，也为其将来承担社会责任、参与社会实践打下了坚实的基础。同时，网络平台也为大学生们提供了参与社会实践的新途径。通过参与网络社区、论坛、志愿服务等活动，大学生们能够将自己的知识和技能付诸实践，为社会作出贡献。此外，网络平台还为大学生们提供了一个展示自我的舞台。通过发布自己的文章、视频、音频等内容，大学生们能够展示自己的才华和个性，吸引更多的关注和认可。

总而言之，在青年社会化的进程中，网络正在与传统的青年社会化模式相互激荡，为大学生提供一个在交往中完成自我觉解、承担社会责任、参与社会实践的虚拟平台。因此，新素质教育的主体实践空间应重视社交网络这一重要领域。在这个空间里，大学生们在学习、生活和开展人际交往。新素质教育的实践应有效利用大学生虚拟人际交往的正向价值，扬其长而避其短，引导大学生正确而积极地开展虚拟人际交往，以促进新时代素质的全面养成。

第八章 新素质教育保障体系

第一节 制度与文化保障

良好的教育生态,对教育的高质量发展至关重要。它不仅是教育公平和质量的保障,更是推动教育创新和发展的动力。

生态学(ecology),含有"逻辑"或"科学"之意。1866年,德国动物学家海克尔首次将生态学界定为研究生物与周围的有机环境和无机环境相互关系的科学。随着现代生态学和系统科学的发展,系统生态成为研究的热点。人们在研究系统生态及其系统各要素相互作用的规律及其机制时,发现它是一个动态的、开放的、具有自组织功能的复杂系统,系统里的每个生态因子之间保持着一种相互依存的动态平衡关系。人们根据这一现象提出了"生态化"的概念。[1]

生态化这一概念,蕴含着丰富的哲学意蕴,在现代社会中的使用已远远超越了自然生态领域。它不再仅指生物与环境之间的相互关系,而是升华为一种事物间错综复杂、相互依存的关系。生态化思维,强调整体性、系统性和动态性。它超越了机械论的束缚,为人们提供了一种全新的世界观和方法论。这种思维方式不仅适用于自然科学,更广泛渗透至社会科学、人文科学等各个领域,为解决经济社会发展中的各种问题提供全新的视角和思路。

在教育领域,生态化的理念得到了广泛的应用。教育生态化,意味着以生态学的视角审视教育,运用生态学的原理和复杂性科学的规律来指导教育的发展。它强调资源的合理配置、结构的优化调整,以及教育与自然、社会环境的

---

[1] 彭福扬,曾广波,兰甲云.论技术创新生态化转向[J].湖南大学学报(社会科学版),2004(6):49-54.

和谐共生。这种教育发展模式，旨在构建一个以人为本、自然和谐、开放包容的新型教育环境，实现教育系统的动态平衡和可持续发展。

在大学教育生态系统中，教育者、受教育者和社会构成了三个主要的价值主体。教育环境也分为三个层次：社会宏观环境、教育内部的中观环境和高校内部的微观环境。高校作为环境的中心，需要协调各个价值主体和各种教育生态因子，通过生态调节机制提高教育系统的承载力，解决系统内的矛盾和失衡问题，从而推动教育的健康、有序发展。

生态，本质上反映了生命体与生存环境之间的相互作用。无论是自然生态，还是社会生态，都是人与外部环境相互作用的产物。良好的生态，既是一种客观状态，也是一种发展趋势。它既是现实的体现，也蕴含着无限的可能性。生态的形成对人的观念和行为有着深远的影响，制约着人们行为的方向和方式。因此，在追求理想的过程中，我们既要立足现实，又要超越现实，充分发掘和利用潜在的积极因素，以实现教育生态的持续优化和发展。

教育生态环境是一个以教育为核心，对教育的产生、存在和发展起到制约和调控作用的多元环境体系。一个良好的教育生态是教书育人的重要保障，它有助于实现教育内部、外部主客体间的相互依赖和互利共赢，促进教育对象的自然性、社会性和实践性的统一，以及自然个性的张扬和创新性的发展。同时，它强调各种教育要素输入、输出状态的动态平衡，为素质教育的实施提供了坚实的基础。

作为一种培养人的社会活动，教育必然遵循育人的规律和社会发展的规律。一个良好的教育生态，必然在教育与人、教育与社会发展之间保持一种"生态平衡"。这意味着教育既要关注人的发展需求，又要适应社会发展的需要，实现人与社会的和谐共生。只有这样，才能真正实现教育的目标。

一、明确使命

2016年，习近平总书记首次明确提出"素质教育是教育的核心"。2017年，党的十九大报告首次将"发展素质教育"写入其中，这标志着素质教育在我国教育事业中的核心地位得到了进一步的确认和强化。2018年，在全国教育大会上，习近平总书记进一步提出了培养德智体美劳全面发展的社会主义建设者和接班人的新要求。这一要求不仅是对素质教育内涵的深化，也展现了我国教育事业对于人才培养的全面性和高要求。在2019年的学校思想政治理论课教师座谈会上，习近平总书记再次强调了素质教育的重要性，提出了努力培养担当民族复兴大任的时代新人的新任务。习近平总书记关于教育的系列重要论述，不仅发展了素质教育的理论内涵，而且拓展了素质教育的实践任务，强化了素质教育的历史使命。

随着我国第一个百年奋斗目标——全面建成小康社会的逐步实现，国家的发展已经开启了迈向第二个百年奋斗目标——全面建成社会主义现代化强国的新征程。在这一新的历史阶段，素质教育必须主动融入中华民族伟大复兴的时代大潮中，融入现代化国家建设的伟大实践中。我们要扎根中国大地办教育，为党育人、为国育才，承担起培养堪当民族复兴重任的时代新人的重要使命。通过深化教育改革、加强师资队伍建设、优化教育资源配置等措施，努力构建一个更加公平、更高质量、更加可持续的素质教育体系，为实现中华民族伟大复兴提供强大的人才支撑和创新动力。

二、基于公平

教育公平，作为一个相对性的概念，其内涵与外延在不同国家间乃至同一国家不同历史阶段均有不同的表现形式，受制于各自特定的评价标准。尽管高等教育公平在不同主体间存在多元解读，却普遍都有共同的价值底线，包括但不限于：确保入学机会的相对均衡，促进每位学习者个性得到充分的尊重与自由发展，以及确保个体能够依据其实际素质与学术能力获得相应的待遇与机会。鉴于公平本身的相对性与复杂性，这一目标难以一蹴而就。当前的重点不是全然消除教育的不公平，而是如何通过有效的策略与措施，将不公平的程度控制在最小范围内。

机会公平，是教育公平的核心，尤其在高等教育领域，其内涵有多元性。从伦理维度看，机会公平不仅是调节人际间互动行为的准则，更是保障社会成员基本权利与公正分配社会资源的重要体现；从社会学视角看，机会公平强调个体享有教育资源方面的平等权利；在经济学领域，机会公平聚焦教育资源分配的无差别性，力求实现均衡配置。尽管各学科对高等教育机会公平的理解各有侧重，但它们共同指向了一个核心，即在不同社会阶层、地域之间，确保高等教育机会的享有与分配达到一定的均衡状态。这意味着，高等教育机会应当超越生理、种族、地域、家庭背景等先赋条件的限制，通过建立公开、透明、合理的选拔与分配机制，使每个有潜力的个体都能公平地竞争并获取满足其个人发展需求的高等教育机会。简而言之，高等教育机会公平旨在构建一个无差别障碍的教育环境，让每位学生都能站在同一起跑线上，共同追逐知识与创造未来。

大学素质教育的本质追求，是提升国民整体素质，这就要求实施全员参与、全方位渗透、全时段覆盖的素质教育。这一目标的实现，高度依赖相对公平的教育环境，它确保每位学生都能在同等条件下潜心学习、自由成长，避免无效竞争，而教师也能够基于每位学生的独特性与差异性，灵活调整教学策略，实施个性化的育人活动，最大化地激发学生的潜能。机会公平，能激发素质教育创新活力，促进素质教育生态系统健康、良性发展。

机会公平的素质教育，对实现共同富裕有积极作用，而共同富裕的社会环境又将为素质教育提供一个相对宽松、自由的教育环境和文化土壤，形成良好的相互促进关系。

党的二十大报告指出，"以中国式现代化全面推进中华民族伟大复兴"，"中国式现代化是人口规模巨大的现代化，是共同富裕的现代化，是物质文明和精神文明相协调的现代化，是人和自然和谐共生的现代化，是走和平发展道路的现代化"。其中，共同富裕体现了社会主义现代化建设的核心目标和价值追求。在推进社会主义现代化的过程中，须坚定不移地贯彻共同富裕的理念，确保改革发展的成果更多更公平地惠及全体人民，进而实现中华民族伟大复兴。

高等教育在共同富裕进程中发挥着积极作用。首先，随着高等教育普及率的提升，更多社会成员获得了人力资本，这不仅增强了他们的就业竞争力，也为其迈入中等收入群体提供了有力支撑。中等收入群体规模不断壮大，有助于平衡社会财富分配，相对减少高收入群体在社会总收入中的占比，进而促使基尼系数下降，缩小贫富差距。其次，在当今科技日新月异的时代，高等教育作为科技创新的重要源泉，对推动社会生产力的发展具有深远影响。高等教育通过培养高素质的科技人才，促进科技成果的转化与应用，为社会经济发展注入了强大动力。这种生产力水平的提升，最终可能转化为低收入家庭收入水平的提升，从而进一步助力共同富裕目标的实现。

总体而言，基于公平的素质教育不仅是素质教育本身的本质要求，也是构建良好教育生态的基础。

三、质量引领

习近平总书记在党的十九大报告中指出，"我国经济已迈入由高速增长向高质量发展转型的新阶段"，并强调"必须坚守质量至上、效益优先的原则，以供给侧结构性改革为核心路径，全面促进经济在质量、效率及动力上的深刻变革"。高质量发展理念，起源于经济领域，但其影响已远超经济范畴，成为引领社会发展的全面性指导原则。在此背景下，《中华人民共和国国民经济和社会发展第十四个五年规划和2035年远景目标纲要》明确提出"把提升国民素质放在突出重要位置，构建高质量的教育体系和全方位全周期的健康体系，优化人口结构，拓展人口质量红利，提升人力资本水平和人的全面发展能力"。"以推动高质量发展为主题"，"以改革创新为根本动力"，"构建更加多元的高等教育体系"，提高高等教育质量，是高等教育在新发展阶段的新定位，也是服务国家发展战略、支撑经济社会高质量发展的要求。

《教育大辞典》对教育质量这一概念的界定是"教育水平高低和效果优劣的程度。最终体现在培养对象的质量上。衡量的标准是教育目的和各级各类学校的培养目标。前者规定受培养者的一般质量要求，亦是教育的根本质量要求；后者规定受培养者的具体质量要求，是衡量人才是否合格的质量规格教育水平高低和效果优劣的程度"[1]。从宏观视角出发，教育质量关乎整个国家教育体系的综合品质，它体现在教育体系内部结构的合理性、运行效率的高效性以及发展规模的适度性三者之间的和谐统一。当教育体系中的各个组成要素，如政策导向、资源配置、师资力量、课程设置等，能够紧密配合、相互支持，形成高效协同的运作机制时，该体系即被视为拥有较高的教育质量。微观层面，教育质量的最终检验落在学生个体的学习成果之上。学校是否成功地按照既定的培养目标，促进学生在知识、技能、情感态度及价值观等多方面的成长与发展，成了衡量教育质量高低的关键指标。

---

[1] 顾明远.教育大辞典[M].上海:上海教育出版社, 1998.

质量，融合事实与价值的双重特性，是事物固有属性与个体主观认知及期望之间相互作用的产物。不同主体有不同的视角与需求，其对质量的理解与评判往往成为事物本身特性与个体合意性共同作用的结果。当今，随着时代的发展与理念的进步，教育质量的内涵也在不断演进与深化。当前，教育质量概念已从符合性质量、适用性质量上升到满意性质量。

高质量发展是对发展状态的一种事实与价值判断，意味着教育在质与量两个维度上达到优质状态，表现为教育享用价值与质量合意性的提升。它既涉及教育增长方式和路径的转变，也是一个教育体制改革和机制转换的过程。[①]

教育的高质量发展是一个多维度概念，深刻影响高等教育建设与发展的每一个层面。不仅蕴含着对"质"的极致追求，同时包含对"量"的合理把控；既体现为教育品质的不断提升，也体现为教育规模的适度增长与结构的优化调整。

随着全球经济社会的飞速发展与国家现代化建设的不断深入，高等教育普及化趋势日益明显，这一进程对人才培养的标准与质量提出了更为多元化的挑战。当前，我国高等教育质量建设，不应局限于缓解数量激增与质量保障之间的内在张力，其更深层次的意义在于紧密契合国家的现代化建设。中国式现代化建设对高素质的现代化建设人才提出了迫切需求，高等教育质量的高低直接影响到国家现代化建设的速度与成效。

因此，在新时代的征程中，致力于为中国式现代化构筑坚实人才基石的大学素质教育，其高质量发展成为必然要求。

（一）质量文化

我国要实现从教育大国向教育强国的跨越，就需要坚定不移地聚焦教育质量的提升。这不仅需要全社会树立提高教育质量的坚定意识，更需要我们全面推动教育向内涵式发展转变。过去，我们可能更多关注教育的规模扩张和外延发展，但如今，结构优化、内涵发展、质量提升已成为我国高等教育在新时代的核心追求。

2019年4月，时任教育部部长陈宝生在"六卓越一拔尖"计划2.0启动大会上指出："质量提升，文化为魂。文化是最持久、最深沉的力量，打造'质量中

---

① 柳海民，郑星媛.新时代中国教育改革发展新路向[N].中国教育报，2021-04-01（7）.

国'，必须建立自省、自律、自查、自纠的高等教育质量文化，将思想、制度、行为、物态等不同层次的质量文化统一起来，营造心往一处想、劲往一处使的氛围，形成全员育人、全过程育人、全方位育人的校园育人文化，把质量意识内化为深入人心的价值理念和行为准则，落实到每一个人、每一件事。"

质量文化，能够为教育事业的持续繁荣提供源源不断的动力。质量文化的形成并非一蹴而就，它有两种基本的形成路径。一种是在高等教育长期发展的过程中，师生自然积淀而成质量文化，这是质量文化的自然天成；另一种则是在多方利益相关者的共同影响下，师生主动改变教育教学行为，从而催生新的质量文化，这是一种有意识、有作为的质量文化发展方式。

自20世纪以来，尤其是二战结束后，质量文化建设已成为推动高等教育高质量、大规模发展的核心战略。众多国家纷纷将质量文化建设视为高等教育发展的关键所在，这一战略在各国都发挥了积极而深远的影响。

对于素质教育而言，质量文化的建设至关重要。它不仅是素质教育质量保障的内在驱动力，还有助于形成质量保障的长效机制和良性循环。因此，大学在推进素质教育的过程中，应积极加强素质教育质量文化建设，不断进行自我反省、借鉴与创新，实现从显性的制度规范向隐性的文化自觉的跃升。通过这样的过程，构建一套能够真正反映大学精神内涵与时代特征的质量保障文化体系，为实现素质教育目标、完成时代赋予的教育任务奠定坚实的基础。

（二）质量标准

2018年，教育部印发的《关于完善教育标准化工作的指导意见》明确指出："加快教育现代化、建设教育强国、办好人民满意的教育，引导我国教育总体水平逐步进入世界前列，必须增强标准意识和标准观念，形成按标准办事的习惯，提升运用标准的能力和水平，形成可观察、可量化、可比较、可评估的工作机制，充分发挥标准的支撑和引领作用。"

构建多维度、全方位的学校质量标准框架，首先要建立以学生发展为核心的质量标准，关注学生德智体美劳全面发展的终端成果质量，即学生在这些领域所展现出的综合素质与能力。这一标准涵盖思想政治素质、道德素质、身心素质、科学文化素质、专业素质和实践创新素质等多个方面。以该标准为引领，可有效推进学生综合素质评价改革，促进学生全面发展。同时，还需深入教育教学活动的每一个细微环节，建立包含素质教育工作、教师队伍和学校管理等在内的过程质量标准，确保每一步教育实践的有效性与科学性。这一标准的实施，可以引导学校形成规范的素质教育育人行为，提高教育质量，为学生提供更好的成长体验和发展机会。

全面质量标准体系的建立，为教育注入了活力，使教育能够更好地回应多元主体的广泛需求，并紧密围绕学校发展的核心议题，通过系统集成与协同高效的改革策略，打破发展瓶颈，清除前进道路上的重重障碍。

（三）质量保障

从生态理论的角度来看，素质教育要稳步高质量发展，就需要有自我调节功能，即教育主体在面对外部环境变化时，能够迅速调整自身的行为和策略，以适应新的环境要求，促进教育系统内部各个要素相互作用、相互协调，从而自发形成有序的结构。而教育质量保障体系是发挥自我调节功能的关键子系统，它能够根据教育质量监测和评估的结果，及时调整教学策略、管理策略等，以确保教育质量的持续提升。

建构教育质量保障体系，可以使教育的发展体现和谐共生、强化调节供容、维持自我张力并形成创新生态。和谐共生意味着素质教育各利益相关者之间能够相互理解、相互支持，共同为提升教育质量而努力；强化调节供容则要求在保障教育质量的同时，关注教育资源的合理配置和有效利用；维持自我张力则是指高等教育系统在面对外部挑战时能够保持足够的弹性和韧性，确保系统的稳定和发展；形成创新生态则意味着鼓励和支持教育创新，为素质教育的可持续发展注入新的活力。

第一，改革教育评价机制。习近平总书记指出："要深化教育体制改革，健全立德树人落实机制，扭转不科学的教育评价导向，坚决克服唯分数、唯升学、唯文凭、唯论文、唯帽子的顽瘴痼疾，从根本上解决教育评价指挥棒问题。"《中华人民共和国国民经济和社会发展第十四个五年规划和2035年远景目标纲要》提出，"深化新时代教育评价改革，建立健全教育评价制度和机制，发展素质教育"。

教育评价事关教育发展方向，有什么样的评价指挥棒，就有什么样的办学导向。原中央全面深化改革领导小组审议的第一个教育类政策就是关于教育考试评价的，可见教育评价在教育生态营造中的作用。2020年10月13日，中共中央、国务院印发《深化新时代教育评价改革总体方案》，这是新中国第一个关于教育评价系统性改革的文件。该方案对于全面贯彻党的教育方针，完善立德树人体制机制，破除"五唯"顽瘴痼疾，引导全党全社会树立科学的教育发展观、人才成长观、选人用人观具有重大意义。

发展素质教育，关键在于建立科学的评价体系。科学的教育评价是推动教育改革发展的重要力量，是构建教育质量保障体系的关键环节，也是促进教师和学生成长的重要工具。构建大学素质教育质量保障体系的首要任务，是树立以育人为本的评价理念，明确"培养什么人、怎样培养人、为谁培养人"的根本问题。评价体系应全面反映党和国家对不同阶段学生成长与发展的要求，对学校教育及教学管理现状进行客观真实的评价。

第二，建构质量评估体系。一个理想的质量评估体系应具备两个特征。一是系统性，即构成一个结构完整、各要素紧密相连的整体，包括从明确评价目标、界定评价主体与对象，到细化评价内容及方法，再到合理应用评价结果等要素。各要素之间相互支持、相互制约，使得评估过程能够按照既定的规则和程序有序进行，减少人为因素的干扰，增强评估结果的客观性和公正性。二是发展性，即具备自我革新与完善的能力，以适应不断变化的社会和教育环境，及时调整评价策略和方法，确保评价的有效性和可靠性；通过评价结果的分析与利用，为教育决策提供科学依据，促进教育质量的持续改进和提高。

第三，建设高素质教师队伍。高质量的教师队伍是全面推进素质教育的基本保证。习近平总书记在全国教育大会上指出，教师不仅是人类灵魂的工程师，更是人类文明的传承者，肩负着传播知识、思想、真理，以及塑造灵魂、生命、新人的时代重任。因此，全面加强教师队伍建设，是一项根本性民生工程，要建设一支政治素质过硬、业务能力精湛、育人水平高超的高素质教师队伍。加强师德师风建设，提高教师教书育人能力，是提升素质教育质量的关键。

第四，建立素质教育质量监测体系。开展素质教育质量监测是提高教育质量的基础性工程。通过持续的质量监测，可以了解素质教育的发展现状，为相关政策的修订完善提供客观依据。同时，质量监测还能帮助教育决策者对教育中存在的问题进行科学诊断，并提出有针对性的工作建议。这有助于引导各级政府和教育行政部门将教育决策的重点放在强化育人环节、提高教育质量上来。教育质量监测标准应紧密围绕素质教育目标来制定，监测范围应全面覆盖学生的六大关键素质以及德智体美劳全面发展的各个方面。

四、多元共治的素质教育治理体系

教育治理是指政府协同社会组织、市场、学校和公民个人等行为主体，运用参与、对话、协商、谈判等形式，在自愿、平等、互利的前提下，共同管理教育公共事务，以应对时代挑战，达到好的治理效果。

构建一个优质的素质教育生态系统，关键在于推行一种自然融合、和谐共生且开放包容的多元共治发展模式，促进教育领域内外部主体与客体之间形成紧密相依、相互促进、互利共赢的协同关系。这需要建立一个多元共治的治理体系。多元共治的核心在于全面激活并整合各类教育要素的积极性与创造力，通过它们之间的有效互动与协作，激发整个教育系统的内在活力与持续发展的动力。具体而言，就是要在强化党的领导的基础上，积极发挥政府职能，同时让学校、社会等所有利益相关者参与到教育治理中来。多元主体是前提，共治则是贯穿于教育治理的主线。[①]

现代化的教育治理，是构建良好素质教育生态的关键保障。从素质教育的时代使命出发，新时代素质教育治理体系需要遵循以下要点。首先，把握战略性是构建新时代素质教育治理体系的首要基础。要将立德树人作为教育的核心价值追求，它不仅体现了教育的本质和目的，更是对新时代教育工作的明确指引。其次，注重全局性是构建新时代素质教育治理体系的重要原则。这意味着须从更高的站位出发，综合考虑各种因素，聚焦综合改革。这包括统筹协调各方利益和各种矛盾，打破体制机制上的束缚和障碍，为大学素质教育的高质量发展铺平道路。只有这样，才能真正实现教育资源的优化配置，提高教育效率。最后，突出系统性是构建新时代素质教育治理体系的必然要求。这包括完善外部治理结构和内部治理结构两个方面。在外部治理结构上，需要调整政府、社会与大学之间的关系，明确各自的职责和角色，形成推动教育事业发展的合力。在内部治理结构上，需要以内涵式发展为统领，完善学校的各项规章制度和管理机制，提高教育教学的质量和水平。

---

① 周洪宇，李宇阳. 生成式人工智能技术ChatGPT与教育治理现代化——兼论数字化时代的教育治理转型[J]. 华东师范大学学报（教育科学版），2023（7）：36-46.

素质教育涉及国家立场、办学行为、家庭期待和学生个体发展。在教育急剧转型期，政府、学校、家庭及社会个体需要树立适应未来发展需要的教育认知和教育理念，在提升学校教育体系质效的基础上，加强对素质教育的整体性治理，形成政府统筹、家庭和社会协同的素质教育闭环治理机制，实现政府、学校、家庭和社会协同化治理。

第一，促进政府转变职能，推动政府"放管服"改革，明确政府掌舵者、监督者、协调者等角色定位，实现由管制型政府向服务型政府的变革。

国家在推进教育领域"放管服"改革的过程中，建立起了专项督导与常态督导相互补充的工作体系。这一体系的建立，正是遵循党中央、国务院提出的"简政放权、放管结合、优化服务"的改革原则。改革的核心在于推动教育"管办评"的分离，而教育督导则在这一过程中扮演着至关重要的角色，成为落实改革的关键环节。教育督导作为行政监督的重要工具，不仅肩负着"督政"的职责，即督促政府及有关部门切实向学校放权，使政府能够更专注于宏观管理、科学规划和优化教育发展环境；同时，教育督导也承担着"督学"的责任，即对学校的自主办学行为进行监督，确保学校规范办学，提高办学水平和教育教学质量。

从传统的行政管理模式向现代治理体系转型，强调进一步深化政府职能转变，加大"放管服"改革力度，推动教育领域的"管办评"分离，以确保大学能够真正确立自身办学主体地位，拥有更大自主权。同时，这一转型还主张建立健全的资源配置市场机制和竞争机制，鼓励大学与科研院所、行业企业、社会团体等多元主体开展深入合作，共同建设、共享资源，以推动知识的创新和应用。同时强调建立健全社会支持、监督评价和育人协同机制，通过整合社会资源，推动形成全社会共同参与大学治理的常态化机制。这一变革旨在构建大学与外部治理多元主体间的新型关系，打破传统的封闭模式，实现教育资源的优化配置和高效利用。

第二，完善大学内部治理。首先，这需要调整行政部门、教师、学生和管理团队之间的关系，确保各方能够协同合作，形成高效的治理体系。具体来说，行政部门应更好地服务于教学和科研，为教师提供必要的支持和资源；教师应积极参与学校的决策过程，为学校的发展献计献策；学生应成为学校治理的重要参与者，他们的声音和意见应被充分听取和尊重；管理团队则应发挥桥梁和纽带作用，协调各方利益，推动学校的整体发展。其次，这要求加大教育教学改革力度，加强素质教育体系建设。深化教育教学改革，可以推动教学内容、方法和手段的创新，提升教师的教学效果和学生的学习体验。加强素质教育体系建设，可以促进学生全面发展，提高他们的综合素质。最后，这需要拓宽师生参与素质教育民主管理、民主监督、民主决策的渠道，通过建立健全的民主管理制度和机制，让师生更加深入地参与到学校的治理过程中来，充分发挥他们的积极性和创造力。

第三，推进校、家、社教育共治。2022年1月，《中华人民共和国家庭教育促进法》正式实施，家庭教育的法定地位得以确立。该法律强调家庭、学校和社会应当协同育人，共同为学生的成长营造良好的环境。2023年1月教育部等十三部门印发的《关于健全学校家庭社会协同育人机制的意见》提出了构建学校积极主导、家庭主动尽责、社会有效支持的协同育人机制，旨在实现教育的善治，促进学生的全面发展。

在推进校、家、社教育共治的过程中，应重视社会在塑造良好教育生态过程中的评价和舆论作用。社会机构在人才的运用和评价方面扮演着重要角色，因此，转变社会机构选人用人的观念对于构建良好的教育生态至关重要。社会机构树立科学的选人用人理念，可以为教育事业的发展提供有力支持。2020年10月13日，中共中央、国务院印发《深化新时代教育评价改革总体方案》，明确提出党政机关、事业单位、国有企业等应当履职尽责，带头转变选人用人观念，引导全社会形成科学的选人用人理念。同时，新闻媒体也应加大对科学教育理念和改革政策的宣传解读力度，帮助公众更好地理解教育改革的重要性，并合理引导预期，增进社会共识。通过这些措施的实施，我们可以共同推动校、家、社教育共治的发展，为学生的成长创造更加良好的环境。

第四，发挥教育媒介数字化的治理优势。信息技术为高等教育治理提供了强大的支持。我们一方面要充分利用现代信息技术，加快推动人才培养模式改革，创新教学方式方法，丰富教学资源；另一方面要加快形成现代化的教育管理与监测体系，利用大数据、云计算等先进技术，对教育过程进行全方位、多角度的监测和分析，及时发现和解决问题。这有助于推进素质教育治理方式的变革，使教育治理更加精准、高效、科学。总之，发挥教育媒介数字化的治理优势是新时代背景下推进教育现代化、提升教育质量的重要途径。

第二节 "人师"引领

"经师易求，人师难得"，发展好素质教育，关键在教师。新素质教育须与加强新时代教师队伍素质建设有机结合起来。

党的十八大以来，习近平总书记先后对广大教师提出了"'四有'好老师"（有理想信念、有道德情操、有扎实学识、有仁爱之心）、"四个引路人"（做学生锤炼品格的引路人、做学生学习知识的引路人、做学生创新思维的引路人、做学生奉献祖国的引路人）、"四个相统一"（坚持教书和育人相统一、坚持言传和身教相统一、坚持潜心问道和关注社会相统一、坚持学术自由和学术规范相统一）以及"大先生"（塑造学生品格、品行、品味，为学、为事、为人的示范）等殷切希望。在第三十九个教师节，习近平总书记致信全国优秀教师代表，号召广大教师要以教育家为榜样，大力弘扬教育家精神。

习近平总书记深刻阐释了中国特有的教育家精神内涵：心有大我、至诚报国的理想信念，言为士则、行为世范的道德情操，启智润心、因材施教的育人智慧，勤学笃行、求是创新的躬耕态度，乐教爱生、甘于奉献的仁爱之心，胸怀天下、以文化人的弘道追求。这是新时代高质量教育对广大教师的新召唤、新要求，也是新时代广大教师的精神引领和根本遵循，广大教师要在教育实践中努力践行教育家精神。

中国特有的教育家精神，是对中华民族自古以来尊师重道这一宝贵传统的继承与发扬。教师之所以备受尊崇，源于他们深厚的学识、高尚的品格。他们作为"传道、授业、解惑"的引领者，承担着传承文明的重要使命。这种精神内涵丰富，体现在多个方面。"心有大我、至诚报国"是每位教师崇高的教育使命和追求的体现，彰显了教师深厚的家国情怀，激励教师为国家和民族的未来贡献智慧与力量。"言为士则、行为世范"则反映了教师高尚的道德情操和为人师表的德性要求。教师的言行举止应成为社会的楷模，为学生树立正确的价值导向和道德标准。"启智润心、因材施教"是教育的核心原则，要求教师在教育过程中充分考虑学生的个体差异，采用合适的教育方法，激发学生的潜能，培养学生的创新精神和实践能力。"勤学笃行、求是创新"是教师在治学从教过程中应持有的职业态度和行为准则。教师应不断追求知识的更新和教学方法的创新，以满足学生不断变化的学习需求。"乐教爱生、甘于奉献"则体现了教师对学生的深厚情感和无私奉献的精神。他们乐于传授知识，关爱学生成长，为学生的未来奠定坚实的基础。"胸怀天下、以文化人"则展示了教师广阔的视野和高远的追求。不仅关注学生的个体发展，更致力于通过教育培养具有全球视野和跨文化交流能力的人才，推动中华文化的传承与弘扬。

中国特有的教育家精神，在道与术的和谐统一中，深刻阐释了"师者何为"与"何以为师"的核心议题。这一精神不仅体现了人类教育发展的普遍规律，更凸显了新时代中国教育的独特风采。它为培育具备高尚师德、卓越业务能力和深厚文化底蕴的大国良师提供了坚实的理论支撑和实践指导。习近平总书记对于教育事业和教师发展的重要论述，彰显了党和国家对教育及教师发展的高度重视和深切关怀。这些论述为新时代教师队伍的建设和教师个人的成长发展提供了明确的指引：广大教师应积极践行教育家精神，自觉承担起时代赋予的重任，努力成为新时代引领教育方向、塑造学生灵魂的"大先生"。

一、新时代大先生

新时代的素质教育，需要新时代大先生。他们是美好生活的创造者，学生生命成长的领航人，与学生一起学习的陪伴者。

整体而言，新时代大先生是有理想信念、有道德情操、有扎实学识、有仁爱之心的"四有"好老师，也是为学、为事、为人都堪称表率的"大先生"。

大先生之大，体现在有大担当、大品性、大智慧、大学问、大情怀、大格局。

（1）大担当。新时代的大先生怀揣心有大我、至诚报国的坚定信念，始终牢记为党育人、为国育才的崇高使命，以"躬耕教坛、强国有我"为志向，致力于培养德智体美劳全面发展的社会主义建设者和接班人。

（2）大品性。新时代的大先生以言为士则、行为世范的道德情操为典范，以人民教育家为榜样，以德立身、以德立学、以德施教，勇担培根铸魂的育人重任，努力培育更多真善美的时代新人。

（3）大智慧。新时代的大先生具备启智润心、因材施教的育人智慧，不断更新教育理念、转变育人方式，借助现代技术实现精准教学，让每个学生都能展现自己的光彩。

（4）大学问。新时代的大先生秉持勤学笃行、求是创新的治学态度，践行终身学习理念，坚守三尺讲台，潜心教书育人，始终站在知识发展的前沿，刻苦钻研、严谨治学，不断提升自我。

（5）大情怀。新时代的大先生以乐教爱生、甘于奉献的仁爱之心为指引，用"爱满天下"的精神书写教育人生，热爱祖国、关爱学生、献身教育，以赤诚之心、奉献之心传道授业解惑。

（6）大格局。新时代的大先生胸怀天下、以文化人，致力于构建人类命运共同体，弘扬全人类共同价值，为中华民族的伟大复兴、人类的共同进步和世界的大同作出自己的贡献。

二、教师队伍建设

教师是立教之本、兴教之源，强国必先强教，强教必先强师。为大力弘扬教育家精神，加强新时代高素质专业化教师队伍建设，2024年8月，中共中央、国务院印发了《关于弘扬教育家精神加强新时代高素质专业化教师队伍建设的意见》（以下简称《意见》），提出"把加强教师队伍建设作为建设教育强国最重要的基础工作来抓"，"坚持教育家精神铸魂强师"，"打造一支师德高尚、业务精湛、结构合理、充满活力的高素质专业化教师队伍，为加快教育现代化、建设教育强国、办好人民满意的教育提供坚强支撑"。

（一）学校发展素质教育与教师培养相结合

如何建设素质教育教师队伍，培养更多的新时代素质教育大先生？要实现这个目标，需要从多个方面发力，但"将素质教育和提高教师文化素养相结合应是有效途径之一"[1]。

---

[1] 周远清，刘凤泰，阎志坚. 从"三注"、"三提高"到"三结合"——由大学生文化素质教育看高等学校素质教育的深化[J]. 中国高等教育，2005（22）：3-5.

从学校层面出发，将教师的专业成长与学校素质教育的实施紧密结合。将教师的继续教育纳入学校素质教育的整体规划之中，将其作为推动学校全面素质教育的重要内容之一。通过统筹规划和整体实施，确保教师素养的持续提升，为学校开展素质教育提供坚实的师资保障。

从教师个人层面看，坚持教书育人与自我学习、自我提升相结合的原则。在专注于教学工作的同时，教师应不断加强学习，丰富自己的知识储备，完善自身的专业素养。特别要注重理论与实践的紧密结合，通过实践检验理论，通过理论学习指导实践，实现教学相长，不断提高教育教学水平。同时，教师还应加强对素质教育理论的研究，深化对素质教育理念的理解，将素质教育的思想贯穿于育人工作的始终。

首先，教师在人才培养过程中发挥着主导作用，是高校素质教育的重要力量。教师的一言一行、一举一动都对学生产生着深远的影响。教师的文化素养不仅影响其严谨治学、认真执教、乐于奉献、尽职尽责的精神与品格，也影响其是否能真正做到为人师表、教书育人。因此，没有高素质的教师队伍，就不可能培养出高素质的人才。

其次，提高教师的文化素养是加强素质教育和全面推进素质教育的重要组成部分。一所高校的文化素质教育工作是否取得成效，不仅取决于学校领导对这项工作的重视程度和所采取的措施是否得力，更重要的是取决于广大教师对素质教育思想的理解和把握是否到位。只有教师积极响应、积极配合，文化素质教育工作才能取得良好的成效。

因此，加强素质教育工作不仅要着眼于提高学生的素质，更要注重提高教师的素养，特别是文化素养。这是高校加强素质教育的应有之意，也是做好这一工作的基本保证。

（二）综合素质要求

《意见》指出："要坚持教育家精神铸魂强师，引导广大教师坚定心有大我、至诚报国的理想信念，陶冶言为士则、行为世范的道德情操，涵养启智润心、因材施教的育人智慧，秉持勤学笃行、求是创新的躬耕态度，勤修乐教爱生、甘于奉献的仁爱之心，树立胸怀天下、以文化人的弘道追求，践行教师群体共同价值追求。"以教育家精神为价值引领的教师综合素质应该包含几个方面：理想信念、道德情操、育人智慧、躬耕态度、仁爱之心、弘道追求。

新素质教育的教师,是学生学习、生活的共同陪伴者,引导学生在生活中培养素质。因此,新素质教育教师的综合素质,更应重视教育家精神的践行,力争做道与术兼备的新时代"大先生"。

胸怀国之大者,担当时代使命。新素质教育的教师,应坚定理想信念,做胸怀国家大局的示范者;紧跟世界发展的步伐,认清时代潮流,树立正确的国家观、历史观、民族观、文化观和宗教观,以铸牢中华民族共同体意识为核心,积极弘扬中华优秀传统文化,促进各民族师生之间的深度交往、交流、交融,共同构筑中华民族共有的精神家园;始终心怀国家,将个人的理想追求融入国家的发展大局之中,明确自身肩负的国家使命和社会责任,想国家之所想、急国家之所急、应国家之所需,服务学生成长成才、服务经济社会发展、服务文化传承创新、服务国际交流合作,勇于担当,不负时代重托。

立德树人,树立道德高标。学生素质的养成,关键在教师,教师作为人类灵魂的工程师,肩负着塑造灵魂、塑造生命、塑造新人的时代重任,是学生道德修养的一面镜子。教师既是知识的传授者,更是道德的引路人,用自己的思维方式、情感方式以及行为模式,潜移默化地影响每一位学生;应始终将师德建设放在首位,做到是非分明、曲直有度、义利相衡、取舍有道,以高尚的品德、严谨的治学态度和良好的行为习惯为学生树立榜样;坚持师德为上,以言为士则、行为世范的自觉,不断加强理论学习,提升道德修养和人格品质,积极弘扬中华传统美德和优秀文化,引导学生树立正确的世界观、人生观和价值观,用道德情操感染学生、引导学生,帮助学生在成长的道路上把好方向,塑造优良的品格、品行和品味。

坚守教育初心,潜心教书育人。教育是一项神圣而伟大的事业,需要付出心血与努力。《意见》强调要提升教师专业素养,"将高校教师学科能力和学科素养提升作为学科建设的重要内容,推动教师站在学科前沿开展教学、科研,创新教学模式方法"。教师应将教书育人视为毕生的追求,始终坚守教育初心,刻苦钻研、丰富学识,不断创新教学方式方法,以适应新时代教育发展的需求;深入了解每一位学生的特点与需求,因材施教、循循善诱,激发学生的学习兴趣与潜能;紧跟科技发展趋势,利用现代技术手段丰富教学内容与方法,提高育人水平与教学质量;致力于推动科技进步、文化繁荣和国家强盛,为学生的全面发展贡献自己的力量;既要有扎实的学识和卓越的教学能力,更要有卓越精湛的"大学问",精于"传道授业解惑",成为学生们心中敬仰的智者和引路人。

大先生之所以被尊称为大先生，不仅在于道德情操的高尚，更在于德行修养的艺术化展现。其注重内在修养的提升，在言行举止、待人接物中流露出一种风雅的气质和高尚的品格。这种风雅，既是对传统文化的传承与弘扬，又是对现代文明的理解和追求。它体现在对知识的尊重、对真理的追求、对美的向往以及对生活的热爱之中，使教师在学生心中树立起一个既威严又亲切、既崇高又接地气的形象。这与面向"生活·实践"的新素质教育主张回归生活、创造美好生活的价值追求契合，这样的大先生更能引领学生追求美好生活、创造美好世界。

（三）全员参与

面向"生活·实践"的新素质教育应贯穿大学阶段的整个时间和空间，注重学生学习、生活方方面面的成长。因此，素质教育的成功实施，离不开全员教师的参与，需要建立德才兼备、多元化、专兼结合的素质教育教师队伍，让教师在学生学习、生活的点滴中，成为影响学生成长的引路人、示范者、支持者。

1. 专任素质教育教师

在相关学科或优势学科遴选优秀教师，聘为专任素质教育教师。专任素质教育教师应由学识渊博、品行优秀、经验丰富、多才多艺的教师组成，同时注重老中青三代教师的合理配置，以充分发挥各自的优势。教师队伍应广泛涵盖多个学科领域，对世情、国情、民情有深入的理解。

专任的素质教育教师需要经过专业培训，具备深厚的素质教育理论知识和实践经验，能够更加专业、有针对性地开展素质教育教学活动；能了解素质教育的核心理念、目标和方法；能够根据学生的特点和需求，设计并实施符合素质教育要求的育人方案；能够更好地整合校内外资源，优化教育资源配置，为学生提供更加全面、丰富的素质教育体验。素质教育是一个系统工程，需要贯穿于学生整个大学阶段。专任素质教育教师应能够根据学生的成长规律和特点，制订系统、连贯的教育教学计划，确保素质教育的连续性和有效性，可以在不同年级、不同学科之间建立联系，形成协同育人的良好机制。专任素质教育教师还需要具备较强的创新意识和实践能力，能够不断探索新的教育教学模式和方法，以适应学生发展的需求和社会变革的趋势，为学生未来的职业发展和社会参与打下坚实的基础。

专任素质教育教师还承担着对学生素质教育成果的评估和反馈工作，应全面了解学生的素质发展状况，为学生提供个性化的指导和建议，同时将评估结果反馈给学校和教育部门，为素质教育政策的制定和调整提供参考依据。

2. 专业教师

结合我国高等教育目前的实际发展情况，素质教育教师队伍应更多来自各学科专业教师、课程教师。学校应统筹校内师资力量，带动全校形成共同关心、支持、参与素质教育的良好氛围，以实现资源优化配置、优势互补、协同育人。

随着时代的快速发展，大学教师被赋予了多元化教育责任，涵盖人才培养、科学研究、社会服务、文化传承与创新等多个方面。大学教师教育责任的落实情况，直接关系到高校人才培养的质量，决定着学生参与国家建设的水准与成效。

大学教师肩负着立德树人的职责。每位教师都应怀有一颗"育人心"，将学生的全面发展作为自己的使命。专业教师不仅承载着实施专业课程的主体职责，还承担育人的重要使命，即传道授业解惑。坚持成人与成才统一的人才质量观，是专业教师的重要任务。将专业教学与育人相结合，使学生在掌握专业知识与技能的同时，树立正确的价值观、养成良好的品格。

作为素质教育教师队伍的重要组成部分，专业教师的发展需要融入教育家精神，以教育家精神推动自身专业发展。不仅要具备深厚的专业素养和教育教学能力，更需要具备高尚的职业道德和人文情怀，从而更好地引领大学生的素质养成，推动学校整体素质教育的发展。

三、扎根一线潜心育人

导师制，作为学生素质成长共同体的核心机制，原本以其非正式性为特点，强调师生间的交往与活动对学生智识与品格潜移默化的影响。然而，这种非正式性在现实中往往难以迅速转化为明显的改革成果，且对师生的约束力有限。因此，在成长共同体（如书院、社团等）中，导师制被普遍采纳，要求导师在固定时间与学生进行会面交流。然而，即便有了这样的正式规则，学生主动与导师交谈的情况仍然不多见。为了应对这一挑战，实施书院制的学校采取了不同的策略，要么强制要求学生与导师进行轮流会面，要么将会面转变为补课授课活动，使之与正式课堂课程无异。然而，这种形式化的操作往往导致正式性的规则取代了素质教育非正式性的文化、思想交往的精神内核。

素质教育，不是设置几门课程或举办几次活动所能涵盖。它的核心在于全面而深入地塑造学生的价值观、锤炼其品格、提升其能力。素质教育是一个系统工程，它以启迪智慧、滋养心灵为主。

这一教育过程充满了探索与挑战。其要求教育者关注学生的全面发展，不限于知识技能的传授，还要触及学生的情感、态度与价值观；要求教师在教育环境与学生个体成长的不断变迁之中，具备灵活应变的能力。每个学生都是独一无二的个体，其成长路径充满未知与变数，需要教师以深厚的专业素养和人文关怀去引导。

因此，教师的角色尤为重要。而教师的积极性、主动性是推动素质教育向前发展的关键力量。当教师以高度的责任感和使命感投身于教育事业，将培养担当民族复兴大任的时代新人视为己任，他们便会自觉地投身于教育教学的每个细节之中，以自身的言行举止为学生树立榜样，激发学生的内在潜能，引导他们成长为有理想、有本领、有担当的新时代青年。

推动素质教育的改革创新，离不开教师的主体参与，需要教师扎根育人一线，充分发挥积极性、主动性，全程在场、全时在线，潜心育人。调动教师的积极性、主动性，核心在于深化并增强教师对素质教育的认同感、荣誉感与责任感，从而激发教师内在动力。

首先，增强教师的素质教育认同感是基础。认同感不仅关乎教师对素质教育目标、价值及意义的深刻理解，更是其职业忠诚度、成就感和事业心的源泉。当教师真正认同素质教育理念，认识到自己工作的重要性及其对学生成长、国家未来的深远影响时，他们便会更加主动地投入教学与研究，乐于探索创新教学方法，以更加饱满的热情和更高的标准要求自己，从而在工作中获得持久的成就感与满足感。

其次，荣誉感是教师职业发展的催化剂。它是教师在教学实践中，因不懈努力和显著贡献而获得的社会认可与褒奖，是对教师个人价值和社会贡献的肯定。这种荣誉感能够极大地增强教师的自尊心和自信心，激发他们以更加昂扬的斗志和更加饱满的热情投入教育工作中。同时，荣誉感也是对认同感的一种强化和升华，它促使教师不断追求卓越，努力成为学生心中的楷模和社会的栋梁。

最后，职业责任感是教师职业精神的灵魂。它源于教师对教育事业的深刻理解和无私奉献，体现为教师对所肩负职责和使命的清醒认识、深厚情感和坚定信念。与荣誉感更多依赖外在激励不同，职业责任感更多源自教师内心的责任自觉和使命自觉。它促使教师在面对困难和挑战时，能够坚守岗位，勇于担当，以高度的责任感和使命感去完成教学任务，为学生的成长成才和国家的发展进步贡献自己的力量。

在素质教育成长共同体中，师生之间的交流互动被赋予了特殊的意义。这种交流互动不限于传统的课堂教学，而是渗透到学生成长的方方面面，以实现师生双主体的深度参与和相互影响。因此，从素质教育实际的实施过程看，这也需要教师积极、主动、切实投身到实际的素质教育中。在师生双主体的交流互动中，亦师亦友的师生关系将有效促进素质教育各项目标的实现。

北京航空航天大学在育人活动上，强调导师队伍汇聚一线，全程参与。充分激活全校教职员工育人潜力，有效整合专业、管理、服务等高质量育人力量，5000余人共同参与、深度引导，构建全方位、贴心式的全学段导师制，打造北航"三全育人"的生动实践。一是为书院学生配备学业导师。针对新生适应性问题，面向全校范围选拔潜心育人、敬业奉献的专业教师，按照师生比1:6互选形成导学小组，每月至少开展2次活动，涵养家国情怀、引导专业选择、指导学业科创，助力学生大学适应"软着陆"。二是为大二、大三学生配备专属导师。针对学生可能出现的脱群孤单、发展迷茫等问题，从优秀专任教师、管理干部、离退休教工中遴选专属导师，每人指导5—6名学生，每月至少与学生面对面交流一次，解决生活困难、疏导心理压力、指导生涯规划，在学生成长的关键处、要紧时拉一把、帮一下，充分发挥导向、导行、导心作用。三是高质量选配社会导师。每年邀请院士总师、行业骨干、优秀校友等社会大咖走进社区，定期开展"院士有约""校友对话"等活动，与学生面对面分享科研故事，畅谈职场经历，讲述人生感悟，深刻阐释实现高水平科技自立自强等重大命题，以"大先生"的垂范引领带动学生积极投身中国式现代化的伟大实践。①

总而言之，素质教育需要教师的积极参与、主动投入。一方面，教师站在落实立德树人根本任务的前线，应深刻认识自己肩负的神圣职责和使命，自觉树立职业认同感、荣誉感、责任感，以高度的积极性、主动性、创造性投身新时代素质教育高质量发展的新阶段新任务；另一方面，教师的积极性、主动性的发挥离不开社会各界的广泛支持与配合。特别是学校各部门，作为教育工作的直接组织者和实施者，应加强对素质教育的重视程度，将素质教育理念贯穿于教育教学工作的全过程。这包括加强组织领导，确保素质教育工作有明确的方向和目标；完善制度保障，为素质教育提供坚实的政策支持和制度保障；推动机制创新，鼓励教师在教学实践中勇于探索、敢于创新；改善物质条件，为素质教育提供必要的物质基础和资源支持，努力创造重视素质教育的良好环境和条件。

第三节 "全面发展"的综合评价

教育评价是教育发展的指挥棒，也是教育改革的驱动力，与教育事业的发展方向息息相关。我国教育综合改革已步入深水区，教育评价的变革转型成为教育改革的"关键一役"。

回顾我国高等教育综合评价改革的历程，不难发现，早期不科学的评价指标体系曾一度束缚了学生的全面发展。过去，"为评而教"的理念盛行，权威的知识体系和僵化的课程体系成了教育发展的桎梏，抑制了创新精神和批判性思维的培养。更为严重的是，"唯分数论"的盛行，使得分数成了衡量学生优劣的唯一标准，加剧了社会阶层的分化，甚至引发了贫富冲突和教育失衡。因此，须将"为评而教"转向"为教而评"和"为学而评"，使教育评价真正服务于教育教学，为学生的全面发展提供有力支持。

在新时代背景下，发展素质教育须以深化教育评价制度改革、构建科学的教育评价体系为突破口。《深化新时代教育评价改革总体方案》明确指出，教育

---

① 教育部思政司.北京航空航天大学强化队伍入驻 持续汇聚社区全员育人工作合力[EB/OL].(2024-05-31)[2024-07-10]. http://www.moe.gov.cn/s78/A12/gongzuo/moe_2154/202405/t20240531_1133314.html.

评价改革的目标是推动素质教育的发展，引导全社会树立科学的教育发展观、人才成长观和选人用人观。这一方案旨在构建服务全民终身学习的教育体系，培养堪当民族复兴重任的时代新人。在实施素质教育的过程中，应当同步推动教育评价改革，通过教育评价改革引领素质教育的系统性变革，为新时代学生的素质发展创造更为优良的制度环境。

一、评价的特点

相对学科专业课程评价，素质教育的评价有其独特之处，因为素质包含价值塑造、品格养成、能力提升等维度。这三个维度，尤其是价值、品格方面的培养，等同德育，具有"复杂性和整体性、情感性和内隐性、长期性和反复性、自主性和人文性"[1]，使得学生的素质测评比一般的课程评价更加难以操作。

（一）价值、品格的评价特征

在素质教育的宏大框架中，学生价值的塑造、品格的养成处于核心位置。它不仅包含教师精心设计和组织的有意识育人活动，更涵盖那些在日常教学中无意识地、自发地对学生价值观、品格发展产生深远影响的因素，如教师的人格魅力、和谐的师生关系，以及积极向上的班级文化氛围等。

试图通过测评来量化价值塑造、品格养成的效果面临着不小的挑战。品德评价往往强调指标的客观性和可测量性，但这样的评价体系往往只能触及直接品德的层面。对于间接品德的培养效果，则难以通过测评来准确衡量。因此，品德测评往往只能提供局部、不全面的反馈，无法全面反映品德培养的整体效果。

此外，品德与能力在本质上有着显著的区别。能力侧重于知识的传授和技能的培养，其效果可以通过知识的掌握程度、行为活动的完成质量来评价。而品德则更加关注品德的塑造和道德情感的培养。品德由知、情、意、行四个要素构成，道德认知虽然重要，但仅有认知是远远不够的。真正的道德行为必须源于内心的道德情感，是自觉自愿的。

---

[1] 冯建军.测量时代的德育评价:难为与能为[J].中国电化教育，2002（1）:1-8.

品德，蕴含在生活的点滴之中，不存在脱离真实生活情境的品德。这使得品德评价在实际操作层面尤为困难，因为学生内在的情感和动机无法通过客观指标和外显行为来完全反映。因此，在评价品德时，需要更加关注学生的内心世界，而非仅仅依赖外在的行为表现。

品德的形成是一个长期且复杂的过程，它需要通过一系列的活动和经历来逐步累积和提升。在这个过程中，学生可能会遇到各种挑战和困难，导致品德的发展出现反复和波动。这也说明了品德形成的艰难性和复杂性。

品德评价不能急于求成，试图通过一节课或一次活动来评价学生品德发展所受的影响，往往不切实际，且不客观。品德评价应该是一种持续的过程性评价，贯穿于学生的整个学习生涯，以全面、真实地反映学生的品德发展状况。

道德是人的自由意志的体现，是人的精神自律。一个有德性的人，是出于对美好生活的向往而自觉践行道德准则的，而非因为外在的约束而选择被迫服从。因此，品德必须是自主的，要尊重学生的主体性和主观能动性。

总而言之，与智力评价相比，品德评价面临着更大的挑战。品德不仅关注学生的认知层面，而且强调学生的道德情感、道德意志和道德行为等层面。这些因素往往难以通过客观的标准和数据进行精确的测量和评估，尤其是道德情感和道德意志等内隐性因素，更是难以通过外在的行为表现来反映。

因此，品德的复杂性与整体性要求在品德培养过程中注重全面性和系统性的培养，关注学生的内心世界和道德情感的发展。品德评价须不断探索更加科学、全面的评价方法，以更好地推动品德教育的发展。

（二）能力评价特征

能力，作为一个多维度、多层面的概念，在现代教育评价体系中，已逐渐被赋予可测量的属性。这种可测量性不仅体现在能力指标可以被明确量化，更体现在这些量化指标具有相对的精确性，为教育评价提供了客观、具体的参考依据。

测量，作为现代教育评价的重要手段，已经逐渐取代传统的经验性评价方式。它不再仅仅依赖于主观的判断和感知，而是诉诸客观的标准和结果。这种转变，实际上体现了现代教育对于标准化测量的推崇，以及对于目标具体性、可测性和评价结果精确性的不懈追求。

在这种背景下,行为能力目标也被赋予了更加具体和可操作的特性。特别是在智育领域,通过一节课的学习,学生对知识的掌握程度变得可以量化、可以比较。这种量化不仅使得教育效果更加直观可见,也为教师提供了更为精准的反馈,有助于教师调整教学策略,进一步提升教学质量。

评价过程,就是根据这些具体、可操作的指标,以客观、有效的数据作为评价依据,全面衡量指标的完成情况。它不仅关注教学活动是否达到了预设的指标,而且关心达到的程度如何,从而作出更为精确、更具等级性的价值判定。这种评价方式可以实现对能力的检查与考核,体现能力评价标准的客观性和可操作性。

然而,值得注意的是,这种量化评估方式更适用于那些直接的、显性的能力训练与习得。对于一些更为复杂、更为隐性的能力维度,如创新思维、情感态度等,可能需要探索更为多元、更为灵活的评价方式。尽管如此,能力的可测量性及其在现代教育评价中的应用,有助于素质教育科学、全面地评估学生综合能力的发展。

二、评价的原则

回归育人本身,最终指向的是个体的成人、成才。其关注的焦点在每个学生的"完善",而非进行选拔、淘汰。评价应关心人本身,是为指导、促进学生发展而进行评价,从而更好地服务于人的成长。

(一)价值、品格评价:回归育人本质

在教育领域,对功利性和工具性的过度强调往往导致教育目标的偏离,尤其是品德方面。素质教育的品德评价,须深化改革,回归育人本质。

第一,回归品德教育初心。品德评价不仅仅是对学生道德行为的一种衡量和评估,更是对学生内在品质、情感态度和价值观的引导与塑造。因此,品德评价应该超越简单的分数和奖项,更多关注学生的内在成长和变化,具体可从以下方面作出调整。

(1)转变评价理念,从外在评价转向内在评价。传统的外在评价往往过于

关注结果和分数，忽视了学生的内在需求和个体差异。而内在评价则更加注重学生的自我认知、自我提升和全面发展。因此，教育者需要摒弃传统的功利性评价思维，将评价的重心转移到学生的内在成长和变化上来。

（2）建立多元化的品德评价体系。品德评价不应该只关注某一方面的表现，而应该综合考虑学生的多个方面，包括学生的道德品质、行为习惯、情感态度、价值观等。通过建立多元化的评价体系，可以更加全面、客观地评估学生的品德表现。

（3）强化品德评价的育人功能。品德评价不仅仅是一种评估手段，更是一种教育手段。品德评价可以引导学生树立正确的价值观、培养健康的情感态度、形成良好的行为习惯。教育者需要充分发挥品德评价的育人功能，让学生在评价过程中得到成长和提升。

第二，从终结性评价转为发展性评价。以发展的眼光看待每个学生的成长与进步，把赋值性、结果性评价转变为增值性、发展性评价。

在教育领域中，品德评价是塑造学生品格、引导学生道德发展的重要手段。然而，传统的品德评价方式往往过于注重终结性的结果，忽视了学生在道德发展过程中的成长与进步。发展性评价的核心在于关注学生的道德成长过程，而非仅仅关注结果。它强调以发展的眼光看待学生的每一次进步和成长，鼓励学生不断挑战自我、超越自我。这种评价方式更加关注学生的个体差异和内在需求。教师需要定期观察学生在行为、态度和价值观等方面的变化，并及时给予反馈和指导。

每个学生都是独一无二的个体，他们的道德发展也各具特色。因此，发展性评价还需要尊重学生的个性差异，根据学生的不同情况制订个性化的评价方案。

此外，发展性评价应突出激励性，注重激发学生的积极性、主动性和创造性。通过及时、正面的反馈，让学生感受到自己的成长和进步，从而更加努力地追求更高的道德标准。

总之，品德评价从终结性评价转向发展性评价，可以更好关注学生的道德成长过程，及时发现问题并引导改正。同时尊重学生的个性差异和内在需求，让学生能在恪守道德底线的基础上实现个性化的发展。这种评价方式不仅能够促进学生的道德发展，还能够增进他们的自我认知和培养他们的自我提升能力，为他们的全面发展奠定坚实的基础。

作为教育手段，评价要根据育人的道德价值，发现学生发展中的问题，及时引导他们改正问题。这是一种"为了德育的评价"，而非"为了评价的德育"；不是以评价结果引导德育，而是以评价促进道德发展。人的道德发展应该有底线。底线是统一的，在底线的基础上，学生可以根据自身的情况自主发展。每个学生都是独一无二的个体，即便是德性，也允许有差异。只要符合道德底线，就是一个有道德的人。在道德底线之上，教育应满足学生的多样化发展需求，使每一个学生都能获得个性化的发展。

第三，促进评价主体的多元化。品德评价的主体问题，即谁来评价德育、谁有资格评价品德，是品德评价体系中的核心议题。根据评价主体来源的不同，可以将其分为外部评价和内部评价两大类别。

外部评价主要由品德教育过程之外的个体或组织进行，如政府对学校品德教育的评估、第三方机构对学校品德教育的审核，以及社区对学生发展状况的评判等。这些外部评价者将品德教育工作视为一种客观事实进行审视，其优势在于能够保持评价的客观性、真实性和公正性。正因如此，外部评价在品德评价体系中占有重要地位，甚至有些地方会委托第三方专业机构进行品德评价。教育部也在相关文件中强调了建立政府主导、社会组织和专业机构共同参与的外部评价机制的重要性。

然而，外部评价也存在局限性。尽管评价者可能通过详尽的资料审查和深入的调查访问掌握大量信息，但他们所掌握的信息量仍然无法超越品德培养过程的直接参与者。更为重要的是，当品德的当事人将评价权利让渡给外部评价者时，他们也就在一定程度上放弃了对自己人生走向的掌控。这种方式或许适用于以比较鉴别为主的结果性评价，但在以推动学校品德教育和学生道德发展为目标的形成性评价中，则显得力不从心。

品德评价作为一种教育手段，特别是作为一种推动教育改进的手段，必须强调当事人的参与。这与教育行动研究的理念不谋而合：专业人员对教师行动的研究往往难以直接推动教师的教学改进，而让教师自身参与到研究中，将行动与研究相结合，则能更有效地促进教学的改进。同样地，没有当事人参与的品德评价也难以真正推动学校德育的改进和学生品德的发展。

因此，应将品德评价的权利归还给师生。对于学校品德教育而言，每一位教师和学生都是品德培养的当事人。品德养成对于每一个参与者都具有生命意义。它是一种理解过程，只有真正参与到德育活动中的人，才能深刻理解品德培养的意义并发现其中存在的问题。外部观察者可能只能看到品德培养的表面事实，而无法触及品德培养的深层意义。

品德养成本质上是一种自律机制，教师和学生是自我教育的主体。因此，将品德评价的主动权归还给师生是增强品德自我改进机制的关键。这要求尊重学生的主体性，把评价的主动权还给学生，引导他们开展自我评价和互相评价。这并不意味着否认教师和家长对学生评价的作用。相反，作为学生学校生活和家庭生活的引导者，教师和家长不仅了解学生的品德发展状况，而且负有引导学生发展的责任，因此他们同样是学生品德发展的重要评价主体。

（二）能力评价：过程性为主

评估学生的能力，应以过程性评价为主，辅以总结性评价。

过程性评价侧重于学生在学习过程中展现出的实践能力和探究意识，能够及时发现学生在学习中遇到的问题，并提供及时的指导和帮助。在过程性评价中，可以采用多种具体方法。例如，通过视频行为采集，教师可以观察学生在实践活动中的表现，评估学生的实践能力和动手能力；记录过程表则是一种记录学生在项目研究、小组讨论等活动中的参与情况和贡献度的方式，有助于教师了解学生在团队中的协作能力和领导能力；在线学习行为记录则可以追踪学生在网络学习平台上的学习轨迹，有利于教师评估他们的自主学习能力和信息处理能力。

总结性评价是在教育教学活动结束之后进行的，目的是对学生的学习效果进行检验，检验其是否达到预期效果。这种评价方式能够帮助学生了解自己的学习成果和不足之处，并为他们下一阶段的学习提供方向。教师可以设计综合性的测验，要求学生展示自己的知识掌握程度和能力水平。

在能力评价中，教师评价是最基本的评价方式，学生自我评价则能够帮助学生了解自己的学习情况，发现自己的优点和不足。过程性为主、总结性为辅的评价方式，能全面评估学生的问题解决能力。

（三）数字化赋能

随着智能技术与教育的深度融合，教育评价正迎来一场前所未有的智慧转型。智能时代的教育评价，不仅要求技术的创新应用，而且需要在人机协同的框架下，实现评价方法的科学性与人文性的和谐统一。这一转型不仅是对教育综合发展困境的突破，也是服务于学生全面发展的重要工具。

传统的品德评价往往依赖于教师的主观定性评价，如期末评语或毕业鉴定。这种方法虽然体现了教师对学生的深入了解，但存在模式化、空洞化的问题，且评价周期过长，难以及时反映学生品德的动态变化。近年来，随着个性化教育的兴起，教师开始尝试更为个性化的评价方式，试图更准确地把握学生的特点和发展方向。然而，单纯的定性评价在客观性和可比较性上存在局限，难以满足考核、选拔等实际需求。

为了克服这一局限，教育评价开始探索定量评价的方法，通过收集外显指标和行为来量化品德教育效果。然而，品德教育工作的复杂性和学生品德发展的多样性使得全面量化变得困难，过度追求量化也容易导致对品德培养全面影响的忽视。

因此，需要一种兼顾科学性与人文性的素质教育评价范式。这种评价方式以科学为基础，以价值为导向，追求科学性与人文性的统一。它强调评价方法的多元化和质性化，通过观察和收集学生品行方面的日常表现和突出表现，全面把握学生道德成长的特点和需要。在评价过程中，教师、家长、学生及其同伴等德育过程的当事人都是评价主体，他们的参与和互动是实现意义建构的关键。

实现这一评价范式，需要借助现代信息技术的力量。《深化新时代教育评价改革总体方案》明确要求，利用人工智能、大数据等现代信息技术，创新评价工具，探索开展学生各年级学习情况的全过程纵向评价，使评价更加全面、及时、互动，学生、教师、家长、学校管理者都可以参与评价过程，共同促进学生的成长。

在关注学生的成长过程与发展性的同时，通过数据的动态量化和真实性分析，可以帮助学生真实了解自我、明晰优势特长和发展短板。这种评价方式不仅体现了科学性，也体现了人文关怀，为每一个学生寻找适合自身成长的方式提供了有力支持。

智能时代下的教育评价智慧转型是一个必然趋势。素质教育需要借助现代信息技术的力量创新评价方法，实现科学性与人文性的统一。只有这样，才能更好地服务于学生的全面发展，推动素质教育评价体系的不断完善。

三、评价的路径

（一）以实践任务群为基础

面向"生活·实践"的大学生新素质教育以主体实践为培养方式。学生通过实践（做事）来实现素质的生成，实践是新素质教育的内在要求。因此，新素质教育的评价，只有以实践任务群为评价基础，才能真正考核素质教育的成效。其对实践任务的完成质量进行评定，进而对学生的价值、品格进行评价，形成完整的新素质评价过程（能力、价值、品格）。能力与价值、品格组合成了大学生素质评价的两大指标模块。

实践任务群，包含认知性实践、体验性实践、服务性实践三类实践任务，这三类实践任务都可量化。教师应从不同学生在素质成长中存在的问题出发，根据不同的需求、兴趣爱好、时间安排等因素，制定个性化的实践任务清单，分群体、分层次、小众化推进，执行"一生一任务清单"。清单的任务量按"积分化"执行，每一类实践活动都有一定量的积分，学生的实践须达到学校规定的积分标准和条件。具体的任务量、完成周期、评估次数、验收时间等由学校统一规定，尽可能灵活满足不同学生的个性化需求。此外，由于素质教育贯穿于学生的整个大学生涯，因此实践任务的分配在时间段上应尽可能均衡，以保证在校期间素质培养的连续性。

实践任务既是素质教育的起点，也是素质教育的基础，学生只有经过"做事"才能"成事""成人"。实践活动的完成质量、效果直接影响学生价值、品格方面的衡量。因此，实践任务的显性素质——能力评价在整体评价中所占比重以在60%及以上为宜，并以定量考核为主要形式，价值、品格评价所占比重则在40%左右，并含定量、定性考核两部分。其中，定量考核主要针对显性、可视化的服务性实践，因为这一类实践主要面向社会、他人，是品德的外在表现，而定性考核主要针对那些内隐的、不可测量的隐性指标，是对个体思想、品格的全面考量，主要由自评、同伴互评、导师评的增值性评估组成。

新时代大学生素质评价指标体系（表2）的设计，主要基于两方面的考虑：一是强调"做中学"，注重实践对人的全面发展的作用；二是试图有效解决素质,尤其是价值、品格无法简单量化统计的难题。这是一种包含知、情、意、行等要素的复杂心理结构,对它的评价不同于知识、技能的评价,不能简单以道德知识的记忆和道德行为的熟练程度来判定一个人的道德品质,其评价的客观性和准确性均比较难把握。大学新素质教育评价体系,结合了定量与定性、显性与隐性、自我与他人、过程性与增值性等多维因素,力求做到多元、客观,从而有效、科学地发挥评价的导向作用,真正促进学生的全面发展。

表2 新时代大学生素质评价指标体系

能力指标(≥60%)				价值、品格指标(≤40%)		
定量: 过程性评价为主			定量 (显性)	定性(隐性): 增值性评价为主		
认知性实践 (过程性 材料)	体验性实践 (过程性 材料)	服务性实践 (实际 "成果")	基于 服务性 实践	自我 评价	成长共同体 朋辈评价	导师 评价
任务1 任务2 ……	任务1 任务2 ……	任务1 任务2 ……				

(注:这里的"价值"主要指价值观、思想道德,"品格"主要指人格、心智)

(二)创新学分管理

学分制源自德国选修制,其所依据的理念是学习自由,以生为本、终身学习则是在该理念的基础上衍生而来。以生为本和终身学习,将学生的需求与发展置于教育的核心位置。新中国成立以来,我国学分制经历了从个别高校试行到全国范围内推广的历程,在实践中不断摸索与改进。随着对学年制与学分制的探究走向深入,我国正逐步走出一条既符合国际趋势又彰显中国特色的学分制道路。

当今社会,人才需求正从单一化向多样化转变。高校作为人才培养的重要阵地,须紧跟时代步伐,适应社会对人才需求的变化。创新型、复合型人才的培养,是高等教育的重要目标。学分制顺应了这一需求,它不仅能够满足学生个性化学习的要求,还能促进教育资源的优化配置。

教育部印发的《关于深化本科教育教学改革全面提高人才培养质量的意见》，明确提出深化教育教学制度改革的要求，特别强调支持高校进一步完善学分制，扩大学生学习自主权、选择权。这一政策导向不仅体现了对学分制重要性的肯定，而且为学生自主性的发挥提供了更加广阔的空间。同时，该意见还要求高校建设与学分制及弹性学习相适切的教学管理制度，以充分发挥学生的自主性和创造性。

素质教育，作为当前教育领域的重要发展方向，其核心目标在于促进学生的全面发展。而要实现这一目标，就需要有灵活、自主的制度保障。学分制正是这样一种制度。它鼓励学生根据自己的需求和目标，自主定制学习方案，不受专业年级的限制，真正实现了"以学生为中心"的教育理念。

素质教育学分制的实施，可以尝试两种方式。一种是将其纳入人才培养方案，设置相应的学分，并与学生的学业挂钩。这种方式属于硬性评价，确保了素质教育在课程体系占有重要位置。另一种方式则是使素质教育独立于人才培养方案之外，设置"荣誉学分"。学生完成素质评价并取得合格成绩后，就可以获得这一荣誉学分，作为对其综合素质的认可。这种方式属于软性评价，更为关注学生的兴趣和特长、自由和自主成长。

素质教育贯穿于大学人才培养的整个过程，不仅包含专业教育，还涵盖通识教育、人文素质教育。它既有课程教学活动，也有非课程活动，因此，素质教育学分并非一种独立的学分体系或额外开辟的模块学分，而是对整个大学人才培养过程的综合性评价。如何将素质教育评价有效融入整个大学阶段人才培养体系，仍需教育界进一步研究。

总之，面向"生活·实践"的大学生素质评价，以实践任务群为基础，集中考核学生的价值、品格、能力，是对大学生在校期间素质培养作出的综合性评价。这一评价不仅关注学生的思想政治素质、道德素质、科学文化素质，还注重学生的身心素质、专业素质和实践创新素质，力求全面评估大学生的综合素质。

（三）智能运用评价结果，发挥评价服务功能

评价结果是评价活动的核心要素与关键环节。只有正确认识并运用评价结果，才能发挥其激励与约束功能，深化教育改革。智能技术为运用评价结果提

供了强大助力。智能运用评价结果不仅强化了教育评价的重要性,而且有利于发挥评价的服务功能。

一是服务教育实践。智能技术能够迅速分析大量的评价数据,为师生提供详细、准确的教学效果和学习效果反馈,帮助师生了解自身的教学和学习状态,从而选择最有效的教学和学习策略。

二是服务师生发展。通过将评价嵌入师生学习、发展或教学的全过程,智能技术能够实时跟踪师生的成长轨迹,利用评价结果规划个人学习生涯,有助于师生自我认知的提升,促进他们自身能力及素养的持续发展。

三是服务教育改革。智能技术使得教育评价从传统的经验导向转向数据分析,实现以"学习者为中心"的教育模式,推动教育、教学和管理发生根本性变革,使教育更加符合学生的个性化需求和发展规律。

四是服务教育治理。智能技术可用于改进教育治理,实现评价结果的智能化、可视化、实时化呈现,通过全面监控教育过程,实现动态反馈、实时防控和及时预警。同时,智能技术还能够周期性生成数据分析报告,为教育决策提供有力支持。

五是服务人才的培养与选用。智能技术能够根据评价对象的不同,提高评价指标体系的适切性,从而更加精准地培养和选用人才,提高人才培养和选用的科学性和有效性。

总之,智能技术为教育评价的运用提供了强大的支持,有利于正确认识和运用评价结果,深化教育改革,服务学生的全面发展。

第四节 组织新样态

2018年,习近平总书记在全国教育大会上作重要讲话,围绕培养什么人、怎样培养人、为谁培养人这一根本问题作出了战略部署,明确提出办好教育事业,家庭、学校、政府、社会都有责任。这一重要论断,牢牢把握住了我国教育事业发展的阶段性特征,牢牢把握住了办人民满意的教育需要全社会合力的内在规律,对调动全社会的力量办好教育提供了强大支撑,指明了努力方向。

教育关系到千家万户的切身利益，也关系到一个民族和国家的前途命运。培养德智体美劳全面发展的社会主义建设者和接班人，是一项需要由家庭、学校、政府、社会等共同参与的系统工程，只有家庭、学校、政府、社会各方面形成合力，构建一体化教育格局，分工合作、密切配合、各尽其责，在不同层面寻找不同的教育侧重点和采用不同的教育方法，才能营造学生成长成才的健康环境，更好地实现立德树人这一根本任务。

在教育强国的建设征途中，需要凝聚社会的广泛共识和力量。这是因为建设教育强国并非仅只是教育领域内部的事情，实则是一项全社会共同参与、共同承担的伟大事业。实现这一目标，需要社会各界紧密团结，形成一致的认知和共同的责任感，构建一个坚实的社会支持体系。在这一体系中，每一方都能充分发挥其独特的优势。当面对重大决策时，每一方都能贡献智慧，积极建言；当面临挑战和困难时，各方都能够携手并进，以负责任的态度和协同一致的行动，共同为教育强国建设注入强大的动力。

教育强国建设，需要汇聚社会各方力量，形成社会大合力、大联动。

首先，人的成长的基本规律决定了其需要社会力量的参与。教育的根本使命在于立德树人，但履行这一使命的过程并非仅在学校这一封闭的教育体系中完成。它受到家庭、社会、媒体、重大社会事件以及青少年朋辈群体等多重社会因素的深刻影响。因此，学校教育与这些社会因素在教育性质和方向上保持一致至关重要。缺乏这种全方位、一致性的教育影响，人的成长将面临极大挑战。因此，各种教育主体只有达成高度的社会共识，采取一致的社会行动，才能确保教育目标的顺利实现。

其次，教育工作的社会性质要求教育不能脱离社会。教育既是一项专业的实践，也是一项社会的事业，其社会性特征十分显著。许多教育系统内部的困难和问题，大都源于社会层面。要克服这些困难、解决这些问题，仅从教育专业角度寻求方法是不够的，必须深入社会层面进行认识和解决。这意味着发展教育仅仅依靠教育界的努力是远远不够的，而是需要社会各界的共同行动和高度协同。没有社会各界的广泛参与和协同，教育改革很难取得真正的成功。即使教育者付出再多的热忱和努力，也难以达到理想的状态。

一、全社会形成教育合力

在教育强国建设道路上，须充分认识到社会各方面力量的重要性和必要性，特别是学校与家庭、政府、社会的作用。中国特色社会主义进入新时代，国家已踏上建设教育强国的新征程，全社会应着眼于国家发展战略，携手共进，共同承担起立德树人的责任，积极作为、形成合力，办好人民满意的教育。

学校是知识传授与品德塑造的主阵地。作为教育体系的核心，学校承担着传授科学文化知识、培养学生创新思维与实践能力以及塑造学生良好品德的重要使命。在新时代背景下，学校应不断创新教育教学方法，注重学生的个性化发展，努力构建德智体美劳全面发展的教育体系。同时，学校还应加强与家庭和社会的联系，形成家校共育、校社联动的良好机制，共同为学生的健康成长创造更加有利的环境。

家庭是情感支持与价值观引导的基石。孩子成长的第一环境就是家庭，家长作为孩子的第一任老师，其言行举止对孩子具有深远的影响。家长应注重科学育儿，树立正确的教育观念，以身作则，营造良好的家庭氛围，使家庭成为孩子品德塑造、习惯养成和价值观形成的重要场所。家长还应与学校保持密切沟通，积极参与孩子的教育过程，共同关注孩子的成长需求与心理变化，为孩子的健康成长奠定坚实基础。

政府是政策制定与资源调配的领航者。在建设教育强国中，政府发挥着至关重要的领导作用，其主要活动包括制定教育政策、规划教育发展方向、调配教育资源并保障教育公平。政府应坚持教育优先发展战略，加大对教育的投入力度，优化教育资源配置，推动教育均衡发展。同时加强教育监管与评估，确保教育质量稳步提升。通过一系列政策措施的实施，政府可以为每个孩子提供公平而有质量的教育机会，让每个孩子都享受到教育带来的福祉。

社会是教育的多元参与者与助力者。企业、社会组织、媒体等社会各界可以充分利用自身优势资源，为教育事业提供多元化支持。企业可以通过设立教育基金、开展校企合作等方式支持学校发展，社会组织可以组织各类公益活动关注教育问题，媒体可以积极传播正能量引导社会形成正确的教育观和人才观。社会各界还应共同营造尊师重教、崇尚知识的良好氛围，为教育事业的发展提供有力保障。

在建设教育强国的道路上，需要全社会共同努力形成合力。学校、家庭、政府以及社会各界应各司其职、各尽其责，共同承担起立德树人的责任，通过加强沟通与合作形成家校共育、校社联动的良好机制，为培养德智体美劳全面发展的社会主义建设者和接班人不懈奋斗。

二、素质教育的社会合力

（一）素质教育与社会的内在联系

大学新素质教育，是为了人的全面发展，最终指向创造美好生活。无论是培养目标还是培养内容，抑或是培养范式、实践场域，都与生活、社会中的生活息息相关。它来源于生活、创造生活，并走向美好生活。简而言之，素质教育源于社会现实、贯通社会现实、变革社会现实，素质教育与社会两者呈现出相辅相成、相互塑造的辩证统一关系。

新素质培养内容中的"社会担当""自我未来建构""创造美好生活"，必然要面向广阔的社会空间。既然新素质教育是面向社会建构出来的育人形态，相应地，它就需要在与社会现实的互动之中完成自身，积极调动社会力量和社会资源参与素质教育的各环节。

从大学生新素质培养目标、内容、方式以及实践场域来看，多元主体参与的组织形态是大学生新素质教育的必然选择。

第一，社会大舞台为素质教育提供了广阔的实践平台。大学素质教育可以充分利用家庭、社会等各方资源，打造实践育人平台。走出校园的实践活动，本质上是一种教育行为，它有助于学生深入了解国情社情民情，增强责任感和使命感，从而树立正确的世界观、人生观、价值观。青年学生长期生活在校园中，对国家建设重大成就的了解往往只停留在媒体的报道上，缺乏真实、切身的感受。青年学生思维敏捷、思想活跃，但往往对国家发展的重大路线方针政策缺乏深刻的理解，容易受到负面信息的影响。此外，青年学生虽然怀揣着报国的热情，也具备一定的专业素养，但缺乏为国家服务的实际经验和体验。

从国家的角度看，随着改革的深入，各种矛盾逐渐凸显。国家为解决这些矛盾而采取的重大举措和制定的战略，只有得到全国人民的理解和支持，特别是青年人的拥护，才能凝聚起强大的力量。而且无论是重大战略的实施还是重要活动的开展，都需要一批有知识、有热情的青年注入新的活力和动力。

因此，素质教育应着眼于国家建设的伟大成就、国家发展的重大战略、社会发展的迫切需求以及政府的重大活动，积极搭建实践平台，让大学生在了解国家建设成就时感受到自豪感，在理解国家发展战略时体会到使命感，在服务社会需求时感受到价值感，在参与政府活动时体会到满足感。高校应积极对接国家和地方的重要项目，利用各方资源和条件，使学生实践活动与国家需求紧密结合。

第二，社会力量为素质教育注入新生力。社会力量作为非政府组织，在素质教育中扮演着不可或缺的角色。它们承担了一些政府无法全面覆盖的社会公共服务职能，具有民间性、自治性、非营利性和志愿性的特点。社会力量的参与不仅为素质教育带来了新的竞争与合作态势，也推动了素质教育模式的创新发展。

大学生素质培养是一个复杂的系统工程，需要大学、政府、社会等多方面的共同参与。从利益相关者角度来看，用人单位、学生家长等群体对大学生素质有不同的利益诉求。将这些利益主体的意愿和需求纳入大学生素质培养过程，有助于解决培养过程中的时效性、针对性等问题。各方开展深度合作、相互协同、共享资源信息，有利于素质教育取得实质性进展，对推动素质教育改革具有重要意义。

第三，社会力量的参与是素质教育"社会性建构"的必然要求。素质教育的社会性建构要求社会力量和社会资源的深度参与。素质源于社会现实，同时也在社会中得以贯通和变革。两者呈现出相辅相成、相互塑造的辩证统一关系。一方面，素质的形成和发展受到特定社会的政治、经济、文化条件的影响。另一方面，素质的养成需要社会支持，同时素质也对社会系统产生价值引导作用。因此，社会力量的参与对于素质教育的社会性建构至关重要。

素质教育中，社会力量的参与具有理论、实践、效果和条件等多重依据。面向"生活·实践"的素质教育将教育领域延伸到社会空间中，具有广阔的社会覆盖面。它的构成和运行需要在目标、内容、方法等方面与社会建立"吐故纳新"的机制。这意味着社会生活中的各种元素需要围绕育人目标，按照教育逻辑进行有效转化、有机编排和合理设计，并遵循教学论的实践法则加以落实。

第四，社会力量的参与有利于提升素质教育的实效性。素质教育的目标是培养德智体美劳全面发展的社会主义建设者和接班人。这一目标本质上与社会现实紧密相连，社会力量的参与有助于增强素质培养过程的针对性和实效性。

将素质教育向社会空间延展，与社会现实紧密结合，能够彰显其社会性，使其更具生命力。如果大学生的培养仅限于学校空间，就容易形成课堂与社会两个相对独立的领域。一旦教育未能与社会现实建立起顺畅的沟通机制，就难以体现其灵动的社会气息，容易与学生群体乃至社会成员形成"区隔化"的局面，从而降低素质教育的育人实效性。

（二）促进社会参与

社会生活所蕴含的丰富育人要素要想及时有效地转化为素质教育的育人资源，体现出对包括教育对象在内的广大受众的引导力，就需要素质教育与社会生活实现互通联动、有机对接。大学生素质教育的培养内容、培养方式正是在面向社会的双向参与实践过程中实现自身的建构。"社会力量参与"构成大学素质教育吸纳各种社会元素的实践方式。

素质教育促进社会参与，即面向广阔的社会空间，促进社会资源的有效转化，有效提升社会资源的教育实效性，更好地发挥社会的育人作用。促进社会参与，关键在于依托与社会现实之间的有效互动。这依赖各种社会条件的有力支撑，其中既包括物质条件、政策条件的支持，也包括精神文化、思想舆论的支持。如果说，前者提供了可靠的外在条件，后者则真正为赢得学生认同、产生良好社会效果提供了内在的心理条件支撑。

促进社会参与需要做好以下方面。

一是开展有效互动。素质教育与社会现实之间的有效互动是促进社会参与的关键。这种互动不仅包括学生直接参与社会实践活动，如社区服务、志愿者活动等，也包括学校与社会的双向交流。学校应鼓励学生走出课堂，深入社会，了解社会现实，体验社会生活，从而培养学生的社会责任感和公民意识。同时，学校也应积极引入社会资源，如企业、机构等，为学生提供更多元化、更高质量的教育资源。

二是寻求社会条件支撑。物质条件和社会政策是社会参与的有力支撑。在物质方面，政府和社会各界应加大对教育事业的投入，提高教育资源配置的效率和质量，为学生提供更好的学习环境和条件。在政策方面，政府应制订和完善相关政策，鼓励学生参与社会实践，支持学校与企业合作等，为素质教育社会参与提供政策保障和制度支持。

三是塑造内在心理条件。除物质和政策条件外，精神文化和思想舆论也是促进社会参与的重要因素。它们为学生提供了内在的心理条件支撑，帮助学生形成正确的价值观和人生观，有利于增强学生对社会的认同感和归属感。

四是全面深化社会参与策略，拓展社会资源合作渠道，比如强化文化教育机构的教育功能，营造良好的素质教育文化氛围。博物馆作为历史的见证者和文化的传承者，可以充分利用自身丰富的藏品和展览资源，开发面向不同年龄层次和教育需求的互动体验项目，让学生在参观中增长知识、拓宽视野、陶冶情操，激发对文化、历史和科学的兴趣与热情。图书馆作为知识的海洋，应不断创新服务模式，推广数字阅读，举办读书会、专家讲座、亲子阅读等活动，构建线上线下相结合的学习交流平台，促进全民阅读，提升公众文化素养。美术馆是艺术教育的重要阵地，通过举办各类艺术展览、工作坊、艺术家讲座等活动，不仅能够提升公众的审美能力和艺术修养，还能激发公众的创造力和想象力，培养更多具有艺术素养的人才。政府应引导和支持学校与博物馆、图书馆、美术馆等公共文化服务机构建立长期稳定的合作关系，共同开发教育资源，设计跨学科、跨领域的综合教育项目，实现资源共享、优势互补；实施"走出去"与"引进来"战略，鼓励学校组织学生走出校园，参与公共文化场所的教育活动，同时邀请文化教育机构的专业人士走进校园，开展专题讲座、工作坊等，丰富学校课程内容，增强教学的实践性和趣味性。

总体而言，从素质教育在社会环境中的运行态势来看，其核心在于充分整合和调动各类社会元素。这不仅能够加深学生对社会现象的体验和理解，还能够培养学生的社会性认识，深化学生的社会情感、价值和认同。这一过程是素质教育实现价值塑造、品格养成、能力提升等育人目标的关键所在。

社会力量、社会资源不仅为教育提供了丰富的实践平台和资源支持，还有助于在大学与社会现实之间建立起一种生态性的联系。这种联系不仅使教育更加贴近社会现实，也使得学生能够更好地适应社会的发展和变化。

《关于健全学校社会协同育人机制的意见》明确了家庭、学校和社会各自的职责定位及相互协调机制，同时也提出"到2035年，形成定位清晰、机制健全、联动紧密、科学高效的学校家庭社会协同育人机制"。协同育人是一种教育模式，即办学主体通过合作发挥各自优势，制订培养方案培养人才的教育模式。

各主体通过协同达到了增效作用,即各主体协同相比各自单独行动,可以通过共享资源而获得"附加值"。

因此,我们应积极倡导和推动社会力量、社会资源参与到新素质教育中来,共同构建一个充满活力、富有成效的教育生态系统,从而形成发展素质教育的大合力、大联动。

(三)社会参与原则

社会力量、社会资源参与大学生新素质教育,需要遵循两个原则。

一是社会力量和社会资源要做"课程性"转化。在素质教育中,社会力量和社会资源的参与并非简单的介入。其参与性的衡量标准,在于社会资源能否被有效地转化为育人资源,并真正发挥育人实效。素质教育,作为一种面向社会、借助社会力量的教育形态,其核心目标是将各种社会元素转化为教育资源,以实现其育人功能,因此社会力量和社会资源参与大学生新素质教育,需要做课程性转化。

参与并非无限制、无标准,它需要遵循一定的原则和方法论。社会力量和社会资源的参与,应该基于一定的价值追求,以确保其育人作用的发挥。因此,在它们参与素质教育的过程中,"能否参与"的关键在于"如何转化"。这种转化应当基于育人性的标准,合理、有效、及时地将社会资源转化为可利用的育人资源。确立这种转化性原则,不仅为社会资源的参与设定了标准,也确保了社会力量和社会资源的有效利用,避免了"无效参与"的出现。通过这种方式,我们可以更好地整合社会资源,提升素质教育的质量和效果。

二是构建合理的育人生态。社会参与不仅是为了吸纳社会元素,更是为了构建素质教育与社会之间的良性互动,优化教育的社会条件和生态。社会生态是圈层化的、层次性的,包括微观、中观和宏观三个层面。在微观层面,即课堂生态中,需要促进师生之间的有序互动,营造积极的学习氛围。在中观层面,学校生态的建设至关重要,包括推动学校制度建设、校园文化建设以及学生日常生活的合理安排。而在宏观层面,社会的政治、经济、文化等因素需要为素质教育提供积极的支撑、协调和配合。新素质教育的社会参与,更多地指向宏观层面的社会生态。只有当各个社会圈层有序联动,有效整合成一个层次分明且有机联动的社会生态时,它才能为素质教育提供有力的支撑,确保其良性运行。这样的社会参与,才能真正发挥自身在教育中的重要作用。

（四）社会参与的形态

素质教育应广泛吸纳社会元素参与其中。这一过程不仅打破了传统教育模式的空间限制，还调动了各种社会力量和社会资源，将其转化为社会性的育人资源，并有机嵌入教育活动中。所谓社会力量参与素质教育，实质上是具有育人属性或功能的社会元素在教育领域的全面介入。这些社会元素直接或间接地参与到素质教育的构成、实施和评价等各个环节中，通过引入社会实践主体、调动社会资源、构建合作平台、建立师资队伍、开展社会评价等多种方式，极大地拓展了教育的内涵和外延。这种融合不仅体现在教学内容和形式的丰富上，更重要的是，它为学生提供了更多接触社会、了解社会、服务社会的机会，为素质教育注入了新的活力和动力。

回顾30多年来的素质教育实践，我们深刻认识到，单纯依靠学校系统实施素质教育是远远不够的。新时代下，须加强顶层设计和谋划，构建以政府为主导、学校为主体，家庭、社会、企业、媒体等多方参与的新模式。这种新模式旨在打破传统的学校系统单打独斗的局面，为发展素质教育，构建中国特色、世界水平的现代教育体系提供了坚实的政治保障和广泛的社会支持。

为实现这一目标，须着力构建由政府、大学、教师及教师专业组织、社会与公民等多元主体共同参与的新型素质教育组织形态。这种组织形态强调多元主体的参与和协作，通过调动各种具有育人效应的社会要素，尤其是多元社会主体，共同推动素质教育的社会性建构。政府应发挥政策引领与资源整合作用，制订科学合理的教育政策，为素质教育提供必要的支持和保障；大学是大学生素质教育重要阵地，应加强素质教育教学改革，提升高素质人才培养质量；社会力量应根据自身特点和优势，为教育提供多元化的支持和帮助。

简而言之，新素质教育的组织形态应体现为社会的大联动：发挥政府的政策引领和资源整合能力，增强高校的教育创新和人才培养功能，聚焦社会的多元需求和力量支持。同时，这三种教育形态需要目标一致、资源互补、互相协作，形成多元力量协同育人的新格局。这样不仅能够充分发挥各方优势，还能够提高素质教育的整体效能和社会影响力。这样的组织形态，优势体现在如下方面：教育内容具有时代性，社会元素的融入使得教育内容更加贴近时代、贴近生活、贴近学生实际需求，符合"生活·实践"来源于生活、为了美好生活的内在要求；教育形式具有多样性，通过引入社会实践等多种形式的活动，使教育方式更加灵活多样、生动有趣；教育效果具有持久性，学生在社会参与、生活中获得的经验和感悟将伴随其一生，对个人素质成长和发展产生深远影响。

从根本上说，多元主体参与的素质教育，核心在于积极调动各种具有育人效应的社会要素，尤其是调动多元社会主体的力量，共同推动素质教育的社会性建构。

附录一 新时代大学生素质培养过程

附表1　新时代大学生素质培养过程

培养什么样的人（培养目标）				如何培养人（培养范式）	
				培养内容：面向生活	
指向	五育	素质	内涵	扎根生活	体现
成人	德	1.价值塑造 （思想政治素质、道德素质）	中国心； 全球观； 现代性	社会担当	投身强国建设 (1) 传承中华优秀传统文化； (2) 助推科技创新； (3) 助力经济社会发展； (4) 建设美丽中国
					关切人类可持续发展 (1) 构建人类文明新形态； (2) 开拓国际视野
	体、美	2.品格养成 （身心素质、科学文化素质）	健全人格； 成熟心智	自我未来建构	滋养人文底蕴 (1) 唤起人文关怀； (2) 塑造审美情趣； (3) 通达个人修养
					启迪科学思维
					焕发生命力 (1) 强身健体； (2) 建构健康心理与情感； (3) 感知幸福
成事	智、劳	3.能力提升 （专业素质、实践创新素质）	生活力	创造美好生活	学会生活，自立自强
			实践力		付诸实践，知行合一
			学习力		善于学习，探索新知 (1) 主动学习/终身学习； (2) 批判性思维
			自主力		独立自主，锐意进取 (1) 自我认识与管理； (2) 学业与人生规划
			合作力		求同存异，团结协作 (1) 合作意识/协商共进； (2) 深度理解/有效表达
			创造力		勇于创新，开创未来

附录一 新时代大学生素质培养过程思维导图

如何培养人（培养范式）				
培养方式：主体实践				
问题导向	认知性实践	体验性实践		服务性实践
	（个性化任务）	（个性化任务 + 集体任务）		（集体任务）
为什么	是什么	做什么		怎么做
		（社会实践）	（虚拟互动性实践）	
扎根生活 ↓ 发现问题 ↓ 分析问题 ↓ 提出问题	组建任务群 ↓ 解决问题 任务1 任务2 ……	组建任务群 ↓ 解决问题 任务1 任务2 ……	组建任务群 ↓ 解决问题 任务1 任务2 ……	组建任务群 ↓ 解决问题 任务1 任务2 ……
解决个人素质发展的什么问题？ ◆ 问题1（社会担当）：解决什么国家需求/社会问题？ ◆ 问题2（自我未来建构）：涵养哪些个人品格？ ◆ 问题3（创造美好生活）：提高哪些个人能力？	例： 1.学术活动； 2.文化活动； 3.艺术活动； 4.体育活动 ……	例： 1.日常生活劳动； 2.参观、游学、研学、访学、旅行； 3.访企拓岗、见习、实习； 4.社会调查 ……	例： 虚拟现实、虚拟仿真 ……	例： 1.志愿服务； 2.公益创新创业； 3.科技成果转化； 4.乡村振兴； 5.文化传承与创新 ……

附录二

实践任务群案例

附表2 湖北经济学院素质班的"二十条"

序号	实践内容
1	每天早晨七点之前起床，晚上十一点左右就寝（不早于十点，不晚于十二点），节假日除外。养成良好的学习、生活习惯，为做好其他一切事情提供时间保障
2	每天看新闻二十分钟，并用十分钟对感受最深的一条写出评论，字数约一百字。了解最新国际、国内时事动态，学会用智慧的眼睛和思辨的头脑观察社会、了解世界，保证思想总是走在时代的前列
3	每周运动五个小时（不少于三天），掌握一项运动的基本技术和技能。运动不仅能强身健体，而且能提高学习效率、提高生命质量，同时在运动中可以感受生命的快乐
4	每个月做一次义工，时间不少于两个小时。培养爱心，学会施善于人，心怀一颗感恩之心
5	每两个月作一次朗诵或演讲，文章自选。提高朗诵、演讲水平，培养语言表达能力及勇敢、自信的品质
6	每两个月作一次讨论或辩论，对自己所见所闻、所思所想发表见解。真理是愈辩愈明的，在讨论和辩论中，提高自己的思辨和判断能力
7	每两个月观看一部优秀影片，每学期写一篇影评。培养艺术鉴赏和审美能力，陶冶情操、洞察社会
8	每两个月读一本书，并写出至少一千五百字的读后感。提高阅读写作能力，提升自己的修养和气质
9	每学期制作一期海报，学会策划、设计、整理、归纳
10	每一个成员结交一位优秀的师长。向优秀看齐，知道前进的方向
11	每一个成员结交几位信赖的朋友、同学
12	每一个成员所在寝室创建文化、安全、卫生寝室。学会与人相处，珍惜同窗之情
13	每一学期写两封信，一封写给父母或兄弟姐妹，一封写给自己曾经的同学
14	每一个学期至少听四次讲座，请不同的专家、学者、教授作专题讲座
15	每一个学期学会一首新歌，每一年学会一支舞蹈
16	每学年举办一次校际交流活动，感受不同的校园文化和校园精神
17	每学年进行一次社会调查，写出不少于三千字的调查报告。走向社会，了解社会，研究社会，将所学知识回报社会
18	每一个人在大四之前参加一次招聘会。感受招聘会场的气氛，了解市场对人才的需求
19	每年一次旅行，游览祖国山水，培养爱国主义情怀和民族情感
20	每年利用节假日外出打工，并记录一个月在校的开支。知道金钱的作用和价值，从而懂得珍惜每一分钟、每一分钱

实践类型			素质培养内容	素质培养目标
认知性实践	体验性实践	服务性实践		
	✓		学会生活，自立自强	生活力
✓	✓		善于学习，探索新知； 关切人类可持续发展	学习力； 中国心/全球观/现代性
✓	✓		焕发生命力	健全人格/成熟心智
✓	✓	✓	投身强国建设	中国心/全球观/现代性
✓	✓		善于学习，探索新知	学习力；自主力
✓	✓		善于学习，探索新知； 启迪科学思维	健全人格/成熟心智； 学习力；创造力；
✓			滋养人文底蕴	健全人格/成熟心智
✓			滋养人文底蕴	健全人格/成熟心智
✓	✓		付诸实践，知行合一	实践力；创造力
	✓		独立自主，锐意进取	自主力
	✓		求同存异，团结协作	合作力
	✓	✓	焕发生命力； 付诸实践，知行合一	健全人格/成熟心智； 实践力
	✓		焕发生命力	健全人格/成熟心智
✓	✓		善于学习，探索新知	学习力
✓			滋养人文底蕴	健全人格/成熟心智
✓	✓	✓	滋养人文底蕴； 付诸实践，知行合一	健全人格/成熟心智； 实践力
✓	✓	✓	投身强国建设	中国心/全球观/现代性
	✓		独立自主，锐意进取	自主力
	✓		投身强国建设； 付诸实践，知行合一	中国心/全球观/现代性； 实践力
✓	✓		学会生活，自立自强； 独立自主，锐意进取	生活力；自主力

主要参考文献

一、资料类

[1] 习近平在中国共产党第十九次全国代表大会上的报告[EB/OL].（2017-10-27）[2023-12-10]. http://www.xinhuanet.com/politics/19cpcnc/2017-10/27/c_1121867529.htm.

[2] 坚持中国特色社会主义教育发展道路 培养德智体美劳全面发展的社会主义建设者和接班人[EB/OL].（2018-09-10）[2023-12-26]. http://www.moe.gov.cn/jyb_xwfb/s6052/moe_838/201809/t20180910_348145.html.

[3] 习近平.高举中国特色社会主义伟大旗帜 为全面建设社会主义现代化国家而团结奋斗——在中国共产党第二十次全国代表大会上的报告[M].北京:人民出版社，2022.

[4] 习近平谈治国理政（第3卷）[M].北京:外文出版社，2020.

[5] 中共中央文献研究室.习近平关于社会主义文化建设论述摘编[M].北京:中央文献出版社，2017.

[6] 中共中央党史和文献研究院.习近平关于社会主义精神文明建设论述摘编[M].北京:中央文献出版社，2022.

[7] 中共中央党史和文献研究院.习近平关于依规治党论述摘编[M].北京:中央文献出版社，2022.

[8] 习近平.在全国党校工作会议上的讲话[M].北京:人民出版社，2016.

[9] 习近平.在纪念孔子诞辰2565周年国际学术研讨会暨国际儒学联合会第五届会员大会开幕会上的讲话[EB/OL].（2014-09-24）[2024-02-12].

https://www.gov.cn/xinwen/2014-09/24/content_2755666.htm.

[10] 把人民健康放在优先发展战略地位（奋进新征程 建功新时代·伟大变革）[EB/OL].（2022-06-20）[2024-02-17]. http://politics.people.com.cn/n1/2022/0620/c1001-32450370.html.

[11] 坚持党的领导传承红色基因扎根中国大地 走出一条建设中国特色世界一流大学新路[EB/OL].（2022-04-26）[2024-01-12]. http://cpc.people.com.cn/n1/2022/0426/c64094-32408765.html.

[12] 习近平出席全国高校思想政治工作会议并发表重要讲话[N]. 人民日报，2016-12-08（1）.

[13] 习近平出席"共商共筑人类命运共同体"高级别会议并发表主旨演讲[EB/OL].（2017-01-19）[2024-02-15]. https://www.gov.cn/xinwen/2017-01/19/content_5161087.htm#1.

[14] 中华人民共和国家庭教育促进法[EB/OL].（2021-10-25）[2023-12-20]. http://www.moe.gov.cn/jyb_sjzl/sjzl_zcfg/zcfg_qtxgfl/202110/t20211025_574749.html.

[15] 中共中央关于制定国民经济和社会发展第十四个五年规划和二〇三五年远景目标的建议[EB/OL].（2020-11-03）[2024-03-08]. https://www.gov.cn/zhengce/2020-11/03/content_5556991.htm.

[16] 中共中央关于教育体制改革的决定[EB/OL].（1985-05-27）[2023-12-19].https://www.gov.cn/gongbao/shuju/1985/gwyb198515.pdf.

[17] 国家中长期教育改革和发展规划纲要（2010-2020年）[EB/OL].（2010-07-29） [2023-12-22]. https://www.gov.cn/jrzg/2010-07/29/content_1667143.htm.

[18] 深化新时代教育评价改革总体方案[EB/OL].（2020-10-13）[2023-12-27]. http://www.moe.gov.cn/jyb_xxgk/moe_1777/moe_1778/202010/t20201013_494381.html.

[19] 教育部关于深化本科教育教学改革 全面提高人才培养质量的意见[EB/OL].（2019-10-11）[2024-01-17]. http://www.moe.gov.cn/srcsite/A08/s7056/201910/t20191011_402759.html.

[20] 教育部关于完善教育标准化工作的指导意见[EB/OL].（2018-11-26）[2023-12-27]. http://www.moe.gov.cn/srcsite/A02/s7049/201811/t20181126_

361499.html.

[21] 新时代公民道德建设实施纲要[EB/OL].（2019-10-27）[2024-01-22]. https://www.gov.cn/gongbao/content/2019/content_5449646.htm.

[22] 高校思想政治工作质量提升工程实施纲要[EB/OL].（2017-12-06）[2024-01-12]. http://www.moe.gov.cn/srcsite/A12/s7060/201712/t20171206_320698.html.

[23] "健康中国2030"规划纲要[EB/OL].（2016-10-25）[2024-01-17]. https://www.gov.cn/zhengce/2016/10/25/content_5124174.htm?eqid=9d4da6bb000833c0000000046496f297.

[24] 全民科学素质行动计划纲要（2006-2010-2020年）[EB/OL].（2007-09-13）[2024-01-11]. https://www.ndrc.gov.cn/fggz/fzzlgh/gjjzxgh/200709/t20070913_1196489_ext.html.

[25] 提升全民数字素养与技能行动纲要[EB/OL].（2021-11-05）[2024-01-15]. http://www.cac.gov.cn/2021-11/05/c_1637708867754305.htm.

[26] 公民生态环境行为规范十条[EB/OL].（2022-12-18）[2024-02-12]. https://www.mee.gov.cn/home/ztbd/2020/gmst/wenjian/202306/t20230615_1033831.shtml.

[27] 二十国集团数字经济发展与合作倡议[EB/OL].（2022-06-20）[2024-01-18]. http://www.g20chn.org/hywj/dncgwj/201609/t20160920_3474.html.

[28] 全面加强和改进新时代学生心理健康工作专项行动计划（2023—2025年）[EB/OL].（2023-04-20）[2024-02-07]. https://www.gov.cn/zhengce/zhengceku/202305/content_6857361.htm.

[29] 关于加强高校有组织科研 推动高水平自立自强的若干意见[EB/OL].（2022-08-29）[2024-01-07]. http://www.moe.gov.cn/jyb_xwfb/gzdt_gzdt/s5987/202208/t20220829_656091.html.

[30] 加快和扩大新时代教育对外开放[EB/OL].（2020-06-23）[2024-01-13]. http://www.moe.gov.cn/jyb_xwfb/s5147/202006/t20200623_467784.html.

[31] 关于构建优质均衡的基本公共教育服务体系的意见[EB/OL].（2023-06-13）[2024-01-11]. https://www.gov.cn/zhengce/202306/content_6886110.htm.

[32] 国务院办公厅关于规范校外培训机构发展的意见[EB/OL].（2018-08-22）[2024-01-10］. https://www.gov.cn/zhengce/zhengceku/2018-08/22/content_5315668.htm.

[33] 数字化赋能高等教育高质量发展[EB/OL].（2022-12-18）[2024-02-10］. http://www.moe.gov.cn/jyb_xwfb/s5148/202212/t20221219_1034999.html.

[34] 激发科技创新的青春力量[EB/OL].（2023-09-28）[2024-01-15］. http://www.moe.gov.cn/jyb_xwfb/s5148/202309/t20230928_1083138.html.

[35] 教育部办公厅关于深化高校学生暑期社会实践活动的通知[EB/OL].（2023-07-06）[2024-01-15］. http://www. moe. gov. cn/srcsite/A12/moe_1407/s6870/202307/t20230706_1067464.html.

[36] 袁一雪.高教聚焦面对大学生心理健康问题，怎样"防"又如何"治"[N].中国科学报，2024-03-05（4）.

[37] The Council of the European Union. Key Competences for Lifelong[EB/OL].（2018-05-22）[2023-11-10］. https://eur-lex. europa. eu/legal-content/EN/TXT/PDF/?uri=CELEX:32018H0604（01）.

二、著作类

[1] 陈炳权.通才教育[M].香港:南天书业公司，1971.

[2] 陈先达.马克思主义和中国传统文化十二讲[M].北京:人民出版社，2023.

[3] 顾明远.教育大辞典[M].上海:上海教育出版社，1999.

[4] 马和民，高旭平.教育社会学研究[M].上海:上海教育出版社，1998.

[5] 蔡元培.中国人的修养[M].北京:中国工人出版社，2008.

[6] 范国睿.教育生态学[M].北京:人民教育出版社，2000.

[7] 孟宪承，陈学恂，张瑞璠，等.中国古代教育史资料[M].北京:人民教育出版社，1961.

[8] 潘懋元.潘懋元高等教育文集[M].北京:新华出版社，1991.

[9] 潘乃谷，潘乃和.潘光旦教育文存[M].北京:人民教育出版社，2002.

[10] 任凯，白燕.教育生态学[M].辽宁:辽宁教育出版社，1992.

[11] 中国大百科全书总编辑委员会《哲学》编辑委员会.中国大百科全书·哲学卷[M].北京:中国大百科全书出版社，1987.

[12] 素质教育调研组.共同的关注——素质教育系统调研[M].北京:教育科学

出版社，2006.

[13] 陶行知.陶行知文集[M].南京:江苏人民出版社，1981.

[14] 陶行知.陶行知教育文选[M].北京:教育科学出版社，1981.

[15] 向洪.当代科学学辞典[M].成都:成都科技大学出版社，1987.

[16] 王策三.教学认识论[M].修订本.北京:北京师范大学出版社，2002.

[17] 吴鼎福,诸文蔚.教育生态学（新世纪版）[M].南京:江苏教育出版社，2000.

[18] 周洪宇,李中伟,陈新忠.中国教育治理研究[M].武汉:湖北教育出版社，2020.

[19] 林炎旦.教育哲学与历史:两岸高等教育革新与发展[M].台北:师大书苑，2010.

[20] 郑玄,陆德明.宋本礼记[M].北京:国家图书馆出版社，2017.

[21] 马克思恩格斯选集:第1卷[M].北京:人民出版社，2012.

[22] 马克思恩格斯文集:第8卷[M].北京:人民出版社，2009.

[23] 联合国教科文组织.教育——财富蕴藏其中[M].联合国教科文组织总部中文科,译.北京:教育科学出版社，2001.

[24] 联合国教科文组织国际教育发展委员会.学会生存——教育世界的今天和明天[M].北京:教育科学出版社，1996.

[25] 联合国教科文组织.反思教育:向"全球共同利益"的理念转变[M].北京:教育科学出版社，2017.

[26] 联合国教科文组织.一起重新构想我们的未来:为教育打造新的社会契约[M].北京:教育科学出版社，2021.

[27] 阿列克斯·英克尔斯,戴维·H.史密.从传统人到现代人：六个发展中国家中的个人变化[M].顾昕,译.北京:中国人民大学出版社，1992.

[28] 爱默生.爱默生随笔[M].蒲隆,译.上海:上海译文出版社，2010.

[29] 劳伦斯·A.克雷明.公共教育[M].宇文利,译.北京:中国人民大学出版社，2016.

[30] 杜威.民主主义与教育[M]//张人杰.国外教育社会学基本文选.上海:华东师范大学出版社，1989.

[31] 杜威.学校与社会[M]//张人杰.国外教育社会学基本文选.上海:华东师范大学出版社，1989.

[32] 哈特穆特·罗萨.新异化的诞生:社会加速批判理论大纲[M].郑作彧,译.上海:上海人民出版社,2018.

[33] B.A.苏霍姆林斯基.苏霍姆林斯基论劳动教育[M].萧勇,杜殿坤,译.北京:教育科学出版社,2023.

[34] Bonwell C C, Eison A J. Active Learning: Creating Excitement in the Classroom[M]. Washington, D.C.: George Washington University ERIC Clearinghouse on Higher Education, 1991.

三、论文类

[1] 陈亚军.知行之辨:实用主义内部理性主义与实践主义的分歧与互补[J].中国高校社会科学,2014（5）:34-49,157-158.

[2] 陈炜.教育研究的空间转向——基于社会理论空间转向的视角[J].教育研究,2022,43（9）:150-159.

[3] 陈建翔.新家庭教育论纲:从问题反思到概念迁变[J].教育理论与实践,2017,37（4）:3-9.

[4] 崔乃文.制度移植的困境与超越——中国研究型大学通识教育改革的路径选择[J].高等教育研究,2019,40（7）:82-90.

[5] 范国睿.教育制度变革的当下史:1978—2018——基于国家视野的教育政策与法律文本分析[J].华东师范大学学报（教育科学版）,2018,36（5）:1-19,165.

[6] 冯建军.测量时代的德育评价：难为与能为[J].中国电化教育,2022（1）:1-8.

[7] 冯建军.教育怎样关涉人的生活——马克思主义实践论的观点[J].高等教育研究,2011,32（9）:14-19.

[8] 郭元祥.知行合一教育规律：本质内涵与时代意蕴[J].人民教育,2022（2）:53-56.

[9] 郭元祥.实践教育观与实践育人[J].中国教育科学,2014（2）:193-209,192,236.

[10] 黄朝阳.加强批判性思维教育培养创新型人才[J].教育研究,2010,31（5）:69-74.

[11] 怀进鹏.新时代加快建设教育强国的重大战略意义[J].新教育,2023(4):1.

[12] 孟建伟.教育与生活——关于"教育回归生活"的哲学思考[J].教育研究,2012,33(3):12-17.

[13] 黄斌,云如先.教育发展何以强国——基于1960—2020年认知技能国际可比数据的实证分析[J].教育研究,2023,44(10):125-136.

[14] 侯怀银,时益之."基础教育"解析[J].当代教育与文化,2019,11(4):1-6.

[15] 金生鈜.何为教育实践?[J].华东师范大学学报(教育科学版),2014,32(2):13-20.

[16] 金明飞,蔡连玉.从"陌生人"到"共同体":高校导生关系的转向[J].研究生教育研究,2024(2):86-92.

[17] 李曼丽."通识教育"与"文化素质教育"的基本概念辨析[C]//大学素质教育(2022下半年合集).清华大学教育研究院,2022:13.

[18] 李曼丽,杨莉,孙海涛.我国高校通识教育现状调查分析——以北大、清华、人大、北师大四所院校为例[J].清华大学教育研究,2001(2):125-133.

[19] 李培根.工程教育需要从"知识导向"到"问题导向"的转型[J].高等工程教育研究,2024(3):1-8,200.

[20] 李兴洲,耿悦.从生存到可持续发展:终身学习理念嬗变研究——基于联合国教科文组织的报告[J].清华大学教育研究,2017,38(1):94-100.

[21] 刘宝存.确立创新创业教育理念培养创新精神和实践能力[J].中国高等教育,2010(12):12-15.

[22] 刘来兵,周洪宇."生活·实践"教育的逻辑理路与意义向度[J].教育科学,2023,39(5):18-24.

[23] 刘来兵,周洪宇."生活·实践"教育:内涵、目标与实践路径[J].华中师范大学学报(人文社会科学版),2022,61(4):156-164.

[24] 刘景福,钟志贤.基于项目的学习(PBL)模式研究[J].外国教育研究,2002(11):18-22.

[25] 刘怡,张炜.新时代中国特色素质教育的时代内涵与发展路径[J].中国高教研究,2024(1):58-63,70.

[26] 莫玉婉，刘宝存.主动学习何以在大班教学中实现——普渡大学西拉法叶分校的经验与启示[J].现代大学教育，2022，38（1）:43-51，112.

[27] 裴娣娜.学习力:诠释学生学习与发展的新视野[J].课程·教材·教法，2016，36（7）:3-9.

[28] 庞海芍，郇秀红.素质教育与大学教育改革[J].中国高教研究，2015（9）:73-78.

[29] 彭福扬，曾广波，兰甲云.论技术创新生态化转向[J].湖南大学学报（社会科学版），2004（6）:49-54.

[30] 杨叔子，余东升.素质教育:改革开放30年中国教育思想一大硕果——纪念中共中央国务院《关于深化教育改革全面推进素质教育的决定》颁布十周年[J].高等教育研究，2009，30（6）:1-8.

[31] 施一公.立足教育、科技、人才"三位一体"探索拔尖创新人才自主培养之路[J].国家教育行政学院学报，2023（10）:3-10.

[32] 沈文钦.本土传统与西方影响:20世纪80年代以来通识教育的制度化进程[J].北京大学教育评论，2018，16（4）:128-147，187.

[33] 石艳，田张霞.作为社会空间的学校——基于西方空间社会学研究的新进展[J].外国教育研究，2008（7）:1-6.

[34] 石中英.发展素质教育的根本任务、时代内涵和实践建议[J].人民教育，2021（10）:15-19.

[35] 石中英.努力培养德智体美劳全面发展的社会主义建设者和接班人[J].中国高校社会科学，2018（6）:9-15.

[36] 阎光才.关于高校教师综合素质与教学能力[C]//中国高等教育学会.高校·学科·育人：高等教育现代化——2017年高等教育国际论坛论文集.华东师范大学高等教育研究所，2017:3.

[37] 王策三.恢复全面发展教育的权威——三评"由'应试教育'向素质教育转轨"提法的讨论[J].当代教师教育，2017，10（1）:6-28.

[38] 王洪才，解德渤.中国通识教育20年:进展、困境与出路[J].厦门大学学报（哲学社会科学版），2015（6）:21-28.

[39] 王仕民.简论马克思的实践范畴[J].哲学研究，2008（7）:30-33.

[40] 王义遒.实事求是地理解和发展素质教育[C]//大学素质教育（2023年

上）.北京大学，2023:10.

[41] 王稳东.教育空间:内涵本质与三元建构[J].中国教育学刊，2021（10）：36-40.

[42] 文军，黄锐."空间"的思想谱系与理想图景:一种开放性实践空间的建构[J].社会学研究，2012，27（2）:35-59，243.

[43] 王稳东.教育空间:内涵本质与三元建构[J].中国教育学刊，2021（10）：36-40.

[44] 吴鼎福.教育生态学刍议[J].南京师大学报（社会科学版），1988（3）：33-36，7.

[45] 周洪宇.政府工作报告释放的重要教育科技政策信号——2024年全国"两会"精神教育科技部分解读[J].湖北教育（政务宣传），2024（4）：40-42.

[46] 周洪宇，曾嘉怡.何谓·为何·如何:"新时代小先生行动"的三个基本问题[J].教育评论，2022（11）:3-13.

[47] 周洪宇."生活·实践"教育：创新性发展"生活教育学"[N].中国教师报，2021-12-01（6）.

[48] 周洪宇.核心素养的中国表述:陶行知的"三力论"和"常能论"[J].华东师范大学学报（教育科学版），2017，35（1）:1-10，116.

[49] 周洪宇，李宇阳.生成式人工智能技术 ChatGPT 与教育治理现代化——兼论数字化时代的教育治理转型[J].华东师范大学学报（教育科学版），2023，41（7）:36-46.

[50] 章开沅.通识教育与人文精神[J].高等教育研究，1995（2）:1-3.

[51] 周远清.什么是素质教育?[J].教育家，2021（39）:18.

[52] 周远清，刘凤泰，阎志坚.从"三注"、"三提高"到"三结合"——由大学生文化素质教育看高等学校素质教育的深化[J].中国高等教育，2005（22）:3-5.

[53] 赵勇.国际拔尖创新人才培养的新理念与新趋势[J].华东师范大学学报（教育科学版），2023，41（5）:1-15.

[54] 张应强，方华梁.从生活空间到文化空间:现代大学书院制如何可能[J].高等教育研究，2016，37（3）:56-61.

[55] Keser H, Dilek K. "Designing a project managemente—course by using

project based learning." [J]. Procedia—Social and Behavioral Sciences, 2010（2）：5744-5754.

[56] Falloon G. "From digital literacy to digital competence: the teacher digital competency (TDC) framework." Educational technology research and development, 2020（5）：2449-2472.